게임의 폭력성을 둘러싼 잘못된 전쟁

모럴 컴뱃

패트릭 M. 마키·크리스토퍼 J. 퍼거슨 지음 나보라 옮김

STARBEEZ

온갖 사회악의 원인을 비디오 게임에게 떠넘겼던
모든 정치가, 활동가, 학자들에게 이 책을 바칩니다.
그들이 없었다면 이 책은 불가능했거나…
필요치 않았을 것입니다.

– 패트릭 M. 마키, 크리스토퍼 J. 퍼거슨

\<모럴 컴뱃\>에 대한 찬사

"비디오 게임을 두고 주기적으로 발생하는 도덕적 공황에 대한 팩트 폭격, 설득력있고 위트 넘치는 폭로"

– 스티븐 핑커(Steven Pinker)

하버드대학 심리학 교수이자

〈우리 본성의 선한 천사 : 인간은 폭력성과 어떻게 싸워왔는가〉의 저자

"획기적이면서 지극히 중요한 책. 게임이 실제로 우리 두뇌에 어떤 식으로 작용하는지를 심층적으로 들여다보면서, 선정적인 신문기사보다 훨씬 더 많은 것을 이야기해준다. 게임을 사랑하거나, 게임을 좋아하는 사람을 사랑하는 사람이라면, 다시 말해 모든 사람이 꼭 읽어야 할 책이다."

– 그레그 토포(Greg Toppo)

〈The Game Believes in You: How Digital Play Can Make Our Kids Smarter〉의 저자

"크리스와 마키, 두 저자가 훌륭한 작업을 해냈다. 폭력성과 중독, 시간 남용에 대한 오래 묵은 논쟁을 전체적인 관점으로 살펴봄으로써 전문가가 아닌 일반인도 이 문제를 잘 이해할 수 있게 했다. 비디오게임 관련 작업에 많은 시간을 할애해 온 영화감독으로서, 마침내 게임을 제대로 이해하고 논하는 책이 나오게 되어 반갑다."

– 제레미 스니드(Jeremy Snead)

Mediajuice Studios 설립자이자 〈비디오 게임 : 더 무비〉,

〈Unlocked: The World of Games, Revealed〉의 작가 겸 감독

"올바른 정책 수립과 부모를 위한 좋은 조언을 위해서는 엄밀한 연구가 핵심이다. 그러나 안타깝게도 미디어 폭력과 같은 중요한 문제에 있어서, 논리와 엄밀성이 힘을 잃을 때가 많다. 대중이 선호하는 결론을 향해 광적인 쏠림 현상이 벌어지기 때문이다.

학계에서 존경받는 두 학자는 이 책에서 미디어와 관련한 공황의 역사, 수상쩍은 연구 과정, 정책에 따라 움직이는 연구자, 의사, 판사, 정치인들 간의 알력 등 다양한 주제를 놀라울 정도로 상세하게 다루고 있다. 비디오 게임의 역사와 정치 역학에 익숙한 독자들일지라도 놀라움을 느끼게 될 것이다. 게임으로 스트레스를 받던 부모들도 마침내 아이들이 게임으로부터 무엇을 얻고 있는지, 그리고 이들을 어떻게 다뤄야 할지에 대한 답을 찾게 될 것이다."

— **쉐릴 K. 올슨**(Cheryl K. Olson)
〈게임의 귀환〉의 공동 저자이며
비디오게임과 청소년 관련 주요 정부 지원 연구 사업의 연구책임자

"마키와 퍼거슨이 즐기는 비디오게임이 그들의 연구에 방해가 되지 않은 것이 분명하다. 두 저자는 폭력적 비디오게임에 대한 우려를 철저하면서도 흥미진진하게 분석했다. 게이머라면 부모를 위해 이 책을 구매해야 하고, 부모는 이 책으로 교사와 의사들을 진정시켜야 할 것이다. 옳지 못한 과학에 관심이 있고, 그에 대한 회의적인 분석을 원하는 사람이라면 일독을 권한다."

— **제임스 C. 코인**(James C. Coyne)
펜실베니아 대학교 심리학 및 정신의학과 명예교수

"마키와 퍼거슨은 지금까지 공포라는 렌즈를 통해 보아왔던 주제를 새롭게 조명했다. 이 책은 건강한 회의론과 과학적 통찰로 21세기의 놀이에 대한 우리의 견문을 넓혀준다. 정치적 타협부터 취약한 과학에 이르기까지, 비디오게임에 관심이 있는 사람이라면 반드시 읽어야 할 책이다."

— **앤드류 쉬빌스키**(Andrew Przybylski)
옥스포드 대학교 실험 심리학 연구교수

추천사

윤태진

이 책의 공저자 중 한 명인 크리스토퍼 J. 퍼거슨 교수를 만난 것은 2019년 봄이었다. 게임 연구자들의 모임인 '게임과학포럼'의 초청으로 방한하여 특강을 진행했고, 한국 학자들과 함께한 토론은 언론에도 자세하게 소개되었다. 저명한 심리학자인지라 두꺼운 안경을 쓴 과묵한 철학자 스타일을 예상했으나, 그는 활달하고 유쾌한, 청년같은 학자였다. 자기 생각을 개진하는 데에 거침이 없었고, 유머감각도 뛰어났다. 추리소설가이기도 하다는 사실은 뒤늦게 알았는데, 게임을 연구하는 문학도는 쉬이 늙지 않을 것 같다는 생각이 들기도 했다.

심포지엄의 제목은 "게임 장애, 원인인가, 결과인가?"였다. 그 당시는 세계보건기구WHO가 게임 '중독'을 질병으로 등재한 ICD-11(국제질병분류기호 11차 개정판)의 정식 채택을 하기 직전이어서 게임에 대한 다양한 의학적, 심리학적 해석이 분분할 때였다. 그는 만약 게임이 중독성 활동이라면 수영도 질병이 될 수 있다고 비유했다. 누군가 게임에 집중한다면, 그 행위 자체에 초점을 맞추기보다는 다른 무언가가 그 사람의 게이밍 행위에 요인으로 작용할 수 있다는 점을 고려해야 한다는 것이 퍼거슨 교수의 주장이었다. 요는, 게임에 몰입하는 행위가 게이머의 다른 문제적 요인을 보여주는 신호일 수 있다는 점을 잊어서는 안 된다는 것이다. 특히 흥미로웠던 것

4

은, 게임에 대한 부정적 선입견을 가지고 있는 기성세대가 신문의 주요 독자층이기 때문에 언론은 이들의 우려를 반영한 기사를 내보내고, 걱정거리를 해결하기 위해 무언가 행동으로 보여줘야 하는 정치인들과 이들로부터 연구비를 지원받아야 하는 학자들은 다시 이 공포를 확대재생산함으로써 기성세대의 우려는 순환된다는 '도덕적 공황 이론'의 논리였다. 게임에 대한 무조건적 비논리적 마녀사냥에 대한 통렬한 비판이었다.

이 책의 제목 〈모럴 컴뱃Moral Combat)〉을 직역하면 "도덕 전투"쯤 된다. 당시 퍼거슨 교수가 제시했던 논리의 알레고리이다. 원저가 2017년에 출판되었으니, 책의 내용이 심포지엄 발표 내용의 넓고 깊은 버전임은 당연하다. '도덕적 공황moral panic'에 대한 설명도 훨씬 자세하다. 본문에서는 "사회가 당시 현존하는 (또는 종종 상식적인) 사회문제에 대한 책임을 떠넘기기 위해 무고한 희생양 또는 '사회의 적'에 대한 공포를 과장해서 확대시키는 경향, 또는 태도"라고 정의한다. 본서에 따르면, 꽤 오랜 기간 동안 언론과 정치인들은 폭력사건이 터질 때마다 게임의 위험성을 전면에 내세우곤 하지만, 정작 이들의 공포는 과학적 증거에 의해 뒷받침되지 않았다. 실제로 대부분의 어린이들은 폭력성 높은 게임을 즐기면서도 폭력성은 보이지 않는 경우가 대부분이고, 폭력적 게임의 판매량과 폭력 범죄의 비율은 반비례한다는 결과도 있다고 한다.

게임에 대한 공포가 과장되었다는 주장은 아주 새로운 것도 아니고 미국에서만 발견되는 현상도 아니다. 우리나라에서도 게임공포증의 역사는 아주 길다. 엽기적인 범죄가 생기면 범인이 즐겨하던 게임이 무엇인지 찾아내는 것이 기자의 임무처럼 되었던 적도 있다. 이를 집중적으로 다룬 〈게임포비아〉라는 책이 발간된 때가 이미 2013년이었다. 열 명의 연구자들이 함께 저술한 이 책에 나도 한 명의 저자로 이름을 올렸는데, 마침 본서의 번역자인 나보라 선생 역시 한 챕터를 맡아 저술에 참여한 바 있다. 그는 본격적으로 게임을 연구해서 박사학위를 받은, 우리나라에 몇 안 되는 게임문화연구 전문가면서, 이미 여러 권의 역서를 출간한 경험이 있는 번역 전문가이기도 하다. 그러고 보면 〈모럴 컴뱃: 비디오게임의 폭력성을 둘러싼 잘못된 전쟁〉의 번역본이 가장 필요한 곳이 우리나라이고, 가장 적절한 능력과 관심사를 가진 이가 번역 작업을 맡았다고 봐도 무방하겠다.

게임을 질병화하고 악마화하는 이들을 증거와 논리와 사례와 통찰로 반박하는 책이지만, 그렇다고 지나치게 학술적이거나 이론 중심적이지는 않다. 저자들은 진지한 이론적 사고를 평이하고 직관적인 언어로 풀어 설명하고 있고, 번역자는 단순 직역이나 과잉 번역의 함정을 피해 무겁지도 가볍지도 않은 "대중 교양 학술서"를 만들어냈다. 게임이 이미 일상화되어 성별과 연령을 관통하는 여가가 되었지만 여전히 공포담론이 횡행하는 현실을 보며 "정말 게임은 병과 악의 원천인가?"를 궁금해 하는 모든 사람들에게 정직한 답을 제공하는 책이 될 것이다. 막연한 여론이나 신화로부터 과학을 분리해내도록 도와줄 것이다.

'신화로부터 과학의 분리'는 생각처럼 쉬운 작업이 아니다. 많은 사람들, 특히 사고의 유연성이 떨어지는 기성세대 사람들의 오래된 믿음을 깨트리는 작업이 쉬울 리 없다. 사적 자리에서, 퍼거슨 교수는 솔직히 사람들의 생각을 바꾸는 일은 거의 불가능하며 시간의 도움을 받아야만 가능하다고 토로한 적도 있다. 세대가 바뀌면 신화도 사라질 수 있다. 그럼에도 그 변화에 소요되는 시간을 줄이는 것이 학자의 사명이다. 마키와 퍼거슨은 미국에서 오랜 기간 게임의 유해성에 대한 사회적 토론의 최전선에 있던 학자들이다. 부정을 부정하는 것만으로는 토론에서 승리할 수는 없다. 즉 이들은 게임이 "안 좋은 것이 아니다"라고 주장하는 지점에 머물지 않는다. 게임이 어떻게 긍정적인 효과를 만들어 낼 수 있는지, 오히려 잠재적 비행 청소년들을 일탈적 폭력으로부터 보호할 수 있는지, 나아가 훌륭한 동기 유발 기제로 활용될 수 있는지 심리학자의 목소리로 차근차근 설명한다. 게임의 악마신화를 신봉하던 사람에게는 게임을 바라보는 새로운 시각과 시야를 제공하고, 게임을 즐기지만 결코 악마신화로부터 자유로울 수 없는 사람에게는 논리와 자료와 팩트를 선물한다.

20세기가 막바지로 치닫던 시기만 해도 종종 'TV는 바보상자', 혹은 '텔레비전을 보면 안 되는 이유' 같은 류의 책이 출판되곤 했다. 지금은 아무도 신경쓰지 않는다. 그 이전에는 소설, 대중음악, 만화 등이 그 악마화의 대상이었다. 심지어 성경도 그 목록의 일부였던 시기가 있었다. 지금은 그저 일상적인 여가의 일부일 뿐이다. 소설이 사람을 병약하거나 폭력적으로 만든다는 이야기를 하는 사람은 없다. 그러니 이 책은 21세기의 현실을 반영하는 역사적 의미도 있는 셈이다. 대신 가까운 미래에는 그저 "옛날 이야기"가 되어 있을 가능성이 높다. 도덕적 공황의 순환은 한 세대 이상 지속되는 경우가 많지 않기 때문이다. 저자들의 논리적 결론이자 인간적 바람이기도 한다. 저자들은 아마 아무도 이 책을 필요로 하지 않는 때가 빨리 오기를 기원할 것이다. 나 또한 그러하다.

윤태진 연세대학교 커뮤니케이션대학원 교수이자 학원장, 대중문화에 관한 연구와 강의를 하고 있다. 특히 디지털 콘텐츠로서 게임텍스트를 분석하거나 게이머(집단)의 일상과 문화적 의미에 많은 관심을 가지고 연구를 진행해왔다.

목차

첫 번째 판:
간단히 살펴보는
게임 폭력성의 역사

미국 매사추세츠주 보스턴에서 30마일 떨어진 대서양 해안가에 마쉬필드 Marshfield 라는 작은 마을이 있다. 빅토리아 양식의 주택이 점점이 흩어져 있는 조용한 마을인데, 여름이면 외지인들이 모여들어 인구가 두 배로 늘어난다. 사람들은 여름 내내 햇볕에 검게 그을려 가며 낚시를 하거나 해변에서 다양한 활동을 즐긴다. 날씨가 선선해지면서 외지인들이 떠나가면, 마쉬필드의 청소년들은 고등학교 풋볼팀의 경기를 응원하거나, 동네 피자가게에서 놀거나, 시내의 상점가를 돌아다니곤 한다. 여느 동네와 다를 바 없어보이지만, 마쉬필드의 독특함은 주민들이 하는 일이 아닌 해서는 안 되는 최소한 공공장소에서는 금지된 일에 있다. 이 조용한 해변 마을에서 비디오게임이 30년 이상 금지되었던 것이다.

1982년 마쉬필드의 정치가들과 지역 지도자들은 비디오게임이라는 전자적 오락형식을 불법화하는 것이 지역 내 청소년 범죄를 줄일 수 있는 최선의 방법이라고 보았다. 이에 따라 마쉬필드의 주민들은 〈마계촌Ghost'n Goblins〉에서 좀비나 드래곤을 상대로 결투를 할 수도, 〈엘리베이터 액션Elevator Action〉에서 사악한 요원들을 처치할 수도, 〈모탈컴뱃Mortal Kombat〉에서 페이탈리티fatality를 구경할 수도 없게 되었다. 이듬해 미 대법원이 관련 업계의 항소 심리를 거부함에 따라 마쉬필드의 비디오게임 금지 조치는 계속 유지된다. 마쉬필드의 주민들은 1994년과 2011년 두 번에 걸쳐 금지 조치를 해제하고자 했지만 성공하지 못했고, 2014년에 이르러서야 32년 간 비디오게임을 금지했던 법을 28표의 근소한 차이로 뒤집을 수 있었다[1].

하지만 이와 같은 마쉬필드의 사례는 비디오게임이 끼치는 부정적인 효과, 특히 폭력성에 대한 믿음에 있어 특별한 경우가 아니다. 지난 40여년 간 미국의 전문가 및 정치가들은 학교 총기 난사, 인종주의, 비만, 나르시시즘, 골연화증, 자기 통제 문제, 음주운전에 이르기까지 거의 모든 사회적 병폐에 대해 폭력적인 비디오게임에 책임을 물어왔다. 비디오게임은 살인과 자동차 강도, 강간 사건뿐만 아니라, 팔다리가 망가지거나 학습장애가 생기는 데에 책임이 있고 심지어는 9.11 테러 사건에도 책임이 있다고 여겨졌다. 비디오게임과 관련된 수십 개의 법안이 입법되고 연방 청문회도 열렸으며, 여러 대통령이 우려를 표했고, 여러 사건들이 대법원에서 다뤄지기도 했다. 이 모든 조치들은 이 디지털 골칫거리로부터 사회를 보호하기 위해서였다. 비디오게임의 폭력성을 둘러싼 공포가 너무나 확산되어 있어 비디오게임을 두려워하기 전에는 어떠했는지 기억하기란 쉽지 않을 정도다.

그 시작은 작은 점과 두 개의 선이었다

앤디캡스 주점Andy Capp's Tavern 의 단골들은 그러한 것을 생전 처음 보았다. 물론, 1972년 즈음 은행 같은 데서 사용하는 거대한 전자두뇌 컴퓨터에 대해서 들어보긴 했지만, 13인치 흑백텔레비전으로 플레이하는 컴퓨터게임이란 것을 본 사람은 거의 없었다. 이 장치에는 별다른 설명 없이 PONG(퐁)이라는 글자만 장치 전면에 진하게 쓰여있었다(챕터 끝 **이스터에그** 1번 참조). 핀볼 같은 여타의 게임들은 단돈 10센트면 플레이할 수 있었지만 이 신기한 장치는 25센트를 넣어야 했다. 일단 25센트 동전을 넣으면 작은 하얀 점이 두 개의 선 사이를 빠르게 움직이면서 모든 것이 명확해졌다. 이것은 바로 전자식 핑퐁인 것이다!

앤디캡스 주점에 놓인 이 장치 주변에 모여들었던 사람들은 미처 몰랐겠지만, 그들은 최초로 이 게임을 플레이한 사람들이었다. 아타리Atari 라는 이름의 신생 업체가 담배 연기 자욱한 이 술집에서 〈퐁〉을 시범적으로 운용했던 것이다. 아타리는 이내 자신들이 금광을 찾아냈다는 것을 알아차렸다. 머지 않아 아케이드용 〈퐁〉은 3만5천대 이상의 판매고를 기록했으며, 수백만에 이르는 가정에서 텔레비전에 연결해 플레이하는 가정용 〈퐁〉Home Pong 을 구매했다. 비디오게임 혁명은 이처럼 공을 상징하는 하얀 점과 패들을 상징하는 두 개의 선에서 비롯되었다(**이스터에그** 2번 참조).

이후 5년 동안 아타리를 비롯해 타이토Taito, 세가Sega, 미드웨이Midway 등 여러 업체가 초창기 비디오게임의 주제를 다양하게 확장시킨다. 이들이 내놓은 게임에는 아타리의 〈슈퍼 퐁Super Pong 〉이나 〈쿼드라 퐁Quadra Pong 〉 같은 〈퐁〉의 변종들이 많긴 했지만, 드라이빙게임driving game이나 워게임war game 또한 인기를 끌었다. 타이토가 1974년에 출시한 〈스피드 레이스Speed Race〉는 핸들로 디지털 경주차를 운전할 수 있었으며, 최초로 화면 스크롤링을 구현한 게임이었다. 아타리의 〈탱크Tank〉는 플레이어들이 각자의 탱크(로 보이는 탈것)를 컨트롤해서 상대방의 탱크를 파괴하는 게임이었다. 1975년에는 미드웨이가 〈건 파이트Gun Fight〉를 출시하는데, 인간 캐릭터가 총을 사용해 서로 대결하는 내용을 담은 최초의 게임이었다. 〈건 파이트〉는 선인장, 나무, 마차 등이 있는 서부개척시대가 배경으로, 플레이어는 카우보이를 컨트롤해 적과 결투를 벌인다. 게임상 두 명이 서로를 총으로 쏘는데도 이를 두고 별 다른 논쟁은 벌어지지 않았다. 사실 오늘날 〈건 파이트〉는 인간에 대한 폭력을 묘사한 최초의 게임으로서가 아니라 마이크로프로세서를 사용한 최초의 게임으로 기억되고 있다.

초기 비디오게임 개발사의 상당수는 논쟁의 가능성을 피하기 위해 폭력적인 비디오게임의 개발을 주저했다. 아타리의 경우 인간에 대한 폭력을 묘사해서는 안된다는 내부의 개발 규칙[2]도 있었다. 애석하게도 이 규칙이 그리 철저히 지켜지지는 못했는데, 아타리가 출시한 〈경찰과 강도Cops n' Robbers〉(광란의 20년대를 배경으로 최대 4명의 플레이어가 "경찰"이 탄 차와 "강도"가 탄 차를 컨트롤하면서 서로를 향해 총을 쏴대는 게임)이나 〈무법자Outlaw〉 같은 게임은 미드웨이의 〈건 파이트〉를 그대로 베낀 것이었기 때문이다.

하지만 당시에는 이러한 게임을 폭력적으로 여기지 않았다. 한 가지 확실한 이유는 초창기 아케이드 게임기와 가정용 게임기의 기술적 한계였다. 아타리 2600의 투박한 160×192 해상도 그래픽으로는 소름끼치는 이미지를 사실적으로 만들어낼 수 없었던 것이다. 또 다른 이유는 게임 그 자체, 보다 구체적으로 말하자면 게임 내에서 폭력이 발생하는 맥락에서 찾을 수 있다. 대다수의 게임들이 특정한 스타일로 구현된 과거나 미래 – 개척 시대의 서부, 머나먼 우주공간, 2차 세계대전 등 – 를 배경으로 삼았던 것이다. 즉, 지미 캐그니Jimmy Cagney 스타일의 옛 갱스터무비에서 나올법한 환경에서 범죄가 벌어지는데, 이러한 설정은 오락 영역에서 이미 익숙한 것이다. 예를 들어 〈론 레인저The Lone Ranger 〉, 〈특공대작전The Dirty Dozen 〉, 〈해브 건 – 윌 트래블Have Gun - Will Travel 〉, 〈언터처블The Untouchables 〉 같은 영화나 텔레비전 프로그램에서 이미 그런 사건들을 낭만화시켰다. 또한 비디오게임이 등장하기 전까지 미 전역의 아이들은 "카우보이와 인디언", "우주인", "경찰과 강도" 같은 놀이를 뒷마당에서 즐기곤 했다. 부모들은 이러한 놀이를 순수한 즐거움으로 인식했는데, 자신들 또한 비슷한 놀이를 즐겼던 경험이 있기 때문이다. 결과적으로 당시 부모들은 자신의 아이들이 가상의 서부에서 허구의 결투를 하는 모습을 시간을 초월해 지속된 무해한 게임으로 여겼던 것 같다. 또한 부모들은 텔레비전 화면 내에서 이미지를 움직일 수 있다는 사실에 경탄했지, 그 이미지들이 무엇을 하고 있는 것인지에 대해서는 크게 의식하지 않았던 것으로 보인다.

그러나 비디오게임 시장의 경쟁이 치열해지기 시작하면서, 게임사들은 조이스틱으로 투박한 캐릭터를 움직이는 한때 진기했던 경험이 더 이상 플레이어의 주목을 끌 수 없음을 깨닫게 된다. 붐비기 시작한 비디오게임 시장에서 플레이어들의 관심을 붙들기 위해, 일부 개발사들은 기술이 허용하는 최고 수준의 충격을 주어야 한다는 판단을 내리게 된다.

B급 영화에서 동전으로

1975년은 오락 영화가 풍년인 해였다. 영화 관객들은 〈죠스Jaws〉에서 아미티 섬의 리조트에 출현한 식인상어를 보거나, 〈몬티 파이튼의 성배Monty Python and the Holy Grail〉을 통해 제비가 공중 비행 속도를 유지하기 위해 초당 몇 번이나 날개짓을 해야 하는지 배울 수도 있었고(정답은 43번이다), 아카데미 시상식에서 최우수 작품상, 최우수 감독상, 최우수 여우주연상, 최우수 남우주연상, 최우수 각본상까지 휩쓴 〈뻐꾸기 둥지 위로 날아간 새One Flew Over the Cuckoo's Nest〉에 출연한 배우 잭 니콜슨Jack Nicholson의 연기를 감탄하며 감상할 수도 있었다. 한편 그 해에 아무 상도 받지 못한 영화 가운데에는 B급 액션 영화 〈죽음의 경주Death Race 2000〉라는 작품이 있었다. 2000년이라는 먼 미래를 배경으로 하는 이 영화에는 배우 실베스터 스텔론Sylvester Stallone과 데이비드 캐러딘David Carradine이 크로스 컨트리 자동차 경주 선수로 출연했다. 이 경주에서는 무고한 보행자들을 차로 칠 때마다 점수를 부여했는데, 차에 치인 사람이 십 대 청소년이면 40점, 유아일 경우 75점, 노인일 경우에는 "빅스코어"인 100점이 주어졌다(1975년 현실에서는 여성의 임금이 남성보다 훨씬 낮았는데, 〈죽음의 경주〉에서는 피해자가 여성일 경우 10점이 추가 부여됐다). 영화 속 의사들이 가벼운 표정으로 요양병원의 환자들을 경주가 이루어지는 길 한가운데로 옮기는 장면이 인상적인데, 경주에 참여한 운전자들에게 "점수를 주기 위한" 것이었고, 영화 속에서는 이를 "안락사의 날Euthanasia Day"로 불렀다.

이 영화가 대중과 비평가들의 분노를 산 것은 당연해보인다. 영화 평론가 로저 에버트Roger Ebert는 이 영화에 별점 0을 부여하면서 영화를 보는 내내 "극장 밖으로 당장 나가고 싶은 마음과 스크린 상의 그 어떤 장면보다도 더 불편한 스펙타클 – 어린이들이 불필요한 유혈에 열광하는 모습 – 을 계속 보고 있어야 할지 갈등했다.”고 평했다[3]. 이와 같은 로저 에버트의 태도는 이후 폭력적인 미디어를 두고 벌어질 논란을 암시하는 것이었다. 자주 그렇듯이 대중의 분노와 맹렬한 비판은 영화의 인기를 부채질했다. 겨우 30만 달러의 예산으로 만들어진 이 영화가 벌어들인 수익은 극장 및 대여 시장을 모두 합쳐 5백만 달러에 달했다[4].

컴퓨터업체 엑시디Exidy 는 이러한 논란이 수익을 증대시킬 수 있음을 인식하고, 개발중이던 아케이드 게임의 이름을 〈데스레이스〉로 바꾼다. 공식적으로 영화에 기반한 것이 아니었기 때문에 〈데스레이스〉는 영화 〈죽음의 경주〉의 무허가판 스핀-오프에 해당했다(**이스터에그** 3번 참조). 25센트 동전을 게임기에 넣으면 플레이어는 대충 만들어진 자동차의 핸들을 잡게되는데, 주어진 1분 동안 막대기처럼 생긴 인물들을 최대한 많이 치는 것이 목표다. 영화에서처럼 인물들을 차로 칠 때마다 점수가 올라가는데, 차에 치인 희생자들이 십자가가 세워진 묘비로 대체되면서 비명소리와 함께 보상이 제공된다. 아케이드 캐비닛에는 낫을 든 해골 사신들이 웃으며 개조된 자동차를 모는 그림이 그려져 있어 게임에 사악함을 더했고, 얼마 지나지 않아 이 게임은 영감을 준 원작 영화보다 더 큰 논란을 불러 일으키게 된다. CBS의 탐사보도 프로그램 〈60분60 Minutes 〉과 NBC의 〈위켄드Weekend 〉 같은 전국구 매체, 지상파 방송들이 앞다투어 게임 속 막대기 같은 인물들이 투박한 차에 치이는 “폭력적인 이미지”를 내보냈다. 안전벨트 매기 캠페인으로 알려진, 안전 운전과 교통 사고 사망 예방을 위해 노력하던 미국 안전협회National Safety Council 는 이 게임에 대해 “교활하고”, “소름끼치며”, “불쾌하고 불쾌하고 또 불쾌”하다는 입장을 표명했다.

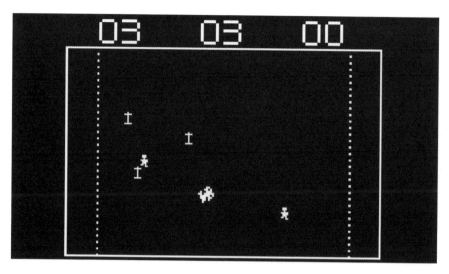

미 전역을 패닉으로 몰고 간 엑시디의 〈데스레이스〉

미국 안전협회 소속의 제럴드 드리센 박사Dr. Gerald Driessen는 이 게임의 상호작용적인 속성이 소수의 인구집단에서 실제 자동차의 운전대를 잡을 때 폭력성을 불러일으킬 수 있다고 주장하여, 폭력적 비디오게임과 현실에서의 폭력성 간 연관관계를 공개적으로 제안한 최초의 심리학자 중 한 사람이 되었다. 드리센 박사는 〈데스레이스〉가 출시된 해에 9,000명에 가까운 보행자가 사고사한 가운데, 상호작용적인 매체의 폭력성은 텔레비전의 폭력성과는 근본적으로 다르다고 주장했다. 그는 "이런 게임이 장려된다면 다음에는 어떤 상황이 벌어질지 두렵다"며 발전하는 기술이 궁극적으로 어떠한 것을 가능케 할 것인지에 대해 "꽤 잔인할 것"이라고 언급했다[5]. 예상대로 게임을 두고 벌어진 격렬한 논란은 게임의 인기를 수직상승시키는 결과를 낳았다. 더 많은 뉴스가 발표될수록 엑시디의 수익은 증대했고, 〈데스레이스〉의 매출은 곱절로 뛰어올랐다[5].

비디오 아케이드

1970년대 초중반 상당한 성공을 거둔 비디오게임이 몇 개 있긴 했지만, 아케이드는 여전히 유아기에 머물러 있었다. 아케이드 게임은 술집과 피자가게, 롤러스케이트장을 비롯한 여러 곳에서 설치/운영되었지만, 아케이드라는 오락장 자체가 부상한 것은 타이토가 1인용 게임 〈스페이스 인베이더Space Invaders〉를 미국에 출시해서 즉시 큰 히트를 친 1978년에 이르러서였다. 〈스페이스 인베이더〉의 등장은 비디오 아케이드의 인기가 최정점을 찍는 1980년대 중반까지 이어지는 "아케이드 황금시대"의 신호탄이었다. 게이머에게는 호시절이었다! 동네 아케이드에 들어서면 〈스페이스 인베이더〉, 〈애스터로이드Asteroids〉, 〈갤럭시안Galaxian〉, 〈미사일 커맨드Missile Command〉, 〈버저크Berzerk〉, 〈디펜더Defender〉, 〈배틀존Battlezone〉, 〈폴 포지션Pole Position〉, 〈랠리-XRally-X〉, 〈프로거Frogger〉, 〈스크램블Scramble〉, 〈용의 굴Dragon's Lair〉, 〈동키콩Donkey Kong〉, 〈템페스트Tempest〉, 〈버거타임Burger Time〉, 〈디그 더그Dig Dug〉, 〈저우스트Joust〉, 〈큐버트Q*bert〉, 〈잭슨Zaxxon〉, 〈트론Tron〉, 〈엘리베이터 액션Elevator Action〉, 〈스파이 헌터Spy Hunter〉, 〈팩맨Pac-Man〉 등 수많은 비디오게임들이 시끌벅적한 불협화음 속에서 반겨주었다.

일부 게임에는 폭력적인 내용이 담겨있었지만, 부모들의 우려가 향한 곳은 - 아이들이 플레이하는 게임의 내용이 아닌 - 아이들이 시간을 보내는 아케이드라는 허름한 장소였다. 1980년대의 아케이드는 요즘의 가족 친화적인 아케이드와는 달랐다는 점을 명심할 필요가 있다. 오늘날 떠올리는 아케이드는 티켓 교환 장치ticket redemption machine가 설치되어 있고 생일파티를 열기도 하는 데이브 앤 버스터즈Dave & Buster's 레스토랑 같은 곳이지만, 1980년대의 아케이드는 모자라 보이는 십 대들과(물론 모든 십 대들은 나이든 사람 눈에 모자라 보이기 마련이다) 젊은 성인들로 가득한 어둡고 불길한 공간이었다. 아케이드는 늘상 게임기 소리와 게임을 플레이하는 유저의 탄식들이 만들어내는 소음으로 가득했다. 청소년들이 〈파리 대왕Lord of the Flies〉같은 분위기의 전자 디스토피아에서 더 높은 점수를 따기 위해 경쟁을 벌이는 주변에는 담배 연기가 자욱했다. 이 책을 쓰고 있는 저자들 또한 1980년대 중반 한창 나이일 때 이러한 공간을 자주 드나들었다. 부모님들이 우려했듯 우리는 청춘시절을 동전과 함께 허비했던 것이다. 〈드래곤스 레어〉와 〈스파이 헌터〉를 통해 우리의 능력을 과시할 수 있는 장소였기에, 비디오 아케이드는 당시 우리가 소통하는 유일한 공간이었다(당시 우리에게 여자 친구가 없던 아픔도 이로 설명할 수 있을 듯 하다). 또한 1980년대에 우리가 그 불행한 헤어스타일을 고수했던 책임도 많건 적건 아케이드와 그 곳에서 함께 했던 동료 들에게 묻고자 한다(마키는 플록 오브 시걸스의 비대칭 스타일, 퍼거슨은 멀릿mullet 스타일이었다).

비디오 아케이드는 우리 사회에 "나쁜 요소"들을 들여왔다며 많은 이들로부터 손가락질을 받았다. 1981년 뉴욕주민 100여명이 아케이드의 영업을 중지하라며 시위를 벌였다. 그들의 투쟁은 아케이드 내부에 설치된 게임이 아니라 그 지역에서 점차 증가하는 마약 및 공공기물 파손 문제와 관련된 것이었다[6]. 매사추세츠주 마쉬필드의 해변가 마을이 그 이듬해에 비디오게임을 금지한 사례에서도 볼 수 있듯이, 이는 뉴욕에만 한정된 문제가 아니었다. 네온 범벅의 던전에 도사리는 위험 요소로부터 아이들을 보호하려는 행동주의적 부모들에 의해 전국의 아케이드 영업장들이 문을 닫기 시작한다.

1980년대 중반에 이르러 아케이드 게임의 수익이 줄어들기 시작하면서 이후 십 년 동안 수천 개에 이르는 아케이드 영업장이 폐업하게 된다. 그러나 이 시기 비디오 아케이드의 감소는 부모들 때문이 아니라 그 자녀들 때문이었다. 기술이 발전하면서 1989년 세가의 콘솔 제네시스Sega Genesis(메가드라이브)와 1991년의 슈퍼 닌텐도 엔터테인먼트 시스템Super Nintendo Entertainment System, 이하 SNES(슈퍼패미콤)로 가정에서도 아케이드에 가까운 수준의 게임 플레이가 가능해졌다. 수백만 명의 유저가 비디오 아케이드가 아닌, 가정의 TV를 통해 에일리언과 싸우고, 자동차 경주를 벌이고, 유명 운동선수가 되어보기로 한 것이다. 오늘날 미국의 아케이드는 예전에 비해 매우 적은 수만 남아있을 뿐더러, 가족 중심의 오락에 초점을 맞추거나 어린 시절의 아케이드 경험을 다시 추구하는 중년 성인들의 향수에 기대고 있다.

1990년대가 시작되면서 비디오게임 플레이의 주축이 아케이드에서 가정으로 확실히 이동하는데, 이는 부모들이 비디오게임을 보다 자주 접하게 됨을 의미한다. 이에 따라 대중의 관심은 가상세계에서 벌어지는 유혈사태로 빠르게 옮겨가기 시작한다.

1992년과 1993년: 가상 유혈사태의 해

〈데스레이스〉같은 게임과 비디오 아케이드의 위험성을 둘러싸고 쏟아지는 언론보도가 비(非)게이머 대중 사이에서 비디오게임에 대한 불안감을 생성해오긴 했지만, 그 불안감을 완전히 증폭시킨 것은 1년 사이에 출시된 3편의 게임이었다. 여러분이 1992년에 동네 볼링장이나 영화관, 피자가게 등을 방문했다면 동전이 가득 쌓인 채 순서를 기다리고 있는 캡콤Capcom의 〈스트리트 파이터 2Street Fighter

∥〉 게임기를 접했을 가능성이 높다(**이스터에그** 4번 참조). 엄청난 인기를 모은 이 게임이 플레이어가 1대1로 근접 격투를 벌이는 "대전 격투" 게임을 사실상 개시했다고 해도 과언이 아니다. 이내 온갖 업체들이 〈스트리트 파이터 2〉와 겨룰 대전 게임 개발에 착수해 돈을 벌어들였기 때문이다. 이 당시 출시된 게임의 대부분은 다양한 캐릭터들이 상대방을 이기기 위해 발로 차고, 주먹질을 하고, 스페셜 콤비네이션 동작을 취하는 등 서로 상당히 유사했다. 그러나 같은 해 10월 출시된 〈모탈컴뱃〉은 그래픽과 폭력성에 있어 대전 격투 장르를 완전히 새로운 수준으로 끌어올린다.

유혈 묘사가 없었던 〈스트리트 파이터〉와 달리 〈모탈컴뱃〉은 엄청나게 잔인했다. 상대방을 때리고 발로 차면서 붉은 픽셀이 화면 전체를 뒤덮었고 캐릭터들은 말 그대로 서로의 머리를 뜯어낼 수 있었다! 하지만 가장 큰 논란을 야기한 것은 "페이탈리티fatalities"라 불리는 요소였다. 다른 대전 격투 게임의 경우 승리한 플레이어가 상대방을 바닥에 때려 눕히면서 끝난다면, 〈모탈컴뱃〉에서는 극단적으로 폭력적인 방식, 즉 살인으로 상대방을 끝장낼 수 있도록 한 것이다. 패배한 플레이어는 자신의 캐릭터가 목이 잘려 죽고, 불에 타 죽고, 감전되어 죽고, 창에 꽂혀 죽고, 아직 뛰고 있는 심장이 뜯겨져 나와 죽는 모습을 드물지 않게 볼 수 있었다. 가장 악명 높은 페이탈리티로는 "척추뽑기spine rip"를 꼽을 수 있는데, 이는 아직 척추가 붙어있는 상대의 머리를 뜯어내 그 척추가 대롱대롱 매달려 있는 모습을 보여주는 것이다.

상대적으로 새로운 테크놀로지가 활용된 영향도 있었다. 이전의 대전 게임에서는 손으로 그렸던 캐릭터를 실제 배우들의 디지털 이미지로 대체했는데, 이 리얼한 캐릭터들이 〈모탈컴뱃〉에 묘사된 폭력의 사실성을 한 차원 높였다. 플레이어들이 때리고 차는 대상이 더 이상 만화 캐릭터가 아니라 게임 내에서 언데드 닌자 스콜피온 역을 연기한 대니얼 페시나Daniel Pesina 같은 실제 배우가 된 것이다. 예상하듯이, 많은 부모가 아이들이 불쌍한 대니얼의 팔딱거리는 심장을 뜯어내는 모습을 목격하고 큰 충격을 받았다.

〈모탈컴뱃〉은 원래 아케이드용으로 출시되었지만, 이 불편한 디지털 리얼리즘 작품은 곧 가정의 거실로 침투했다. 세가 CD(메가CD)는 엄청난 판매고를 기록한 가정용 콘솔 세가 제네시스의 주변기기로, 이를 구매해서 하드웨어를 업그레이드하면 CD기반의 게임을 플레이할 수 있었다. CD기술의 주 장점은 저장 용량을 엄청나게 증대시켰다는 것인데, 8메가비트에 불과했던 것이 이제 640메가바이트까지 확장된 것이다! 게임개발사들은 확장된 용량의 장점을 빠르게 활용해서 게임의 그래픽을 증진시켰을 뿐만 아니라 풀모션full motion 디지털 비디오를 게임에 적용하기 시작한다. 이제 플레이어들은 〈모탈컴뱃〉에서 그랬듯 단일한 디지털 스프라이트를 컨트롤하는데 그치지 않고, 상호작용적인 동영상 전체 시퀀스를 컨트롤할 수 있게 된 것이다.

이 새로운 기술을 적극적으로 활용한 게임이 바로 디지털픽쳐스Digital Pictures 의 〈나이트 트랩Night Trap〉이다. 1950년대 B급 영화 스타일의 게임 패키지박스에는 후드를 뒤집어 쓴 정체를 알 수 없는 존재를 발견하고 깜짝 놀란 금발 글래머 여성의 모습이 그려져 있다. 게임은 "논스탑 액션!"을 약속하면서 플레이어에게 "아름다운 5명의 여대생들이 스토킹"을 당하고 있으니 "숨겨진 카메라를 통해 살해 위협 행동들을 감시"하라고 적혀있다. 이러한 문구가 명백히 사악하게 들리긴 하지만, 플레이어의 역할은 불행한 상황에 처한 여대생들을 공격하는 것이 아니라 집 곳곳에 함정을 설치해서 오거auger 라 불리는 흡혈귀 비슷한 괴물들로부터 그들을 보호하는 것이다. 플레이어가 성공적으로 오거를 저지하면 보상으로 아름다운 아가씨들이 괴물로부터 안전하게 대피하는 짧은 동영상이 제공된다. 반대로 플레이어가 실패하면 그 여성이 공격을 받는 영상이 나온다.

〈나이트 트랩〉에서 실질적인 폭력은 거의 등장하지 않는다. 특수효과와 연기(출연한 배우 중 가장 유명한 인물은 시트콤 〈신나는 개구쟁이Diff'rent Strokes〉에 출연했던 다나 플래토Dana Plato다)는 어색하고 과장되어 현대적인 슬래셔 영화라기보다는 1950년대의 저예산 흡혈귀 영화를 연상시킨다. 가장 논란이 되었던 살인 시퀀스는 5명의 여대생 중 한 명이 실크로 된 가운을 입고 욕실에서 머리를 만지는 장면이다. 친구가 샤워실에 숨어있다고 생각하고 샤워실 문을 열자 등장한 것은 오거였고, 도망치려 했으나 이내 오거들이 (현대화된 이들은 피를 빨아들이는 무기를 장착하고 있다) 떼로 들이닥치면서 그녀를 어디론가 끌고 간다. 이 장면의 어디에도 유혈은 등장하지 않는다. 또한 플레이어의 역할이 여성을 공격하는 것이 아닌 공격으로부터 지켜주는 것임도 상기할 필요가 있다. 그럼에도 불구하고 풀모션 동영상으로 구성된 〈나이트 트랩〉은 사회적인 공분을 사면서 1993년 12월 9일에 정부의 관련 분과 위원회와 청소년 사법문제 법사위가 합동으로 연 공청회의 중심의제로 떠올랐다. 이 공청회에서는 〈나이트 트랩〉을 "역겹고" "불쾌한" 것으로 지칭하면서, 여성을 대상으로 한 폭력성을 조장할 뿐더러 아동들이 이 게임에 노출되는 것이 아동 학대에 해당할 수 있다는 주장이 등장했다. 결과적으로 〈나이트 트랩〉은 주요 상점의 매대에서 회수되었고, 세가는 문제의 욕실 장면이 삭제된 검열 버전이 나오기 전까지 게임의 판매를 중단하게 된다.

워싱턴의 의회에서 〈나이트 트랩〉의 위험성을 두고 논쟁을 벌이던 때, 텍사스주 메스키트Mesquite, Texas에 위치한 한 작은 개발사는 새로운 게임의 출시를 앞

두고 있었다. 위에서 언급한 공청회가 열린 다음날인 1993년 12월 10일, 이드 소프트웨어id Software 의 직원이 위스콘신 대학 매디슨 캠퍼스University of Wisconsin-Madison 의 FTP 사이트에 〈둠Doom〉 게임이 담긴 2MB 파일을 업로드했다. 쉐어웨어shareware 로 배포된 이 게임에서는 이용자들이 첫 9개 레벨을 무료로 플레이할 수 있었다. 게임이 마음에 들면 이드 소프트웨어에 40달러를 송금해서 남은 레벨을 플레이할 수 있었다. 업로드 후 몇 시간 안 되어 전세계의 수많은 플레이어가 〈둠〉을 플레이하게 된다. 이 게임에서는 플레이어가 화면상의 인물을 컨트롤하는 대신 1인칭 시점에서 총을 쏠 수 있었다. 즉 플레이어가 바로 그 총을 쥔 인물이 되어 총구의 끝을 보면서 플레이하는 것으로, 그에 따라 스크린에는 게임 속 캐릭터가 가상세계 내부를 이동하면서 보는 장면이 구현되었다. 〈둠〉의 캐릭터는 화성에서 악마같은 괴물들과 싸우는 무명의 우주 해병이라는 설정인데, 2년도 지나지 않아 천만 명에 달하는 사람들이 이 해병이 되어 악마와 괴물들을 소탕했고, 이드 소프트웨어는 하루에 10만 달러를 벌어들였다[7].

〈둠〉이 윈도우95보다 더 많은 컴퓨터에 설치되었다는 사실을 확인한 마이크로소프트는 〈둠〉을 윈도우95 플랫폼용으로 출시했다. 게임의 엄청난 인기에 스스로를 맞춘 것이다(이전까지 〈둠〉은 도스 체계에서만 작동했다). 당시 CEO였던 빌 게이츠는 윈도우용 〈둠〉의 출시를 홍보하는 동영상에 직접 출연하기까지 했다. 1인칭 시점으로 〈둠〉의 유명한 복도 구조물 사이를 돌아다니면서 게임의 아이콘이라 할 수 있는 샷건으로 악마들을 소탕하는 장면으로 시작하는 이 동영상은, 한바탕 피바람이 휘몰아치고 난 뒤 카메라를 반대로 패닝하여 지금까지 총을 쏘아댄 사람이 바로 검은 트렌치코트를 입고 샷건을 든 빌 게이츠였음을 보여준다. 마이크로소프트는 〈둠〉 브랜드와 연계되기를 간절히 원했고, 심지어 엑셀 프로그램 내에 〈둠〉의 한 버전을 이스터에그(라 함은 모종의 문자열을 입력해 접할 수 있는 숨겨진 요소를 뜻한다)로 심어두기까지 했다(**이스터에그** 5번 참조). 오리지널 〈둠〉은 윈도우 버전을 포함해 궁극적으로 12개가 넘는 콘솔 및 운영체제용으로 출시되었다. 후속편들, 그리고 "더 락the Rock"으로 알려진 배우 드웨인 존슨Dwayne Johnson 주연의 장편 영화는 〈둠〉이 역사상 가장 높은 수익을 올린 비디오게임 프랜차이즈로 등극하는데 일조했다.

〈둠〉이 최초의 1인칭 슈팅게임이었던 것은 아니다. 이드 소프트웨어는 그보다 앞서 플레이어들이 1인칭 시점에서 아돌프 히틀러라는 이름의 로봇을 처치하기 위해 그 앞을 막는 나치병사들과 전투를 벌이는 〈울펜슈타인 3Dwolfenstein 3D〉라는 게임을 출시한 적이 있었다. 그러나 〈둠〉의 보다 정교한 그래픽 엔진은 플레이어가 진정한 3차원의 세계에 몰입할 수 있도록 한 차원 발전된 것이었다. 〈둠〉은 플레이어들이 더 빠르게 총을 쏘면서 보다 많은 적을 죽여야 하는 빠른 템포의 게임이었다. 이 게임은 또한 WAD 파일("Where's All the Data?"의 줄임말이다)을 이용해서 플레이어들이 게임을 변경(모드)해서 스스로 레벨을 제작하고 나아가 그것을 공유할 수 있도록 했다. 대개의 WAD 파일은 무기의 변경이나 레벨의 추가 같은 상대적으로 소소한 변형 모드에 머물렀지만, 극적으로 게임을 변형시킨 경우도 있다. 이 변형된 모드 버전의 〈둠〉에서 플레이어들은 서부 시대에서의 총격전에서부터 영화 〈고스트버스터즈〉스타일의 세계에서 유령 잡기에 이르기까지 다양한 플레이를 할 수 있었다. 심지어 어떤 WAD에서는 사랑스럽지만 흔히 멸시받는 캐릭터인 공룡 바니Dinosaure Barney를 향해 로켓런처를 쏠 수 있었다. 물론, WAD 파일로 플레이어들에게 자유를 제공한 것이 논란을 일으키기도 했는데, 일부 소수에 불과했지만 포르노 이미지를 포함하거나 게임 내 괴물의 이미지를 실제 사람의 이미지(주로 정치가나 연예인)로 대체하거나, 심지어는 학교 총기 난사사건을 재창작한 레벨도 제작되었기 때문이다.

그러나 〈둠〉이 현대 게임에 가장 큰 영향을 끼친 부문은 온라인 데스매치의 도입일 것이다. 이 매치의 목적은 단순한데, 상대방의 공격은 피하면서 가능한 많은 적을 죽이는(혹은 게이머 용어로 "프래그frag"하는) 것이다. 이 매치의 특징은 플레이어와 대적하는 적이 컴퓨터가 만들어낸 〈둠〉 내부의 악마나 괴물이 아니라는 것이다. 그 적들은 바로 다른 플레이어 혹은 그들이 컨트롤하는 아바타인 것이다. 과거의 멀티플레이어 게임과는 달리, 이제 게이머들은 동일한 물리적 장소에 함께 있을 필요가 없어졌다. 전화 모뎀이 널리 설치된 덕분에 전화선이나 네트워크를 이용해 친구의 컴퓨터에 접속해서 온라인 상에서 함께 플레이할 수 있게 되었기 때문이다. 게이머들은 전국의 기숙사나 사무실 내 컴퓨터들을 연결해서 〈둠〉의 가상 복도에서 동료나 친구들을 사냥하면서 쏴 죽여댔다. 직원들이 〈둠〉 데스매치를 플레이하느라 업무시간을 소비하면서 많은 논란을 일으킨 끝에, 여러 조직에서 업무 시간 내 〈둠〉의 데스매치 플레이를 금지하는 규정을 만들기도 했다[8].

〈모탈컴뱃〉, 〈나이트 트랩〉, 〈둠〉이 비디오게임의 폭력성과 사실상 동의어가 되면서 대중은 그 위험성에 대해 우려하기 시작한다. 논객들은 끔찍한 대량 총기 난사 사건이 발생할 때마다 이 게임들을 최소한 한 번은 언급했다. 그러나 당대에 가장 폭력적이었던 게임은 이 중에 포함되지 않았다. 에픽스Epyx 의 〈바바리안Barbarian: The Ultimate Warrior〉같은 게임은 비키니 입은 공주를 구출하기 위해 브로드소드를 휘둘러 적의 머리를 베도록 했고, 모노리스Monolith 가 개발한 〈블러드Blood〉에서는 쇠갈퀴에 적을 끼워 넣는 유혈이 낭자한 장면에서 주인공이 새디스트처럼 웃는 장면이 나왔는데도 말이다.

유독 이 세 편의 게임이 지목되었던 이유는 일반 대중이 보기에 충격적인 신기술을 대중화시켰기 때문이다. 〈모탈컴뱃〉의 디지털화된 그래픽은 손으로 그린 기존 격투 게임의 그래픽에 비해 훨씬 더 끔찍하게 보였고, 영화적인 만듦새의 〈나이트 트랩〉은 이전까지 접해본 게임이라고는 〈팩맨〉뿐이었던 의원들을 경악시켰다 (**이스터에그** 6번 참조). 또한 〈둠〉의 인상적인 3차원 세계에서 친구들에게 총질하는 것은 아타리의 투박한 〈건슬링어 Gunslinger 〉에서보다 훨씬 더 우려할 만하게 보였다. 부모들과 정치가들, 그리고 연구자들을 불편하게 했던 것은 게임만이 아니라 그러한 게임들이 활용했던 발전된 기술, 그러니까 게임 내의 폭력성을 보다 실제적이고 공포스럽게 만들었던 발전된 기술이었다. 새로운 기술이 익숙하지 않았던 사람들에게 이 게임들이 훨씬 위력적으로 다가왔던 것이다.

폭력성을 심의하다

〈모탈 컴뱃〉과 〈나이트 트랩〉, 〈둠〉을 둘러싼 논란이 벌어지면서 비디오게임 산업은 곤경에 처하게 된다. 미디어 감시단체의 우려에 대한 응답으로 미 의회가 폭력적인 비디오게임에 대한 공청회를 열었을 뿐만 아니라 업계가 자율적인 규제를 하지 않으면 연방차원에서 규제를 하겠다고 위협했기 때문이다. 정부 차원의 조사와 검토가 이처럼 강화되자, 비디오게임 개발사와 퍼블리셔들은 ESRB Entertainment Software Rating Board 를 설립한다. 영화 등급 심의를 맡는 MPAA Motion Picture Association of America 와 유사하게, ESRB도 비디오게임에 적절한 연령과 콘텐츠의 등급을 매기는 비영리 자율규제 기관이다.

게임의 등급 심의는 ESRB에 소속된 최소 3명의 숙련된 "게임 등급 심의위원"들에 의해 결정된다. 특정 게임의 심의를 할당 받은 위원들은 커다란 테이블에 앉아 개발사가 제공한 "하이라이트 릴" 영상을 DVD로 시청한다. 이 DVD에는 게임과 관련된 내용이 모두 담겨있는데, 전형적인 게임플레이와 미션, 스토리 장면들과 함께 가장 폭력적인 내용 또한 포함된다. DVD 시청 후 심의위원들은 토론을 통해 등급과 "내용정보표시content descriptor"를 선정한다. 뒤이어 ESRB 직원이 심의위원의 추천 내용을 검토하는데, 이 단계에서 등급 부여 작업의 일관성 유지를 위해 심의위원과 동등한 수준에서 검토작업을 거친다. 내용정보표시란 ESRB에서 만든 짧은 문장 - "비현실적 유혈 묘사Animated Blood"나 "약물에 대한 묘사Drug Preference" 등 - 으로 만들어진 리스트다. 게임 심의 과정에는 다수의 합의가 필요한데, 때에 따라선 그 합의가 매우 쉽게 이루어지기도 한다. 〈마리오 카트 8Mario Kart 8〉 같은 게임에 E등급(전연령 가능)을 부여하는 문제를 두고는 그다지 논쟁이 벌어지지 않기 때문이다. 그러나 등급간 경계에 걸쳐져 있는 게임의 경우 등급위원들이 합의에 도달하기 쉽지 않을 때도 있다. 예를 들어 내용정보표시가 서로 거의 동일했던 〈배트맨: 아캄시티Batman: Arkham City〉와 〈헤일로: 전쟁의 서막2001 Halo: Combat Evolved〉은 각각 T등급(청소년용)과 M등급(성인용)을 받았다(심지어 T등급을 받은 배트맨 게임이 M등급을 받은 헤일로보다 더 우려스러운 내용정보표시를 받았다). ESRB는 "〈헤일로〉는 의심할 여지없이 성인용 카테고리의 최하위 수준으로 M등급을 부여받았고, 〈배트맨〉은 청소년 대상 T등급 중 가장 위쪽에 있었다"고 해명했다[9].

ESRB 비디오게임 심의 평가 분류표

 EARLY CHILDHOOD: 어린이 대상의 콘텐츠.

EVERYONE: 모든 연령 대상의 콘텐츠. 가벼운 수준의 만화적, 판타지적 폭력성이나 가벼운 비속어가 포함될 수 있음.

 EVERYONE 10+: 10세 이상의 연령대를 대상으로 하는 콘텐츠. 보다 만화적이거나 판타지적인 가벼운 폭력성 및 가벼운 비속어나 최소한의 성적 암시가 포함될 수 있음.

 TEEN: 13세 이상 연령대를 대상으로 하는 콘텐츠. 폭력성과 성적 암시, 상스러운 유머, 최소한의 유혈, 가상적 도박 및 빈번하지 않은 욕설이 포함될 수 있음.

 MATURE: 17세 이상 연령대를 대상으로 하는 콘텐츠. 강도 높은 폭력성과 유혈, 성적 내용이나 욕설이 포함될 수 있음.

 ADULT ONLY: 18세 이상 성인을 대상으로 하는 콘텐츠. 강도 높은 폭력성, 노골적인 성적 내용, 현금을 다루는 도박 등을 다루는 장면이 상당히 포함될 수 있음.

게임 개발사의 입장에서 부여받은 등급이 부당하다고 여겨지면 재심의를 요구할 수도 있지만 아직까지 그런 사례는 없다. 대신 좀 더 낮은 등급을 받기 위해 게임을 수정해서 폭력의 수준을 낮춘다. 2007년 락스타게임즈Rockstar Games, (〈그랜드 테프트 오토Grand Theft Auto (GTA)〉를 개발한 바로 그 회사)는 초폭력적인 게임 〈맨헌트2Manhunt 2〉에 AOAdult Only 등급을 받았다. 게임의 목표가 적의 뒤에 몰래 다가가서 잔혹하게 살인하는 것임을 감안하면 성인 등급은 그다지 놀랄 일이 아니었다. 중요한 것은 주요 유통업체들이 AO 등급 게임의 유통을 거부하고 콘솔 업체들이 자사의 콘솔에서 AO 등급 게임을 금지하면서 등급제의 효과가 나타났다는 점이다. 락스타게임즈는 등급을 낮추기 위해 살인하는 장면들을 블러blur 처리하고 플레이어가 펜치로 적의 목을 찢으면서 고환을 뜯어내는 살인 방식을 완전히 바꾸었다[10]. 편집된 버전에서는 플레이어들이 적이 사망할 때까지 펜치를 휘두르는 것에 만족해야 했는데, 락스타게임즈는 이 수정작업을 통해 M등급을 받는데 성공하고 〈맨헌트2〉의 가정용 콘솔버전을 출시한다(이 게임의 PC버전에는 등급 변경 전의 살인장면이 그대로 담겨있다). M등급의 〈맨헌트 2〉는 세계적으로 140만 장 이상의 판매고를 기록[11]했는데, 그 성공은 부분적으로 게임 출시 초기에 ESRB가 폭력성 문제를 제기하면서 촉발된 논란과 이후에 널리 알려진 수정 및 등급 변경 과정 덕분이었다.

이 일화는 ESRB의 정확성에 대한 의구심을 일으켰고, 〈맨헌트 2〉의 할로윈 버전이 출시된 지 한 달도 안 되어 힐러리 클린턴과 조셉 리버만을 주축으로 하는 미의회의 여러 의원들이 ESRB의 등급 분류과정에 의문을 제시하는 공개서한을 보냈다. 그러나 이러한 우려에 정당한 근거가 있는지는 의문스럽다. 당시의 통계조사는 지속적으로 게이머와 부모 모두 ESRB가 게임에 부여한 등급을 신뢰하는 것으로 나타났는데, 실제로 당시 95%의 사람들이 ESRB 등급에 동의하고 있었다[12]. 뿐만이 아니라 FTCFederal Trade Commission, 미국 연방 거래위원회의 비밀 모니터링 조사결과는 소매업체들이 등급 및 그와 관련된 연령 가이드라인 준칙을 강력하게 준수하고 있음을 보여주었다[13]. 이 비밀 모니터링 조사를 시행하면서 FTC는 전국 각지의 가게와 영화관에 아이들을 들여보내 성인물을 얼마나 쉽게 구할 수 있는지 확인했다. 그 결과 아래의 그래프에서도 볼 수 있듯 M등급 비디오게임을 구매하는 것은 R등급 영화표나 "유해한 콘텐츠Explicit Content" 라벨을 단 음악을 구매하는 것보다 훨씬 어려운 것으로 나타났다. 나아가 모든 유형의 상점과 영화관을 통틀어 비디오게임 소매점인 게임스탑GameStop이 아동의 성인물 구입이 가장 어려웠던 것으로 나타났다. 게임스탑에서는 단 9%의 어린이만이 〈맨헌트 2〉나 〈그랜드 테프트 오토〉와 같은 게임의 구매에 성공한데 반해, 영화의 경우 76%의 아이들이 〈쏘우-Saw〉, 〈킬빌Kill Bill〉, 〈호스텔Hostel〉 같은 R등급의 폭력적인 영화의 DVD를 구매할 수 있었던 것이다. 따라서 부모들이 ESRB 등급체계를 모든 오락물 등급체계 중 가장 효과적이고 믿을 수 있다고 여기는 것은 당연해 보이는데, 실제로 약 90%의 부모가 ESRB의 등급체계가 유용하다고 응답했다[14].

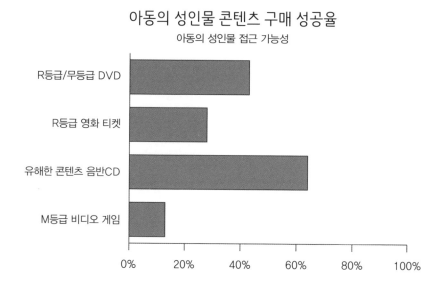

아동의 성인물 콘텐츠 구매 성공율

아동의 성인물 접근 가능성

가상의 유혈을 향한 갈망

결과적으로 ESRB 등급체계의 도입은 비디오게임의 폭력성을 우려하던 비평가들에게 양날의 검인 것으로 보인다. 등급을 통해 부모들이 어떤 게임이 특히 유혈이 낭자한지를 알 수 있게 되었지만, 다른 한편으로는 "성숙한" 수용자들을 특별히 겨냥한 게임을 개발하는 게임 개발사들에게 유연성을 주어 일부 콘솔 메이커들이 이전까지 허용했던 수준보다 더 폭력적인 게임을 만드는 기회도 됐기 때문이다. 예를 들어 등급 체계가 도입되기 전 닌텐도는 자사의 콘솔용 게임에 과도한 폭력성이나 죽음에 대한 과도한 묘사, 심지어는 "die(죽어라)"나 "kill(죽여라)"같은 단어의 사용조차 엄격하게 금지했었다[15]. 심지어 죽음에 대한 암시조차 피하고자 하는 노력에서 "lives(생명)" 대신 "chances(기회)"나 "tries(시도)"를 표시할 정도였다. 이와 같은 규칙 때문에 ESRB 등급체계가 구축되기 전 SNES용 〈모탈 컴뱃〉이 피를 땀으로 대체하고 게임의 시그니처인 페이탈리티 장면들을 제거했던 것이다. 그러나 ESRB 등급 체계가 도입된 해 닌텐도는 〈모탈 컴뱃 II〉의 그 모든 잔혹한 콘텐츠가 그대로 출시되는 것을 허용했다. M등급을 받은 이상, 논란이 되는 게임과 연계됨으로써 발생하는 홍보상의 문제를 걱정할 필요가 줄기 때문이다. 결과적으로 닌텐도는 분노하는 부모들에게 이 게임이 아동을 대상으로 한 것이 아님을 확신시킬 수 있게 되었다. 게임의 포장 패키지에 그렇게 적혀있으니 말이다! 이제 닌텐도의 게임을 플레이하는 사람들도 다른 플랫폼 이용자들처럼 적의 몸 한가운데를 베어 두동강 내는 일에 합류할 수 있게 되었다.

SNES가 페이탈리티를 허용한 데 대해 쏟아졌던 대중의 우려가 사그라든 것은 M등급을 받은 〈그랜드 테프트 오토〉가 소니의 새 콘솔인 플레이스테이션용으로 출시되면서였다. 이 게임에서 플레이어는 범죄자를 고용해서 조직을 위한 다양한 범죄를 수행하는데, 실질적인 잔혹함은 땅 위에 낭자한 유혈이 작은 픽셀로 묘사되는 것이나 누군가를 차로 치면 타이어가 붉어지는 정도로 제한되어 있다. 사실 이 게임이 독특한 점은 게임 속 가상의 세계에서 플레이어가 온갖 범죄를 골라 수행할 수 있는 전례없는 자유도에서 찾을 수 있다. 예를 들어 게임 중에 가상의 도시를 운전하고 돌아다니면서 라이벌 폭력집단의 멤버들을 찾아내 죽여야 하는 미션이 있다. 이 미션은 다양한 방식으로 클리어할 수 있는데, 차로 상대방을 치거나 총으로 쏴서 죽이거나 야구방망이로 때려 죽일 수 있다. 가상의 유혈을 손에 잔뜩 묻힌 후 플레이어는 자신의 보스가 "성적으로 흥분"해 있다는 것을 알게 되고, 도시의 다른 구역에 가서 "암캐"를 구해 쏟아지는 총격에서 본부로 데려오라는 지시를 받는다. 게이머들은 어떤 미션을 수행할지를 선택할 수 있고, 이에 더해 자유롭게 가상의 도시를 돌아다니면서 차를 훔쳐서 돈을 벌거나 도시를 난장판으로 만들 수 있다. 당시 게임잡지들은 〈그랜드 테프트 오토〉가 혁신적이고 기술적으로 인상적이며, 극도로 독창적이라고 호평을 했다. 또한 "무정부주의에 대한 유쾌한 포용"이라고 언급하면서 "소시오패스가 되고 싶은 자"들은 게임을 플레이하면서 큰 즐거움을 누릴 것이라는 전망을 내놓았다[16].

이후 이십여 년 동안 〈그랜드 테프트 오토〉의 개발사 락스타게임즈는 여러 후속편을 통해 "무정부주의의 포용"을 지속한다. 다중 광원과 역동적인 시점 변화, 고해상도의 그래픽으로 무장한 〈그랜드 테프트 오토 V〉가 구현한 가상세계는 너무나 실제 같아서 플레이어가 진짜 집 밖으로 나선 것 같이 느껴질 정도다. 시리즈가 이어지면서 끝없이 진화하는 〈그랜드 테프트 오토〉의 하이퍼리얼리즘보다 앞서가는 것은 오로지 가상적 폭력, 그리고 수직상승하는 매출기록이었다. 〈그랜드 테프트 오토 V〉는 4500장 이상 팔려나가면서 20억 달러 이상을 벌어들였다[17]. 기네스북은 최근 이 게임이 24시간 내 가장 많은 판매를 기록한 액션-어드벤처 게임, 24시간 내 가장 많이 팔린 게임, 총수익 10억 달러를 가장 짧은 시간 내 달성한 오락물, 총수익 10억 달러를 가장 짧은 시간 내 달성한 비디오게임, 24시간 내 가장 높은 총수익을 기록한 비디오게임, 24시간내 가장 높은 수익을 생성한 오락물, 가장 많은 시청률을 기록한 비디오게임 트레일러 등 7개 부문의 기록을 깼다고 발표했다[18].

〈그랜드 테프트 오토〉같은 게임이 너무나 인기가 좋은 탓에, 많은 사람들은 매년 전체 비디오게임 중 단 11%만이 M 등급을 부여받는다는 사실을 잊곤 한다[19]. 그러나 사람들은 마치 불에 뛰어드는 나방처럼 매년 출시되는 게임의 대부분을 차지하는 가족친화적인 게임보다 상대적으로 소수인 M등급 게임에 더 매료되는 것으로 보인다. 매년 비디오게임 판매 차트의 상위권을 M등급 게임들이 점령하고 있는데, 지난 5년 간 가장 많이 팔린 최상위 10편의 50%이상이 M등급을 받은 게임들인 것으로 나타났다. 가상의 유혈에 대한 이와 같은 욕망은 지난 15년 간 기하급수적으로 증가하고 있다. 게임 판매개수와 판매된 게임의 폭력적인 콘텐츠 모두를 고려하면 폭력적 비디오게임의 소비는 500% 이상 증가한 것으로 나타난다[20].

폭력적 비디오게임의 소비 추이 변화

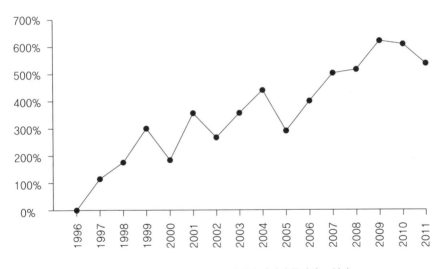

ESRB 설립 이후 폭력적 비디오게임의 인기의 증가하고 있다

우리는 왜 그러한 폭력성에 매료되는 것일까? 현실 세계에서 우리는 〈그랜드 테프트 오토〉나 〈맨헌트〉에서 마주치는 상황들을 최대한 피하려 한다. 우리가 가상의 폭력성에 끌리는 현상은 표면적으로 보면 비합리적이지만, 그 이면에는 심오한 이유가 있다. 이를 이해하려면 컴퓨터 스크린상에서 갈수록 시청률이 증가하는

다른 미디어 형식을 들여다 볼 필요가 있다. 바로 포르노그래피다.

사람들, 특히 남성들은 포르노를 무척 좋아한다. 북미에서만 1년에 1억 명이 넘는 남성들(15세 이상 남성 인구의 80% 정도)이 인터넷상에서 포르노를 찾아보는 것으로 나타난다[21]. 포르노그래피가 미치는 영향을 연구하려던 캐나다 몬트리올 대학교University of Montreal 의 연구자들은 연구를 취소해야 했는데, 그 이유는 포르노를 본 적이 없는 20대 남성을 구할 수 없어 실험상 통제 집단을 구성할 수 없었기 때문이다[22]! 물론 대중들이 음란한 이미지에 끌리는 것 자체는 새로운 현상이 아니지만, 인터넷 덕분에 아버지의 양말서랍장에서 〈플레이보이Playboy〉최신호를 찾아내야 했던 시절에 비해 디지털 성적 자극을 얻기가 훨씬 쉬워진 것은 분명하다. 하지만 포르노는 구석기 시대에도 존재했다. 우리의 타락한 조상들이 동굴에 나체의 남성과 여성을, 그것도 생식기와 가슴을 과장해서 그린 것을 보면 이는 분명해 보인다. 우리의 두뇌 내부에서 섹스는 번식과 동일한 것으로 인식되며, 인류의 지속적인 번성을 위한 노력으로서 우리가 진화해온 역사는 우리를 (특히 남성을) 인간의 나체를 보면 흥분하도록 만들었다.

이와 같은 진화의 역사는 우리가 폭력성에 이끌리는 데에서도 비슷한 역할을 수행했다. 우리는 폭력적인 비디오게임이 책을 읽는 것(지금 이 책은 예다. 꽤나 흥미로운 책이니까!)에 비해 훨씬 재밌다고 느낀다. 이는 폭력이 하나의 종species 으로서 우리를 특정하는 데 있어 늘 중요한 요소였기 때문이다. 예컨대 여러분이 어두컴컴한 골목길을 한밤중에 걷고 있다고 하자. 모든 소리와 움직임에 대해 마음이 경고를 울리는 가운데, 끊임없이 바뀌는 그림자 속에서 무시무시한 이미지들을 떠올리면서 심장 박동은 빨라지고 혈압이 상승할 것이다. 이 순간 여러분은 결코 지루할 수가 없을 것이다! 결론적으로, 인간의 역사 속에서 위험에 대한 각성은 생존에 있어 필수적이었다.

현실에서 폭력의 결과는 매우 끔찍해서, 우리는 폭력이나 폭력적인 위협에 불안을 느끼면 피하고자 한다. 그러나 우리의 두뇌는 미디어 폭력은 다르다고 이해하는 듯하다. 폭력적인 비디오게임은 어두운 골목을 걸을 때와 동일한 긴장과 자극을 제공하지만, 실제로 잔혹하게 살해될 가능성에 따른 불안감은 없다. 우리의 두뇌는 〈맨헌트〉의 잔혹한 폭력과 경쟁에 흥분한다. 하지만 그것이 실제가 아니란 것을 이해하기 때문에, 겁을 먹기 보다는 스릴을 느낀다. 비디오게임이 매력적인 것은, 〈콜 오브 듀티Call of Duty 〉에서 혼자 적 군대를 괴멸시키는 것처럼 우리가 현실세계에서 근사하다고 느끼는 일들- 성공, 힘든 일의 극복, 적에 대한 승리 등 - 을 과장해서 경험할 수 있기 때문이다. 비디오게임은 우리가 본능적으로 추구하는 경험들의 과장된(그러나 안전한) 버전을 제공함으로써 본질적으로 인간의 진화적 욕구를 충족시킨다. 간단히 말하면, 폭력적인 비디오게임의 인기가 좋은 이유는 우리의 정신이 폭력적인 미디어를 욕망하도록 프로그램되어있기 때문인 것이다[23].

40여년 전 작은 하얀 공 하나가 두 개의 선 사이에서 움직이는 것에서 비롯된 비디오게임이 사람들이 일제히 욕망하고 두려워하는 존재가 되었다는 사실은 놀라워보인다. 그러나 이러한 현상이 하룻밤 사이에 발생한 것은 아니다. 〈데스레이스〉에서 〈건 파이트〉, 〈모탈 컴뱃〉에서 〈맨헌트〉로 이어지는 이 현상은, 수백만 년에 이르는 인류의 진화, 그리고 수십 년 간 이루어진 기술의 발전에 따른 결과인 것이다.

이스터 에그

1. 앤디캡스 주점에 설치된 프로토타입 〈퐁〉이 성공한 이후 제작된 아케이드용 장치에는 3가지 기본 안내사항이 적혀있었다: 1) 동전을 넣으면, 2) 공은 자동으로 제공됩니다, 3) 높은 점수를 얻으려면 공을 놓치지 마세요.

2. 〈퐁〉은 비디오게임 혁명 시작에 핵심적인 역할을 한 것으로 알려져 있으나, 최초의 상업용 아케이드 게임이었던 것은 아니다. 후에 아타리를 설립하고 〈Pong〉을 개발하게 되는 놀란 부쉬넬Nolan Bushnell 과 테드 대브니Ted Dabney 가 1971년 〈컴퓨터 스페이스Computer Space 〉라는 아케이드용 게임기를 출시한 바 있기 때문이다. 이 게임에서 플레이어는 투박하게 렌더링된 우주함정을 컨트롤 해 비행접시를 쏘아야 한다. 당시로서는 획기적이었지만 〈퐁〉의 인기에 따를 수 없었는데, 우주함정을 조종하기 위해 여러 개의 버튼을 이용해야 해서 컨트롤이 지나치게 복잡했던 점이 실패의 원인 중 하나로 지적된다[24].

3. 초기의 많은 아케이드용 게임이 영화로부터 요소를 차용했다. 예를 들어 〈컴퓨터 스페이스〉의 우주함정은 〈플래시 고든Flash Gordon 〉의 우주선과 놀랄만큼 유사하다. 아마도 본격적으로 영화에 기반한 최초의 게임으로는 아타리가 1975년에 영화 〈죠스Jaws 〉의 비공식적 타이-인으로 출시한 〈샤크 죠스Shark Jaws 〉를 들 수 있을 것이다. 영화와 연계하여 매우 강력한 마케팅을 했는데, 아케이드 운영주 대상 홍보 자료에는 "상어의 인기와 흥미와 수익을 활용하라"고 적혀있을 정도였다. "샤크 죠스"라고 적힌 게임기 캐비닛 상판에서 "샤크"는 너무 작게 적혀 있어 제목이 그냥 "죠스"로 보일 정도였다![25]

4. 최초의 〈스트리트 파이터〉 게임에 대해서는 아무도 이야기하지 않는다는 사실은 조금 서글픈 일이다. 1987년 출시된 이 게임에서 향후 시리즈에서 지속적으로 등장하게 되는 주요 인물 류Ryu와 켄Ken이 처음 등장했다. 이 게임에 있어 가장 독특한 점은 플레이어들이 상대를 공격할 때 누르는 압력 감지식 고무 버튼을 "펀치"할 수 있다는 점이었다. 플레이어가 버튼을 세게 치면 칠수록, 켄이나 류가 적을 더 세게 칠 수 있었다. 하지만 압력 감지 버튼이 후속 버전부터 사라지고 〈스트리트 파이터 2〉가 커다란 성공을 거두면서 이 첫번째 게임은 천천히 잊혀지게 되었다.

5. 〈둠〉의 숨겨진 레벨에 가려면 1) 엑셀 95에서 빈 워크시트를 연다, 2) 95번째 행 전체를 선택한다, 3) B열을 선택한다, 4) 도움말 메뉴로 간다, 5) ctrl-alt-shift키를 누른 채 "기술지원" 버튼을 클릭한다, 6) 창이 하나 열리면서 숨겨진 레벨이 등장한다!

6. 1993년 비디오게임의 폭력성에 대한 공청회가 열리는 동안 〈나이트 트랩〉에 대해 우려를 표했던 대부분의 의원들과 전문가들이 사실은 게임을 전혀 플레이해 보지 않았다는 사실이 고통스러울정도로 명백하게 드러났다. 〈나이트 트랩〉에서 플레이어가 여성을 살해한 뒤 그 시체를 갈고리에 걸고 거기서 흘린 피를 와인병에 담았다는 주장이 여러 번 제기되었기 때문이다(이 중 그 어떤 것도 사실이 아니다)[2].

두번째 판:
두려워하라고
가르치는 사람들

2차 걸프대전이 한창이던 2005년, 당시 상원의원이었던 힐러리 클린턴은 기자회견을 열어 미국의 수많은 어린이들을 위험에 빠뜨리는 골칫덩이인 폭력적인 비디오게임에 대한 국가적 관심을 환기하려 했다. 클린턴이 동료 의원인 조셉 리버만Joseph Lieberman, 팀 존슨Tim Johnson, 에반 베이Evan Bayh와 함께 제안한 FEPAFamily Entertainment Protection Act, 가족 엔터테인먼트 보호법은 기존의 ESRB 등급 체계에 더해 연방 차원의 규제를 강화해야 한다는 것이었다. 주요 유통업체들이 가족 친화적인 이미지 유지에 투자를 아끼지 않으면서 자발적으로 ESRB 등급 외에 별도의 연령별 가이드라인을 유지하던 상황에서, 이 법안은 상황을 완전히 바꾸어 놓으려는 것이었다. M등급 게임(은 영화로 치면 성인물 등급에 해당한다)을 미성년자에게 판매한 유통업체에게 벌금을 부과하고 지역봉사활동 의무를 부여하겠다는 내용을 담았기 때문이다.

클린턴은 "많은 사람이 플레이하는 인기 게임에서 플레이어가 다른 사람들을 향해 기관총을 쏴대고, 보행자를 차로 치고, 경찰관을 살해하고, 여성을 공격하고, 심지어는 카니발리즘까지 벌이는 것이 일상화되어있다"[26]며 여러 학자들[27]의 연구(이후 그 신빙성을 잃게 되는[28])를 자료 삼아 계속해서 연설을 이어갔다. "지금까지 가장 종합적으로 이루어진 통계 분석에 따르면 폭력적인 비디오게임은 납에 노출된 아동들의 IQ가 떨어지는 것 만큼 아동의 공격적인 행동을 증가시키며… 아동에게 납중독이 유해하다 것을 모두가 알고 있듯, 폭력적인 게임에 노출되는 것 또한 유해하다는 사실을 우리 모두가 인식해야 한다"는 것이었다. 뒤이어 해당 법안의 입법이 "정부 차원에서 콘텐츠를 검열하거나 규제하자는 것은 아니며, 간단히 말해 아동을 보호하고 부모에게 권한을 주자는 것"이라 말했는데, 즉 "폭력적인 비디오게임을 담배나 술, 포르노그래피처럼 다뤄야 한다"는 것이다. 마지막으로는 "아주 쉽게 말해 이 폭력적인 비디오게임들이 우리 아이들의 순수함을 빼앗아 가고 있는 것"이라며 클린턴은 연설을 마무리 지었다.

힐러리 클린턴의 법안은 다음 단계로 나아가지 못했다. 뿐만 아니라 2011년 미 대법원은 그와 같은 입법은 모두 위헌이며 증거로 제시된 연구들이 입법의 필요성을 뒷받침할 수 없다고 판시하였다[29]. 대법원은 또한 비디오게임은 예술이기 때문에, 폭력적인 내용을 담았을지라도 문학이나 영화, 심지어 동화와 다를 바 없다고 천명했다. 그러나 비디오게임을 납중독과 비교하는 것처럼 과도하게 호들갑을 떠는 사람이 힐러리 클린턴만은 아니다. 정치가들은 정신 보건 개혁, 이라크전, 빈곤과 같이 젊은이들의 인생에 영향을 미치는 수많은 시급한 문제들보다 비디오게임의 폭력성에 대해 이야기 하는데 훨씬 열정적이다. 하지만 납에 노출된 사람들과 달리, 폭력적인 비디오게임을 플레이하는 수백만 명의 아이들은 멀쩡하게 성장하고 있다. 대체 무슨 일이 벌어지고 있는 것일까?

도덕적 공황!

저자들은 80년대에 성장했다. 당시는 멀리트 헤어스타일과 워크맨Walkman, 양배추 인형Cabbage Patch Kids, 루빅스 큐브Rubik's Cube 와 스머프the Smurfs 가 유행하던 시절이었다(**이스터에그** 1번 참조). 80년대는 또한 도덕적 공황이 잦았던 시기이기도 한데, 사람들은 사탄숭배Satanism 와 던전 앤 드래곤즈Dungeons & Dragons, 헤비메탈 가사, 전자레인지 발암설(우리는 여전히 음식에 "핵공격"하는 것에 대해 이야기하고 있다) 등을 두고 공황에 빠지곤 했다. 정확히, 도덕적 공황이란 무엇일까? 이 용어는 사회가 당시 현존하는 (또는 종종 상상 속의) 사회문제에 대한 책임을 떠넘기기 위해 무고한 희생양 또는 "사회의 적"에 대한 공포를 과장해서 확대시키는 경향 또는 태도를 가리킨다. 단순히 말해 도덕적 공황이란 어떤 대상이나 활동에 대한 공포가 그것이 실질적으로 사회에 가하는 위협에 비해 과도해지는 현상이다.

도덕적 공황은 거의 모든 것에 대해 발생할 수 있다. 최근에는 주로 청소년층에 초점을 맞춰왔지만, 여성, 빈곤층 등 그 어떤 집단도 대상이 될 수 있다. 예를 들어 1980년대 후반~ 1990년대 초반 시기 미국 사회는 사탄을 숭배하는 집단에 대한 공포에 휩싸여있었다. 사탄 숭배의식의 일부로 아이들을 납치해서 성적으로 학대한다는 두려움이 있었는데, 마법 주문, 동물 희생, 엘리트로 구성된 숭배자들이 공모하여 자행한 학대 등 마치 이계의 경험 같은 아이들의 증언이 이 공황을 더욱 부채질했다. 지금에 와서는 당시 아이들의 증언이 공황에 빠진 부모나 치료사들, 그리고 지나치게 열성적이었던 검사들의 영향을 받았던 것으로 생각되고 있지만, 형사 재판은 이미 진행되었고, 평판은 영원히 훼손되고 말았다. 아마 가장 유명한 사례는 아동 성추행 혐의로 운영자들이 법정에 섰던 맥마틴 유치원the McMartin Preschool 사건일 것이다. 당시 의혹의 상당수는 명백히 매우 괴상했는데, 유치원 지하에 비밀 터널이 있다거나, 용의자 중 일부가 날 수 있다거나, 공항에서 주지육림의 난장판을 벌였다거나, 심지어는 액션 영화배우인 척 노리스Chuck Norris 가 성추행을 벌인 운영자 중 한 사람이라는 등이었다. 결과적으로 무죄 판결이 나왔지만, 수 년에 걸친 재판 과정 내내 피고인들은 감옥에 갇혀 있어야 했다[30].

때로 도덕적 공황은 아이들, 특히 표면적으로 거북한 행실을 보이는 아이들을 직접 겨냥하기도 한다. 많은 성인들은 대체로 아이들(특히 청소년)을 믿지 않는다. 모든 세대는 다음 세대가 자신들의 오래된 어린 시절의 이상적인 기억과 비교할 때 충격적인 수준으로 심각한 도덕적 타락에 빠졌다고 믿는 경향이 있다. 청소년에 대한 두려움은 쥬브노이아juvenoia 라는 용어[31]로 불리기도 하는데, 이와 같은 청소년 문화에 대한 광범위한 공포는 어떤 이들에게는 훌륭한 사업 기회로 여겨지기도 했다. "레인보우 섹스 파티"의 전설을 떠올려보자. 레인보우 섹스 파티란 2000년대 초반 미국 사회에 널리 확산되었던 개념으로, 청소년들이 벌이는 난잡한 파티를 의미한다. 여자아이가 다양한 색깔의 립스틱을 번갈아 바르면서 남자아이들에게 오럴섹스를 해주면 남자아이의 성기가 무지개색으로 변한다고 해서 붙은 명칭이다. 이 도시 전설urban legend 은 십 대들의 호르몬이 미쳐 날뛰는 것(이 자체는 새로울 것도 없다)을 두려워 하는 부모들의 공포를 키웠고, 텔레비전 프로듀서들과 분노 전문가들에게 먹잇감을 주었다. 결과적으로 레인보우 파티란 것이 실재한다는 증거는 아무데서도 나오지 않았다[32]. 물론 그렇다고 해서 십 대들이 멍청하고 위험한 일에 빠져들지 않는다는 것은 아니다. 다만 이러한 일들이 새로운 또는 특정한 세대에 한해 벌어진다든가, 십 대들이 갑자기 이전과 비할 데 없는 수준의 일탈을 벌이고 있다고 믿을 이유는 딱히 없다는 것이다.

미디어 또한 도덕적 공황이 자주 겨냥해온 타겟이다. 새로운 미디어 형식이나 테크놀로지가 등장할 때마다 사회는 자주 도덕적 공황을 겪는다. 이 새로운 미디어나 테크놀로지가 실제로든 미약한 수준으로든 간에 사회적 악에 모종의 책임이 있다는 식이다. 이러한 공황은 대체로 새로운 테크놀로지나 미디어 수용 시 발생하는 세대 간 격차로 설명할 수 있다. 젊은 세대는 나이 든 기성세대에 비해 혁신을 훨씬 빨리 받아들이는데, 이러한 격차가 기성세대에게 그들이 두려워하는 도덕적으로 타락한 젊은 세대에 의해 자신들이 형성해온 문화에 대한 통제력을 잃을 수 있다고 – 사실 기성세대의 문화적 통제권 이양은 당연히 피할 수 없는 과정이지만 – 느끼게 하는 것이다.

심지어 성경도 발전하는 테크놀로지를 원동력으로 삼는 도덕적 공황의 원천이 되었던 역사가 있다. 15세기 이전까지 카톨릭을 믿던 유럽에서는 대부분의 사람이 문맹이었고 성직자들만 성경을 읽을 수 있었다. 책은 수작업으로 제작되어 대량 제작이 불가능했을 뿐더러, 성경은 소수의 교육받은 엘리트만이 사용하는 라틴어(또는 정교회를 믿는 국가들의 경우 그리스어)로 쓰여졌다. 따라서 일반인은 신부의 가르침을 통해서만 종교를 배울 수 있었다(미사도 종종 라틴어로 집전되었는데, 그에 따른 상당한 혼란은 예상가능하다). 이는 의도적으로 만들어진 위계였으며, 한 인간과 신 사이의 직접적인 관계라는 개념은 혁신적이었지만 아직 유럽의 종교계에는 도래하지 못한 상태였다.

15세기에 이르러 인쇄기술이 도입되면서 모든 것이 바뀌었다. 책을 대량으로 생산할 수 있게 되었고 마침내 대중들도 읽을 수 있게 된 것이다. 모국어(영어, 독일어, 프랑스어 등) 성경에 대한 수요가 폭발했지만, 종교 및 세속계의 권력자들은 평민들이 직접 성경을 읽을 능력을 갖추지 못했다고 여겼다. 그들은 성경의 오독으로 인해 평민들이 도덕적 타락에 빠질 것이고, 궁극적으로는 반란과 이단 그리고 사회의 종말을 조장할 것이라고 생각했다(프로테스탄트 개혁운동이 임박해있던 시점이니, 이러한 우려가 완전히 비논리적이었다고는 볼 수 없겠다). 권력자들은 라틴어가 아닌 성경을 제작할 경우 엄혹한 처벌을 단행했고, 이를 어긴 윌리엄 틴들William Tyndale 같은 사람에게 이단 행위의 책임을 물어 처형했다. 이는 새 미디어가 사회에 대한 통제를 무너뜨릴 것이라는 공포가 만들어내는 도덕적 공황이 전형적으로 어떠한 모습인지를 보여주고 있다.

이로부터 500년 넘는 시간이 지난 현시점까지 우리는 미디어와 예술, 그리고 테크놀로지 부문에서 수많은 혁신을 목격해왔다. 그리고 그 대부분이 어떤 형태로든 도덕적 공황을 야기했음을 확인할 수 있다[33]. 왈츠가 처음 등장했을 땐 춤을 추는 사람들 간 밀접한 접촉이 성적 문란을 야기할 수 있다는 우려가 있었고, 19세기에는 여성들이 소설을 읽는 것에 대해 사회 원로들이 우려했다[34]. 여성은 현실과 허구를 구분할 수 없기 때문에(오늘날엔 청소년이 자주 듣고 있는 말이다) 로맨스 소설을 읽으면 여성들이 마구간지기 소년과 도주하거나 자신의 임무에 소홀하여 가정의 붕괴를 가져올 것이라는 식이다. 이주민들과 소수자들 또한 영화나 싸구려 소설의 영향에 특히 "취약"하다고 여겨져온 집단이다[35]. 산업혁명과 교육개혁의 복합적인 영향으로 청소년의 개념이 형성되면서부터는(이전까지는 일을 할 수 있게 되면 성인이 된 것이었고, 그 이전까지 아동으로 취급했다), 이 집단에 사회의 도덕적 우려가 집중되기 시작한다. 댄스홀, 여성의 짧은 보브컷 헤어, 새로운 음악

– 특히 재즈나 락앤롤 같이 아프리카계 미국인 커뮤니티에서 유래한 – 은 모두 도덕적 공황의 원천이었다. 위험한 축음기, 외설스러운 라디오, 비윤리적인 영화, 그리고 명백히 타락한 텔레비전. 그 어떤 것도 검열을 피해가지 못했다.

1950년대 미국 사회가 눈을 돌린 곳은 바로 만화책이었다. 그림만 있어서 아이들 사이에서 인기가 많던 당대의 만화책은 싸구려 소설pulp novel 처럼 호러, 과학, 범죄를 주로 다뤘으며 꽤 으스스한 분위기를 풍겼다. 프레드릭 웨덤Frederic Wertham 이라는 정신과 의사[36]는 만화책이 소년 범죄뿐 아니라 동성애를 유발한다고 주장한 것으로 잘 알려져 있다(배트맨과 로빈은 비밀스러운 동성애 관계였던 것이다. 우리가 지어낸 얘기가 아니다). 1954년 웨덤은 만화책에 대한 정부의 검열을 추진하기 위해 열렸던(어디서 많이 본 장면 아닌가?) 의회 내 소년 범죄 관련 분과위원회 주최 공청회에 나가 증언했고, 그 결과가 CCAComics Code Authority, 만화검열위원회 의 설립이었다. 이 기관은 만화업계가 자율로 만든 자가 검열 체계로 20세기 내내 유지되었다. 검열에서 만화책 모든 페이지에 담긴 비속어를 비롯해서 선정적이거나 폭력적인 표현을 모두 삭제했는데, "호러"나 "테러" 같은 단어들이 제목에 들어가는 것도 허용하지 않았다. 경찰 등 사법 체계 종사자에 대한 부정적인 묘사는 불가했고 악당에 대한 공감이나 동정심을 유발하는 것도 불허됐다. 선은 언제나 악에 대해 승리해야 했고, 범죄자들은 반드시 자신의 잘못에 대한 처벌을 받아야 했다. 이와 같은 자가 검열로 인해 검열에 부합하지 않는 여러 업체들이 폐업하는 등 만화업계는 상당한 변동을 겪었다. 그러나 시간이 지나면서 미국 사회의 관심이 청소년들에 대한 또 다른 종류의 위협으로 넘어갔고, 그에 따라 그래픽 노블의 위험성에 대해서는 점차 무뎌지게 되면서 만화업계는 마침내 검열을 폐기하게 된다. 오늘날 우리는 더 이상 배트맨의 위험성을 우려하지 않는다. 최근에는 만화책을 두고 벌어졌던 도덕적 공황의 책임이 있는 웨덤박사가 연구 데이터를 과장했고 심지어는 왜곡했을 가능성도 있음이 밝혀졌다[37].

1980년대를 가장 걱정시킨 것은 락음악이었다. 기성세대는 락밴드가 - 신디 로퍼Cyndi Lauper부터(다시 한 번 말하지만 우리가 지어낸 얘기가 아니다!) AC/DC, 오지 오스본Ozzy Osbourne에 이르기까지 - 자살과 폭력 그리고 난잡한 성생활과 신비주의를 조장한다고 믿었다. AC/DC라는 이름(전기 관련 용어로, 밴드의 로고가 번개인 것도 이 때문이다)은 사탄숭배주의를 감춘 비밀코드인 것으로 얘기되었는데, "Alternating Current/Direct Current(교류/직류)"가 아니라 "Anti-Christ/Devil's Children(적그리스도/악마의 아이들)"이라는 것이다(밴드의 기타리스트가 악마의 뿔을 단 채 앨범 커버에 등장했던 것이 이 사태에 일조한 것은 분명해 보인다). 자위를 의미하는 이중적 표현인 신디 로퍼의 노래 "쉬밥She Bop"은 성적 문란을 장려한다며 비난받았다. 사람들은 "쉬밥"으로 인해 십 대들이 아무데서나 자위를 할까봐 우려했던 것이다(십 대들이 그런 행동을 벌이는데 굳이 신디 로퍼의 도움을 필요로 할까 싶지만).

이 고약한 락음악들은 의회가 조치에 나서게 만든다. 1985년 당시 상원의원이었던 앨 고어Al Gore의 부인 티퍼 고어Tipper Gore는 당시 재무 장관 제임스 베이커의 아내인 수잔 베이커와 함께 PMRCParents Music Resource Center, 부모음악자료센터를 창설하는데, 락음악의 노골적인 가사를 우려하는 사람들이 모여 만든 단체다. PMRC는 자신들이 우려하는 노래들로 "저속한 15곡Filthy Fifteen"을 선정했는데, 여기에는 AC/DC나 신디 로퍼 같은 명백한 일탈자들을 비롯해서 트위스티드 시스터Twisted Sister, 프린스Prince, 데프 레파드Def Leppard 등의 뮤지션들의 곡이 포함되었다. 그 후, PMRC는 워싱턴 내부자들과의 관계를 활용해 공청회를 열었는데, 이 공청회는 마치 80년대 음악에 대한 공개 재판같이 진행되었다. 존 덴버John Denver,

트위스티드 시스터의 디 스나이더Dee Snyder, 프랭크 자파Frank Zappa 등 많은 뮤지션들은 공청회에 참석해 검열에 반대하는 발언을 이어갔다. 예상치 못한 충격과 학문적 과장이 이어지는 흔한 과정 끝에 정부는 조치를 취하겠다고 으름장을 놓고, 이에 업계는 CD와 앨범 표지 겉면에 오늘날 우리 모두에게 익숙한 "노골적 가사Explicit Lyrics"라는 스티커를 붙이겠다는 합의에 이르렀다.

이 스티커는 예술을 직접적으로 겨냥한 검열의 대표적인 실패 사례로 여겨진다. 과연 이 조치로 인해 오늘날의 음악에 세속적이거나 노골적인 내용이 1980년대보다 줄었다고 말할 수 있을까? 1980년대 이 스티커의 도입은 월마트 같은 일부 업체가 스티커가 붙은 음반의 판매를 거부하는 조치를 이끌어내기도 했지만, 음악 산업에 결정적인 브레이크를 걸지는 못했다. 어떤 이들은 오히려 그 스티커가 구매 요인이 되었다고도 주장한다. 음반에 붙은 그 스티커가 금단의 열매라는 의미를 부여하면서 사람들로 하여금 더 갈망하게 만드는 효과를 낳았다는 것이다[38]. 한편 연구자들도 이 조치를 전적으로 지지하지 못했는데, 청소년들이 음반에 붙은 라벨보다는 그 음반의 질을 더 중시한다는 연구 결과가 나타났기 때문이다[39].

비슷한 시기 의회에서는 자녀의 자살에 책임이 있다며 부모들로부터 고소당한 여러 뮤지션들의 위험성에 대한 논의가 이어졌다. 1984년 19살의 존 맥컬럼John McCollum이 오지 오스본의 "수이사이드 솔루션Suicide Solution"이라는 노래(사실 이 노래는 자살을 조장하는 것이 아니라 알콜중독의 위험성을 다룬 것이었다)가 포함된 음반을 듣다가 권총으로 자살한 사건이 벌어졌고, 존의 가족은 그 노래가 자살의 원인을 제공했다며 오스본과 음반회사를 고소했다. 법원이 이에 동의했다면 아슬아슬한(?) 영역을 다루는 모든 분야의 아티스트들에게 경종을 울리는 계기가 되었을 터였다. 그러나 법원은 음악이 자살의 원인이 아니라고 판단하면서 가족들의 주장에 반하는 판결을 내렸다[40].

거의 모든 것들이 언제나 변화하는 사회에서 도덕적 공황은 지속적으로 나타난다. 그러나 락음악 자살 유발론과 사탄숭배주의에서부터 만화의 영향을 받은 소년범죄에 이르는 과거의 도덕적 공황은 모두 상대적으로 미약한 편이다. 20세기 후반에서 21세기 초반에 일어난 가장 유명한 도덕적 공황, 바로 폭력적인 비디오게임에 대한 공황과 비교하면 말이다.

비디오게임을 둘러싼 도덕적 공황

첫 번째 판에서 본 바와 같이, 2005년 힐러리 클린턴이 기자회견을 열기 훨씬 전부터 사람들은 비디오게임을 각종 사회문제의 원흉으로 지목해왔다. 1983년에 이미 미 보건국장 C.에버렛 쿠프C. Everett Koop 가 비디오게임(이라 함은 〈애스터로이드〉, 〈스페이스 인베이더〉, 〈센티피드Centipede 〉를 비롯한 당대의 인기 슈팅게임을 말한다)들이 가정 폭력의 원인이 되고 있다고 주장했다[41]. 1993년에 이르러 미 의회는 〈나이트 트랩〉 공청회를 열고 규제와 검열의 가능성을 들이대면서 비디오게임 업계에 ESRB 체계 구축을 강권했다.

그러나 "게임탓"이 정말로 시작된 것은 1990년대 말 교외의 백인 아이들에 의한 학교 총기 난사 사건이 발생하면서부터다. 미국에서 대량 살인이 새삼 새로운 사건인 것은 아니지만, 이전의 경우 언론 매체들은 사회적 원인을 찾기 보다는 가해자들을 탓했다. 예를 들면 1993년 19세의 아프리카계 미국인 소년 네이선 던랩Nathan Dunlap 사건이 있다. 네이선은 자신이 주방에서 일하다 해고된 처키치즈

Chuck E.Cheese 라는 프랜차이즈 레스토랑을 찾아가서 샌드위치를 먹은 뒤, ⟨호건스 앨리Hogan's Alley⟩라는 게임을 플레이했다. 그리고는 화장실에 가서 25구경 권총을 장전하고 그날 밤이 될 때까지 숨어 있었다. 마지막 손님이 떠나자 네이션은 밖으로 나와 총을 쐈고, 4명의 직원이 사망했다. 이후 언론과 정치가들은 던랩의 복수에 대한 갈망, 그리고 증오와 분노에 초점을 맞췄다. 한 언론 기사에서는 경찰서장의 다음과 같은 발언을 인용했다. "이 사건은 비극입니다. 오늘날 어린이들이 살아가고 있는 세상의 폭력성 수준에 무언가 조치를 취하지 않는다면 어떤 일이 벌어질 수 있는지 보여주는 비극적 사례인 것입니다." 이 발언에는 폭력적인 영화나 텔레비전 프로그램, 비디오게임은 언급되지 않았다. 도시 내 소수자 아이들 사이의 폭력성은 별 주목을 끌지 못했고, 주목을 받더라도 폭력성은 소수자 사회와 그 아이들 탓으로 여겨져왔기 때문이다. 그러나 멀쩡한 가정에서 자란 백인 아이들이 끔찍한 폭력사태를 일으키면서 청소년 폭력이 소수자 문제이자 도심에 국한된 현상이라는 선입견이 깨지기 시작한다. 버지니아 공대Virginia Tech 의 제임스 아이보리James Ivory 를 비롯한 일부 학자들은 폭력성에 대한 인종적 편견 때문에 백인 아이의 범죄에 대해 외부적인 요인을 찾게 된다고 지적했다[42]. 그래서 던랩 같은 아프리카계 미국인 청소년이 끔찍한 폭력을 저지르면 그가 증오와 분노에 차 있었기 때문이라고 여겨지지만, "잘 자란" 백인 학생이 학교에서 총기를 난사하면 뭔가에 세뇌되었거나 외부 세계의 어떤 것 - 예컨대 비디오게임 - 의 영향으로 인해 타락한 탓이라고 설명하게 된다는 것이다.

이에 대한 전형적인 사례는 아마도 1999년 콜로라도주 리틀턴에 위치한 콜럼바인 고등학교에서 벌어진 총기 난사 사건일 것이다. 1999년 4월 20일 에릭 해리스Eric Harris 와 딜런 클리볼드Dylan Klebold 가 학교를 파괴해버리겠다는 마음으로 재학 중이던 학교에 진입한다. 두 소년은 심각한 우울증과 분노로 인한 감정 문제를 겪었던 전력이 있었다[43]. 그들은 여러 달에 걸쳐 학교를 공격할 계획을 세웠고, 오클라호마 주 청사 폭파 사건 같은 폭탄 테러를 꿈꿨다. 처음에는 학교 식당을 폭발시킨 후 학교 밖으로 나오는 생존 학생들을 총으로 쏠 예정이었으나, 폭탄이 제대로 작동하지 않자 즉흥적으로 건물에 총을 쏘아댔다. 그들은 1시간이 넘게 복도를 돌아다니며 겁에 질린 학생과 교직원을 향해 총을 쏘았다. 해리스와 클리볼드가 학교 도서관에서 자살하기 전까지 총 12명의 학생들과 1명의 영웅적인 교사가 무자비하게 살해되었고 21명이 부상을 입었다.

콜럼바인 총기 난사 사건은 원인 규명을 위한 난제를 남겼다. 교외 지역에 거주하는 여유있는 백인 가정 출신의 두 아이는 왜 그토록 끔찍한 범죄를 벌였던 것일까? 소위 반사회적인 고딕 "트렌치코트 마피아" 음악 문화에 심취해있었던 것일까? 영화 〈매트릭스Matrix〉에 나오는 장면들을 재현한 것일까? 이 중 그 어떤 것도 제대로 설명해주는 것이 없었다. 해리스와 클리볼드는 고딕 문화에 그다지 심취해 있지 않았고, 다른 아이들과 비교해 특별히 많은 괴롭힘을 받았던 것도 아니였으며, 〈매트릭스〉와의 연관성도 관찰자들의 상상으로부터 비롯된 것이었다. 그런데 해리스와 클리볼드가 미로 속을 돌아다니면서 좀비와 괴물들을 쏘아대는 폭력적인 비디오게임 〈둠〉의 팬이라는 사실이 드러났다. 오늘날의 기준에서는 원시적이지만, 당시에 〈둠〉은 반-게임 행동가들이 경고해왔던[44] 일종의 "살인 시뮬레이터"로 보였다.

의심의 여지없이 콜럼바인 총기 난사 사건은 대중의 마음 속에 폭력적인 비디오게임과 학교 총기 난사 사건 간 연관성에 대한 믿음을 굳건히 다지는 계기가 되었다. 또한 학계에도 '폭력적 비디오게임 연구' 분야가 일종의 가내 산업처럼 형성되기 시작한다. 아래의 표에서도 볼 수 있듯, 폭력적 비디오게임을 주제로 한 연구들이 콜럼바인 사건 이후 급증하기 시작해서 오늘날까지 이어지고 있다.

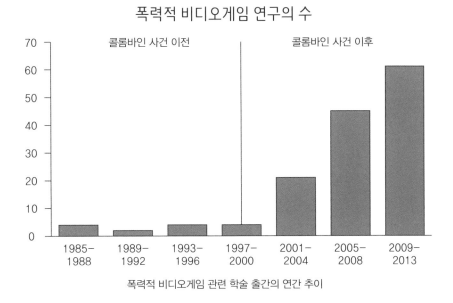

폭력적 비디오게임 연구의 수

폭력적 비디오게임 관련 학술 출간의 연간 추이

세간의 관심을 끌었던 총기 난사 사건들이 대개 그렇듯, 콜럼바인 사건도 의회
개원 전 공청회의 개최로 이어졌다. 예상할 수 있듯, 공청회에서는 미디어 폭력이
이와 같은 끔찍한 사건의 원인이라는 주장들이 쏟아졌다[45]. 여러 학자들은 마치 흡
연이 폐암에 영향을 미치는 것처럼 미디어 폭력이 사회에 영향을 미친다고 주장했
다. 크레이그 앤더슨Craig Anderson 박사는 콜럼바인 사건 직후에 열린 미 상원 상무
위원회Senate Commerce Commitee 에 나와 다음과 같이 증언했다. "폭력적인 오락매
체에 대한 노출에 의해서 가해자들의 특정한 폭력행위 또는 일생의 폭력성이 발생
한다는 주장은 합리적인 근거가 없으나, 그러한(폭력적 오락매체에 대한) 노출이
폭력성 유발의 요인이 될 수 있다는 주장은 가능합니다. 이 공청회에서 보다 중시
되어야 할 것은 미디어 폭력에 대한 과도한 노출이 현대 미국 사회에서 각종 폭력
사건의 비율이 높아지고 있는 주요 원인이라는 제 동료들의 주장이 옳다는 것입니
다[46]."

이토록 단정적인 주장을 뒷받침하기 위한 연구는 얼마나 존재했을까? 놀랍게도 사실상 전무했다. 그렇다면 정치가들과 일부 학자들은 어째서 별다른 증거도 없이 그토록 성급하게 콜럼바인 사건의 비극을 폭력적인 미디어 탓으로 돌린 걸까? 단도직입적으로 말하자면, 감정적으로 크게 충격 받은 대중이 그러라고 월급을 주기 때문이다. 저자들은 모두 아이를 키우고 있다. 우리는 2012년 20명의 초등학생이 사망한 샌디훅 초등학교 총기 난사 사건이 발생한 후 벌어진 일을 기억하고 있다. 끔찍한 폭력 행위에 대한 국가적 트라우마, 등교한 아이들이 돌아오지 못할 수도 있다는 가능성, 그리고 그에 따른 공포와 무력감을 느꼈던 것이다. 사람들은 그처럼 강력한 감정과 무력함을 느끼게 되면 자연스럽게 한 사건에 대한 통제력을 – 그것이 비록 환상에 불과할지라도 – 되찾고자 노력하게 된다. 이러한 끔찍한 범죄로 말미암아, 범죄자를 알아보고 그 부기맨boogeyman(어린 아이들의 생명을 빼앗아가는 괴물 또는 귀신. 일종의 의인화된 공포 – 역주)을 제거함으로써 우리가 사회에 대한 통제력을 다시금 회복했다는 감각을 얻는 것이 중요해졌다. 따라서 우리는 당국과 정치가들이 그토록 비극적인 사건이 다시는 발생하지 않도록 무엇인가 조치하기를 바라게 된다. 입법가들의 입장에서는 부기맨이 표를 잃지 않으면서도 대적할 수 있는 존재일수록 도움이 된다. 그리고 우리 사회에서 대부분의 권력은 나이 든 성인들 – 뉴스를 읽고 투표하고 지갑을 여닫는 존재인 – 이 통제하고 있기에 그들의 공포야말로 중요한 것이다.

우리는 왜 공황에 빠지게 되는가

합리적으로 사고하는 사람들이 사는 이상적인 세계에서라면 어떤 신념을 테스트하는 과정이 논리적이고 과학적으로 이루어질 것이다. 이러한 세계에서는 어떤 사람이 하나의 가설을 구축했을 때, 그것이 단지 하나의 가설일뿐이며 틀릴 수 있음을 이해하고 있을 것이다. 따라서 가설의 가부, 특히 그것이 옳은지를 확인하기 위해 자료를 찾아볼 것이다. 모든 데이터가 모아지면, 그는 냉정하게 자료를 평가해 가설이 옳은지, 아니면 그것을 증명하기 위해 보다 많은 자료가 필요한지를 확인할 것이다.

우리가 로봇이었다면 아마 이러한 방식으로 일을 진행했을 것이다. 그러나 우리는 연약하고 감정적인 인간이어서, 무엇이 올지라도 선호하는 신념에 의지하면서 버틴다! 그래서 우리는 신념을 엄격하게 테스트하는 대신에, 이미 결정된 신념을 지탱하는 증거들만 선별하고 그렇지 않은 증거들은 폐기해 버린다. 이런 식으로 선별된 신념은 (학자들과 지지자들 사이의) 유사과학 산업으로 이어져서, 이런 신념을 뒷받침하는 가짜 데이터들을 생산하고 도덕적 공황에 불을 지핀다.

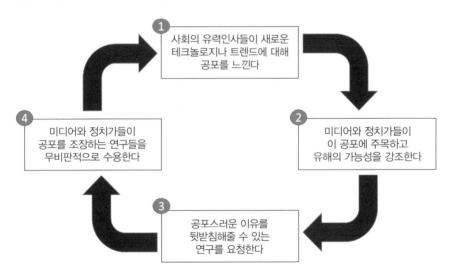

위의 그림은 도덕적 공황의 생성과 순환과정을 보여주는데(이는 데이비드 건틀렛David Gauntlett[47]이 제시한 이론에 기반한 것이다), 말하자면 도덕적 공황이 발생한 뒤 스스로를 영구화하는 기본 구조라 할 수 있다. 이 체계가 어떻게 작동하는

지 살펴보기 위해 먼저 순환과정 상단의 1번을 보자. 사회(또는 최소한 사회에 상당한 영향력을 지닌 구성원)이 대개 "직감"에 따라 비디오게임은 유해하다와 같은 결론을 내린다. 이들이 경제력이 있고 투표를 좌우하는 세력이기 때문에, 사회의 다른 요소들이 그들이 지닌 공포를 뒷받침하면 인센티브를 얻을 수 있다(2번). 정치가들이 비디오게임에 반대하는 제스처를 취하고, 뉴스 매체들은 숨이 찰 지경으로 비디오게임의 유해성에 대한 기사를 쏟아낸다. 우연히 비디오 게임을 해 본 어떤 젊은 남성이 뭔가 끔찍한 일을 저지르면, 뉴스와 정치가들은 비디오게임이 이 끔찍한 일에 무언가 영향을 미쳤다는 생각에 집중한다. 이 모든 것은 비디오게임에 대해 잘 모르면서 새로운 디지털 매체를 의심하거나 좋아하지 않는 일부 인구 집단의 구미를 맞추기 위해 벌어진다.

문제는 이러한 패턴이 과학계에도 영향을 미칠 수 있다는 점이다. 과학자들도 결국 인간이다. 우리도 돈 많이 받는 것을 좋아하고 신문 헤드라인에 이름이 나가는 것을 좋아한다! "아동 보호"를 외치면 쏟아질 칭찬과 찬양을 좋아한다! 누가 아동 보호에 반대하겠는가! 미국 소아과학회American Academy of Pediatrics 나 미국 심리학회American Psychologist Association 과 같은 전문 기관들도 그들이 "고칠 수 있는" 사회문제를 확인하는 데 따르는 특권과 영향력을 즐긴다. 정치가들은 아젠다를 더욱 밀고 나가기 위해 자신들이 원하는 연구의 결과를 암시하면서 연구를 요청한다(3번). 예를 들어 20살의 애덤 랜자Adam Lanza 가 일으킨 2012년 샌디훅 총기 난사 사건이 발생한 후 상원의원 제이 록펠러Jay Rockefeller 는 "연구"를 요청하면서 "최근 법원의 판결은 일부 사람들이 여전히 이해하지 못하고 있음을 보여준다. 젊은 이들의 정신 건강에 있어 폭력적인 비디오게임의 유해성이 고전 문학이나 주말 오전에 보는 만화영화 정도에 불과하다고 믿는것 같다. 그러나 부모, 소아과 전문의, 심리학자들은 더 잘 알고 있다. 이러한 법원의 결정은 우리가 더 많은 일을 해야 하고, 의회가 이 문제와 관련해서 추가 기반작업을 할 수 있도록 모색해야 함을 보여준다. 이 보고서는 그 과정에서 아주 핵심적인 자료가 될 것"이라고[48] 주장했다. 그가 말한 이 "보고서"는 비디오게임의 폭력성이 아동에게 미치는 영향을 다룬 논문들에 대한 미 국립과학 아카데미National Academy of Science 의 검토결과였다. 그런데 록펠러 의원이 그 보고서의 결과가 어떻게 나와야 할 지에 대한 자신의 생각을 미리 제시한 것이다. 이처럼 강도 높은 정치적 압박 하에서 과학적 과정이 효과적으로, 그리고 객관적으로 기능하기 어렵다. 이런 류의 정치적 개입은 믿을만한 정보가 아닌 유사과학을 만들어내면서 해로움만 더할 뿐이다.

이렇게 해서 완성된 정치화된 연구는 종종 과도하게 단순화되거나 과장된 채 뉴스 매체와 정치가들에 의해 숨 가쁘게 홍보된다(4번). 힐러리 클린턴이 비디오게임이 우리의 건강에 미치는 부정적인 효과가 흡연이나 알콜, 납중독의 영향에 비견될 정도라고 했던 장면을 생각해보자. 이는 회의론을 불러올 법한 비교방식이었고, 실제로 그 언급은 틀렸음이 밝혀졌다. 그러나 당시 그러한 비교는 경고를 위한 내러티브에 딱 맞아 떨어졌고, 사람들은 그것을 반복했다. 대부분의 사람은 자신이 믿고자 하는 정보일 경우에는 그것이 극단적인 주장일지라도 팩트 체크에 그리 노력을 하지 않는다. 나쁜 과학은 지지와 정치적 아젠다에 덮개를 마련해준다. 극단적인 주장은 신문에 근사한 헤드라인을 제공하고 온라인에서는 광클릭을 유도하며, 일반 대중들은 선별된 정보만을 받게 된다. 선정적인 언어는 오로지 이 새로운 테크놀로지에 대한 사회의 부당한 공포를 부채질할 뿐이며(다시 1번), 그에 따라 더 거대한 도덕적 공황이 생성된다. 그렇게 해서 돌고 또 도는 것이다!

도덕적 공황을 알아보는 법

과학은 공중 보건에 있어 실제적인 문제점들과 위협을 발견해낸다. 지구온난화나 흡연의 위험성 같은 것들 말이다. 하지만 우리는 바람직한 과학과 유사과학적 쓰레기를 구분해낼 수 있을까? 적절한 과학적 회의주의와 반과학적 추종주의는 또 어떻게 구분할까? 이는 결코 쉬운 문제가 아니다. 실제로 동료 평가를 하는 과학학술지에도 나쁜 논문들이 수없이 등장하기에, 과학 연구를 편찬하는 곳을 찾아보는 것만으로는 충분치 않다. 이에 우리는 도덕적 공황을 알아보고 그것을 진정한 문제와 분리시키는데 도움이 될만한 몇 가지 가이드라인을 제시해보려 한다.

데이터를 무시하는 극단적인 주장

도덕적 공황에 이르렀다는 신호 중 하나는, 전문가들과 정치가들이 사회의 도덕적 안전망에 위협으로 간주되는 어떤 것에 대해 충격적인 주장을 쏟아낸다는 것이다. 요즘 청소년들이 우리가 젊었던 시절에는 상상도 하지 못했던 수준의 비도덕적이고 유해한 행위에 가담하고 있다고 대중에게 널리 알리는 식이다. "요즘 아이들이 X를 하는 연령이 갈수록 어려지고 있다"라든가 "요즘 청소년들 사이에서 유행하는 충격적인 행동" 또는 "테크놀로지 X가 우리 아이들의 행동에 심각한 영향을 끼치고 있다"와 같은 표현들을 찾아보라. 특히 청소년과 관련해서 충격적인 문제가 난데없이 등장한 것처럼 보일 때, 이는 도덕적 공황이 시동 걸리기 시작했다는 신호일 가능성이 높다.

비디오게임의 경우에도 기억을 더듬어보면 정치가들과 반-미디어 행동주의자들이 비디오게임의 폭력성에 대해 불평을 늘어놓기 시작한 것은 주장을 뒷받침하는 데이터가 나오기 훨씬 전부터였다. 비디오게임 연구는 1980년대 후반 이전까지는 제대로 진행되지 않았으며, 90년대 전반에 걸쳐 학자들은 폭력적 비디오게임이 유해하다는 믿음을 지지해주는 증거가 별로 없다는 것을 꽤나 정직하게 인정했다[49]. 이러한 분위기가 바뀌는 것은 콜럼바인 사건 이후인데, 텔레비전의 폭력성에 대한 비판에 치중하던 학자들이 그 대상을 비디오게임으로 갈아탔기 때문이다. 관련해서 다음 장에서 살펴보겠지만, 이는 사실상 학자들의 초점이 도덕적 공황에 맞춰 바뀐 것이다. 비디오게임의 위험성에 대한 믿음이 발생하기 시작하면, 뒤이어 미심쩍은 사회과학이 그러한 공포를 활용하는 것이다.

이러한 상황을 다른 연구 분야, 예컨대 기후변화나 흡연이 폐에 끼치는 영향에 대한 연구 등과 비교해보자. 이들 분야에서는 우선 데이터를 축적하면서 과학자나 대중이 제기하는 초기의 회의론에 대응해간다. 느리지만 꾸준하게 증거를 축적하여 궁극적으로 대중의 의견을 바꾸어간다. 그러나 도덕적 공황에서는 대중의 의견이 먼저 제시되면, 특정한 유형의 연구들이 이에 대한 답을 내놓는다. 이후에는 다음의 2번째 가이드라인으로 넘어간다.

도덕적 공황을 뒷받침하는 연구를 요청하는 대중

도덕적 공황에 있어 근본적인 문제 중 하나로, 특히 오래된 도덕적 공황일수록 과학적 절차에 유해하다는 것이다. 이 문제는 정치가들이나 활동가들이 공황 속에서 찾아오는 위기를 해결하는데 있어 자신들이 무언가 조치를 취할 수 있도록 해주는 "연구"를 요청할 때 발생한다. 정치가들이 미디어 규제를 위한 최적안을 구할 수 있는 "연구"를 요청할 때의 언어를 주의해서 살펴보자. 그들이 요청하는 것은 폭력성 자체를 다룬 연구가 아닌, 비디오게임이 어떤 식으로 폭력성을 조장하는가에 대한 연구이다.

2012년 샌디훅 초등학교 사건은 이와 관련해서 풍부한 사례를 보여준다. 비극이 벌어지고 단 며칠 후, 총격자가 폭력적인 게임을 플레이했는지 여부에 대한 공식적인 발표도 없는 상황에서 록펠러 상원의원은 폭력적인 비디오게임에 대한 연구를 요청했다. 그러한 연구가 "이 문제와 관련해서 의회가 추가 기반 작업을 할수 있도록" 도와줄 수 있고 "그러한 작업 과정에 있어 이 연구보고서가 핵심이 될것"이라는 주장이었다. 특정한 아젠다나 정치적 목표의 추진을 위해 노골적으로 연구를 요청하는 것은 전형적인 유사과학적 수법이다. 이렇듯 과격하게 일방적인 연구를 요청하는 모양새는 1990년대 후반에서 2012년 샌디훅 사건에 이르는 시기에 전형적으로 나타난다. 그 결과는 동일한 연구 오류(공격성에 대한 허접한 측정, 표준화의 결여, 비디오게임이 폭력적이기만 하다는 확신을 주기 위한 편향된 게임선정, 상관관계 연구 내 다른 변수에 대한 통제 실패 등)가 계속해서 반복되는 쓰레기 과학의 거대한 웅덩이다. 이러한 오류들이 지적된 뒤에도 계속해서 같은 일이 반복되어왔던 것이다.

이런 생각을 우리만 한 것은 아니었다. 미 대법원도 폭력적 게임에 대한 규제의 합헌 여부를 판결[29]했던 2011년 브라운 대 EMA v. Brown Entertainment Merchant Association 재판에서 바로 이와 동일한 문제점을 지적한 바 있다. 수십 년 간 축적된 연구 결과에 대해 대법원은 "이 연구들은 관련 재판에서 매번 거부되었으며, 거부된 이유는 매우 타당했다"면서, 그러한 연구들이 우리에게 현실에 대해 이야기 해주는 바가 얼마나 미약한지를 조목조목 언급했다.

골디락스 효과

도덕적 공황을 확인할 수 있는 또 다른 방법은 "애들이 그냥 내가 어렸을 때 즐겼던 그 매체를 즐길 순 없는 거야?"라는 대사와 함께 제기되는 질문들을 찾아내는 것이다. 폭스뉴스Fox News 가 〈매스이펙트Mass Effect〉라는 게임을 어떻게 다루었는지 살펴보자. 〈매스이펙트〉는 2008년에 출시됐던 우주 배경의 액션게임이다. 30시간 이상 게임을 플레이하는 동안 플레이어는 다른 캐릭터와 연인 관계를 발전시킬 수 있으며, 그에 따라 엔딩에 가까워지면서 여성 캐릭터의 엉덩이가 잠깐 비춰지는 짧은 섹스신이 등장한다. 모두 일반적인 PG-13 영화에 나왔을 법한 수준이었지만, 이 장면은 엄청난 후폭풍을 가져왔다. 일부 전문가들은 이 장면이 하드코어 포르노그래피에 맞먹는 수준이라고 주장했다. 폭스 뉴스 프로그램은 소위 "전문가"들을 패널로 초청해서 "SE'XBOX? 새로 출시된 비디오게임이 디지털 누드와 섹스를 보여준다"는 헤드라인을 걸고(사실 이 게임에 그런 건 안 나온다) 논란이 되는 사항에 대해 토론했다. 한 "전문가"는 〈매스이펙트〉가 아이들의 성적 발달과 사회적 발달을 저해할 것이라고 주장했는데, 이 사람은 나중에 게임을 플레이해보기는 커녕 쳐다본 적도 없다고 밝혔다. 이 패널을 보면 알 수 있듯이, 해당 프로그램에 출연한 패널들은 비디오게임과 친숙하지도 않고 불편해하는 사람들이라는 것이 명백했다. 어떤 패널은 "이 게임을 보니 제가 나이를 많이 먹은 기분이 드네요. 아타리 〈퐁〉와 핀볼, 그리고 〈팩맨Pac-Man〉은 어떻게 된거죠?"라고 묻기도 했다[50].

이러한 태도는 모든 세대에 걸쳐 전형적으로 나타나는데, 우리는 이를 "골디락스 효과the Goldilocks Effect"라고 부른다. 각 세대는 자신들이 미디어를 "딱 적당하게" 이해하고 있다고 생각하는데, 앞선 세대는 너무 보수적이어서 우리에게 중요한 음악이나 미디어를 그저 "이해하지 못한 채" "고루하기 짝이 없다"고 여기는 한편, 뒤따라 등장한 아이들은 완전히 통제불능이라고 여긴다. 이렇게 해서 이 사이클은 세대와 세대 사이를 돌고 도는 것이다.

"아이들을 구하라!"라는 정신

아이들을 구하는 것은 분명히 좋은 일이다. 그 반대가 옳다는 얘기를 하려는 게 아니다! 그러나 많은 도덕적 공황이 정작 아동을 배려하고 있는지는 의문이다. 주지하다시피 많은 도덕적 공황은 사실 청소년들을 겨냥하면서 그들과 그들이 즐기는 문화를 모두 부정적으로 그린다. 그러면서도 도덕적 공황은 가부장적 보호의 언어를 사용함으로써, 공황에 반대하는 사람들을 마치 아동 구제에 무관심하거나 거대 악질 미디어 기업의 하수인인 것처럼 규탄한다.

슬프지만 학계 연구자들 사이에서도 이러한 태도를 볼 수 있다. 반-미디어 이론을 발전시켜온 일부 연구자들은 회의론을 과학적 진실에 대한 책무로 여기지 않고, 의심하는 이들을 "홀로코스트 부인론자"[51]에 버금가는 사람이자 "기업의 변론자"[52]들이라고 치부하거나 "반대론에 기반해서 커리어를 쌓고자"[53]하는 사람들이라 주장한다. 이렇게 비평가를 사적으로 공격하는 모양새는 정교한 연구조사로부터 자신들의 신념을 공격적으로 방어하는 이데올로기 집단이나 종교단체에서 볼 수 있는 특징이다. 이는 사람들이 과학자답게 객관적으로 현실을 테스트한 결과에

모럴 컴뱃
60

승복한 것이 아니라, 신념 체계를 감정적으로 방어하고 있다는 경고 신호다.

저자 중 한 명인 크리스토퍼 J.퍼거슨은 이와 관련해서 흥미로운 논쟁에 휩쓸린 적이 있다. 2012년 샌디훅 사건이 발생한 수개월 뒤 지속되고 있던 (그리고 궁극적으로 잘못 형성된) 도덕적 공황 속에서, 퍼거슨은 폭력적인 비디오게임에 대해 논의하기 위해 CBS의 프로그램 〈페이스 더 네이션Face the Nation〉에 출연했었다. 게스트 패널로는 전 FBI 요원과 국회의원, 정신질환 옹호론자와 학부모 텔레비전 위원회Parents Television Council 의 대표인 팀 윈터Tim Winter 가 출연했다. 학부모 텔레비전 위원회는 자넷 잭슨이 2004년 수퍼보울 하프타임쇼에서 잠깐 가슴을 노출했을 때 격노했던 바로 그 반-미디어 단체다. 팀 윈터를 제외한 모든 패널들은 전반적으로 비디오게임이 샌디훅 총기 난사 사건의 원인이 아니라는 점에 동의하고 있었다. 이에 반하는 윈터의 주장은 과장되었을 뿐만 아니라 뒷받침하는 자료도 미약했다. 프로그램이 끝나갈 때 즈음 사실관계에 있어 자신이 이길 수 없음을 깨달은 윈터는 퍼거슨을 보며 "슬프게도 담배 산업이 담배가 무해하다는 것을 지지해 줄 연구자들을 찾아냈던 것처럼, 오락산업 또한 그렇다"고 말했다. 퍼거슨이 "이건 짚고 넘어가야겠습니다!"라고 빠르게 대응했지만 프로그램이 끝나면서 편집되고 말았다[54]. (공식적으로 밝히건대 이 책의 저자들은 모두 그 어떤 미디어 기업으로부터 인센티브 같은 재정적 지원 및 그 어떤 지원도 받은 적 없다) 유해성에 대한 증거를 제시하는 데 실패하고선 상대편에 대해 아동들의 건강을 대가로 돈을 챙긴다는 혐의를 뒤집어씌우는 것은 과학을 자신의 편에 두지 못한 자들의 전술이다.

이상 도덕적 공황을 알아보는데 도움이 될 수 있는 몇 가지 경고 신호들을 살펴보았다. 일반적으로 사회는 뉴스매체나 정치가들, 지지단체들이 제기한 도덕성에 대한 위협이 도사리는 상황 – 특히 미디어, 성적 행동 또는 청소년 사이에서 유행하는 거북한 트렌드 등 – 에 맞닥뜨리면 긴장하게 되며, 의심은 바로 이때 시작된다. 불행히도 도덕적 공황은 유해하다. 사탄 숭배의식에 따른 학대 사건의 잘못된 공포에서도 보았듯이, 도덕적 공황은 그 안에 사로잡힌 개인들의 삶을 심하게 망가뜨릴 수 있다. 도덕적 공황은 정기적으로 청소년들을 폄하하고, 나이가 많은 기성세대 사이에서 반-청소년 정서를 조장하며, 그 과정에서 젊은이들은 소외된다. 하지만 가장 큰 문제는 도덕적 공황이 보다 중요한 문제들로부터 우리의 주의를 분산시킨다는 점이다. 다음 장에서 살펴보겠지만, 일부 연구자들과 기관은 비디오게임에 대한 대중의 공황을 이용해 대중의 공포를 더 조장하기 위한 모종의 연구를 진행하는 자금을 조달해왔다. 이러한 행태는 수십 년 간 실제로 공격성과 폭력성에 영향을 미칠 수 있는 문제들, 예를 들어 빈곤과 정신병, 교육 불평등과 같은 문제들로부터 우리의 주의를 분산시켜왔다.

그러나 이제 폭력적인 비디오게임에 대한 과학적 연구를 논하는데 있어 전환점을 맞이했다. 〈둠〉과 콜럼바인 사건에 의해 도덕적 공황이 과학적 절차를 배제한 채 폭발적으로 확산되었었지만, 최근 몇 년 간 반항적인 젊은 학자들이 반-비디오게임 연구자들이 건설한 거대한 제국을 흔들기 시작했기 때문이다.

이스터 에그

1. 퍼거슨은 자신이 스머프를 싫어한다는 것을 밝히고 싶어했으며, 이 문장에 스머프가 포함되는 것에도 동의하지 않았다. 하지만 마키는 퍼거슨이 스머프들이 스머프적인 노스텔지어가 가득한 스머프 세계에 가져오는 스머프다운 즐거움을 인정하지 않는 "투덜이 스머프"라고 생각한다. "라랄라랄랄라, 즐겁게 노래하자".

세 번째 판:
사이언스 워즈
(Science Wars)

퓰리처상을 수상한 작가 리처드 로즈Richard Rhodes는 2000년 뉴욕타임스New York Times에 텔레비전의 폭력성에 대한 연구가 지닌 한계와 과도한 주장들에 대한 글을 기고했다[55]. 그가 지적한 대로 미디어에 대한 연구는 연구 설계가 미숙하고 어설플 때가 많으며, 연구 결과는 미디어가 폭력적인 범죄를 일으킨다고 주장하는 학자들의 경고와 모호하게 맞아 떨어진다. 이와 같은 로즈의 기고문에 대해 텔레비전의 폭력성을 오랫동안 성토해온 학자들인 로웰 후스먼Rowell Huesmann과 레너드 에론Leonard Eron은 자신들의 작업을 방어하는 데(최소한 이는 자연스러운 반응이다)에 그치지 않고, 로즈를 인신공격하는 반응을 보였다[56].

"로즈가 편향된 관찰자라는 점 또한 명백하다. 그가 폭력성에 대한 글을 쓸 때마다 이해관계가 충돌한다. 그의 자아 자체가 어린 시절 받은 학대의 피해라는 관점에 사로잡혀있을 뿐만 아니라, 그의 경제적 안정이 달린 저서 〈그들이 죽이는 이유Why They Kill〉는 미디어의 폭력보다 폭력적 학대가 더 중요하다는 관점을 담고 있다… 마지막으로, 만약 로즈가 정말 편향되지 않았다면, 개인별로 상이한 테스토스테론 수치가 공격성에 영향을 미친다는 증거에 대해 논했어야 한다. 하지만 테스토스테론을 정기적으로 복용하고 있다고 공공연하게 밝힌 로즈의 입장에서는 그렇게 하기 어려웠을지도 모르겠다."

우선, 로즈의 책 〈그들이 죽이는 이유〉[57]는 뉴욕타임스의 기고문에서 언급했던 것과 동일한 내용이 일부 담겨 있긴 하지만, 특별히 미디어의 폭력성을 다룬 책은 아니다. 또한 그가 테스토스테론을 복용한다 해도, 이는 건강 상태에 따라 흔히 이루어지는 의학적 처치[58]일 뿐이다. 마지막으로 어렸을 적 학대를 받았기 때문에 학문적 객관성이 없다고 – 그것도 피해를 호소하는 피해자의 관점을 폄하하며 – 규탄하면서 피해자라는 지위를 "자아"의 문제로 보는 것은, 위의 글을 쓴 이들이 심리학자라는 점을 고려하면 변명할 여지 없이 심하게 어긋난 태도다. 공격성을 연구하는 학자라는 사람들이 어찌 그리 가혹하게 반응할 수가 있을까?

비디오게임을 연구하는 영역에서 다윗과 골리앗의 전투가 진행되고 있다. 여기서 골리앗이란 체계적으로 조직되어있고 정치적으로 긴밀하며 재정적으로도 건실한 시니어 연구자 집단이다. 이들은 지난 삼십 년 동안 폭력적인 비디오게임을 현실 세계의 폭력적 행동과 연결시켜왔다. 뒤에 이어지는 내용을 통해 알게 되겠지만, 비디오게임으로 인해 현실에서 폭력적인 행동이 확산된 적은 없었다. 그럼에도 비디오게임의 폭력성을 공격성과 지속적으로 연관짓는 곳이 있으니, 바로 관련 주제를 연구하는 연구자들이 있는 대학 캠퍼스다.

외부 관찰자의 입장에서는 이것이 너드nerd 끼리 폭력성을 두고 논쟁을 벌이는 것일 뿐, 그다지 큰 문제로 보이지 않을 수도 있다. 그러나 이러한 논쟁이 어떤 미디어에 대한 검열 또는 규제 여부를 판결하는 법정에 영향을 미친다는 점을 생각하면 그 위험성은 결코 적지 않다. 비디오게임 학자들의 증언에 따라 사람들이 감옥에 가거나 무혐의로 석방될 수도 있기 때문이다. 이 전투를 치르는 데 수백만 달러에 이르는 세금이 쓰였는데, 문제는 주로 악영향을 끼치는 편향된 과학적 연구에 쓰여왔다는 점이다.

한편 이와 같은 반-비디오게임 진영의 거인들은 비교적 젊은 게임친화적 연구자 집단의 도전을 받고 있다. 이 반항적인 집단은 아타리와 닌텐도, 플레이스테이션의 세례를 받고 자란 세대다. 젊은 세대가 벌이고 있는 이 전투는 자신들보다 훨씬 거대하고 강력한 반-비디오게임 제국을 상대로 하는 진실을 위한 대장정이라 할 수 있다. 이 전투는 머나먼 외계 행성에서 제다이들이 광선검을 들고 싸우는 전쟁이 아니라, 과학학술지와 미디어, 그리고 법정에서 벌어진다(아쉽게도 이 전쟁에 광선검은 없다). 비록 〈스타워즈〉의 전투만큼 스릴 넘치지는 않지만, 이 전쟁은 멀고 먼 은하계에서 벌어졌던 여러 사건과 꽤나 흥미로운 유사점을 지니고 있다.

제국의 건설

과거의 나는 한낱 수련생이었지만, 지금의 나는 마스터요.

– 다스 베이더, 시스 로드

모든 이야기에는 시작이 있다. 아나킨 스카이워커가 제국의 사악한 심복 다스

베이더로 변신하면서 〈스타워즈〉가 시작되었다면, 반-비디오게임 제국의 건설은 두 명의 심리학자 팀에 의해 우연히 시작되었다. 1986년 프린스턴 대학교의 두 연구자가 폭력적인 비디오게임이 공격성에 미치는 영향에 대해 실험을 통해 연구한 논문[59]을 발표했는데, 이러한 계열의 연구 중 최초에 해당하는 것이었다. 당시는 비디오게임이 전국적인 주목을 받기 시작한 시기로, 폭력적 비디오게임이 아동에게 미치는 영향은 연구자들이 관심을 가질 만한 주제였다. 그러나 문제는 이 연구자들이 비디오게임이나 그 플레이어들에 대해 거의 아는 바가 없었다는 것이었다. 이들은 연구에서 "폭력적" 비디오게임으로 아타리 2600 용 〈미사일 커맨드〉를 선택했는데, 실질적으로 폭력이라고 할만한 것이 전혀 없는 게임이다. 이 게임에는 인간이나 생명이 어떤 형태로도 존재하지 않는다. 플레이어는 작은 X를 움직여 미사일 공격으로부터 "도시(화면 바닥에 줄지어 있는 투박한 블록들)"를 지킨다. 유혈도, 고어한 장면도 없이 그저 몇 개의 선과 X들 그리고 간간히 빛만 번쩍이는 게임인데도, 연구자들은 아타리 2600의 〈미사일 커맨드〉가 아동의 공격적 행동에 "측정 가능한 영향"을 보였다는 결론을 내놓았다.

이 특이한 연구가 과학자 커뮤니티를 폭발적으로 휩쓸어 수많은 학자들로 하여금 아타리 2600의 위험성을 연구하는데 뛰어들게 만든 것은 아니었다. 이후 십여 년 간 폭력적인 비디오게임을 조사한 연구는 매년 한두 편에 불과했고, 〈미사일 커맨드〉 연구자들 또한 동일한 주제의 연구를 다시는 내놓지 않았다. 그러나 콜럼바인 고교의 비극 이후 시니어 연구자 집단이 대중의 공포(와 쏟아지는 연구자금)를 재빠르게 활용하면서 폭력적 비디오게임 연구의 불씨가 되살아나기 시작한다. 콜럼바인 사태 이후에는 관련 연구가 무려 1,170% 증가하면서 반-게임 연구 제국의 건설이 본격화된다.

이들 비디오게임 연구가 실제로 어떤 식으로 수행되었는지 자세히 살펴보면 매우 놀라울 지경이다. 어떤 연구들은 사람들에게 좋아하는 유형의 게임과, 어떻게 생각하는지를 묻는 것 외에 딱히 한 게 없다. 정말이다! 아래 사례들은 비디오게임이 "공격성"을 유발하는지를 확인하기 위해 연구자들이 실제로 사용했던 설문의 내용들이다. 보다시피, 이 질문들은 실제의 폭력적 행동과 관련이 없다. 대신, 응답자가 재수없는 사람인지(예. "다른 사람의 뒤에서 험담을 하는 것은 괜찮다"), 혼자라고 느끼는지(예. "난 비사교적이다"), 또는 정말 희한하게도 정치적으로 보수적인지(예 "모든 국가는 언제나 강력한 군대로 무장하고 있어야 한다")를 묻는데 치중하고 있다. 이렇게 실제 폭력성을 제대로 다루지 않는 연구로부터 이끌어낸 공격성에 대한 결론은 미심쩍을 수 밖에 없다.

폭력적 비디오게임 연구자들이 응답자의 공격성을 측정하기 위해 사용한 설문의 실제 사례

- 나는 친구들의 의견에 동의하지 않을 때 공개적으로 내 의견을 말한다.
- 다른 사람의 뒤에서 험담을 하는 것은 괜찮다.
- 나를 짜증 나게 하는 사람에게 그런 내 생각을 말해준다.
- 지나치게 친근하게 구는 낯선 사람들을 경계한다.
- 어린이가 떼를 쓰면 엉덩이를 때려야 한다.
- 우리 나라는 국경을 무력으로 지킬 권리가 있다.
- 난 비사교적인 편이다.
- 모든 국가는 언제나 강력한 군대로 무장하고 있어야 한다.
- 자기 방어를 위한 전쟁은 완전히 옳다.
- 나는 고집이 세다.

- 다른 사람들에 대한 소문을 퍼뜨리는 것에는 아무 문제가 없다.

- 다른 사람들 앞에서 누군가에 대해 폭로하는 것에는 아무 문제가 없다.

- 전쟁이 필요할 때가 종종 있다.

- 연구하는 사람이 매우 정중하지 못했다.

* 각 항목은 5점 척도로 제시되었고
   점수가 높을수록 공격성이 높은 사람이다.

좀 더 체계화된 실험 연구를 진행한 연구자들도 있었다. 이 경우 대개 한 집단에 "폭력적인" 비디오게임을 플레이하도록 하고 대조 집단에게는 "비폭력적인" 게임을 플레이하도록 실험을 구성한다. 그런데 문제는 폭력적인 비디오게임이란 것이 정확히 어떻게 정의되는지가 연구자마다 제각각이라는 점이다. 〈그랜드 테프트 오토〉, 〈둠〉, 〈콜 오브 듀티〉, 〈모탈 컴뱃〉 같이 명백히 폭력적인 게임들이 연구에 활용된 것은 그럴 만한데, 훨씬 순한 게임들 또한 폭력적인 게임으로 사용되었다. 앞서 언급한 〈미사일 커맨드〉를 비롯해서, 아케이드용 슈팅게임 〈잭슨〉, E등급(전체이용가)을 받은 만화적인 게임 〈Ty2〉, 과장된 야구 게임인 〈MLB 슬러그페스트 MLB Slugfest〉(E등급), 마찬가지로 E등급 게임으로 주인공이 매운 고추를 먹고 만화적인 불꽃공격pepper breath 을 하는 〈헤라클레스의 모험Herc's Adventures〉, 심지어 〈팩맨〉까지도 폭력적 비디오게임의 사례로서 제시된 바 있다.

대개 이러한 실험 연구는 참여자들에게 15분가량 짧게 게임을 플레이하게 한 후, 설문조사나 일종의 "공격적인 행동"을 수행할 기회를 제공하는 방식으로 참여자들의 공격적인 생각이나 행동을 평가한다. 이런 방식으로 일부 연구자들은 폭력적인 게임을 플레이한 사람이 타인에게 큰 소리로 화를 낼 가능성이 높고, 설문지에 거부감을 비교적 많이 표현하며, 가설로 주어진 범죄에 대해 장기간의 징역형을 부여하는 경향이 있으며, 심지어는 매운 음식을 싫어하는 사람에게 핫소스를 줄 가능성이 높다는 것을 발견했던 반면, 다른 연구자들은 그러한 영향을 발견하지 못했다. 이러한 다양한 결과들이 비우호적인 생각과 행동 간의 연관성을 암시할 수는 있을지 몰라도, 다른 이들에게 소리를 지르거나 핫소스를 주려는 욕망이 자살을 시도하거나 폭력적 공격을 가할 수 있는 경향으로 해석되는 것은 지나친 비약이 아닐 수 없다.

연구자들은 이러한 연구들로부터 얻은 결과를 과도하게 일반화하거나 잘못 추론했을 뿐 아니라(다른 사람 뒤에서 험담하는 성향이 학교 총기 난사범이 될 가능성과 연관이 있다고 생각하는 이가 정말 있을까?), 애초에 이러한 연구를 수행하는 방식 자체가 엉망인 때도 적지 않다. 예를 들어 폭력적인 비디오게임을 플레이하고 난 뒤 공격성 측정을 위해 연구 대상에게 짜증나는 소리를 다른 사람에게 "발사할" 기회를 주는 방법이 자주 사용되곤 했다. 좀 더 구체적으로 말하자면, 게임을 플레이한 뒤 연구 대상자들에게 다른 사람을 겨냥해 쏠 화이트 노이즈의 지속시간과 강도 두 항목을 (10점 척도로) 선택할 수 있게 한다.

여기서 문제는 공격성의 측정에 있어 널리 합의된 방식이 없다는 점이다. 예를 들어 연구자들은 공격성을 강도intensity 와 지속시간duration 을 합산해서 점수를 매기거나, 강도와 지속시간의 곱으로 측정하거나, 또는 강도는 무시한 채 지속시간만으로 로그 변환으로 측정하거나(고등학교 때 배운 로그 변환이 기억나지 않더라도 여기서 놓칠 내용은 없으니 걱정할 필요 없다), 심지어는 지속성 점수를 제곱근하고 이를 강도의 점수로 곱하기도 한다. 아직 혼란스러워하기는 이르다. 이 측정법으로 점수를 매기는 방식은 140가지가 넘기 때문이다! 한편 독일의 학자 말테 엘슨Malte Elson은 최근 동일한 표본을 사용했을지라도 연구자들이 측정값에 얼마나 창의적으로 접근하는지에 따라 폭력적 비디오게임이 공격성을 증가시키거나 감소시키기나 혹은 아무런 영향을 미치지 않거나 등… 아무 결과나 쉽게 만들어낼 수 있다는 사실을 밝혀냈다[60, 61].

이러한 방법론적 문제는 일단 차치하고 논의를 지속해보자. 다른 이들을 겨냥해서 불쾌한 소리를 내거나, 스스로 비사교적이라 느끼거나, 매운 음식 싫어하는 사람에게 핫소스를 주는 것과 같은 일상적인 결과로 보건대, 이 연구들에서 드러난 비디오게임의 영향은 얼마나 "큰" 것일까? 비디오게임 논쟁에서 양측의 수많은 학자들은 비디오게임이 사소한 공격성에 대해 갖는 평균적인 효과가 어느 정도인지 확인하기 위해 온갖 연구들을 진행해왔다. 그렇다면 비디오게임이 사람들의 마이너한 수준의 공격성 표출에 얼마나 영향을 미쳤을까. 광범위한 미디어 보도, 그리고 정책 입안자들을 비롯한 여러 사람들이 표명해온 대단히 심각한 우려로 보건대, 폭력적인 비디오게임을 플레이했을 때 공격성이 한 40~50%는 증가할 것처럼 여겨진다. 비디오 게임의 영향력에 회의적인 입장일지라도 최소 10% 정도는 증가했을 걸로 예상할 것이다. 하지만 이러한 예측은 빗나간 것이다 - 그것도 아주 많이. 연구자들이 밝혀낸 폭력적 비디오게임으로 설명할 수 있는 마이너한 공격성 증가 수준은 0.4에서 3.2% 정도에 지나지 않았기 때문이다[62, 63](**이스터에그** 1번 참조).

게다가 이러한 미약한 효과들이 공격적 행동에 대한 자기 보고self-report나 대리적인 측정법에 의존한 연구들에 기반한 것이라는 점도 명심하자. 이러한 연구에서는 연구대상자들이 어떤 행동을 취할지 어느 정도 예상된다고 볼 수 있는데, 실험참가자들은 자연스럽게 행동하기보다는 연구자가 원한다고 생각되는 방식으로 행동하는 경향이 있기 때문이다. 나아가 폭력적인 비디오게임을 플레이함으로써 일부 사람들이 타인을 시끄러운 소리나 핫소스로 괴롭힐 가능성이 있다는 이 연구 결과들을 액면 그대로 받아들인다 할지라도, 이러한 행동들은 최소한의 간접적인 영향일 뿐이지 강간이나 악질적인 폭행을 저지르는 것과는 분명히 다르다. 그렇기 때문에 폭력적인 비디오게임을 마이너한 공격성과 연관짓는 일부 연구들에서 발견된 극도로 사소한 수준의 영향보다도, 폭력적 비디오게임이 현실의 공격적 행동에 미치는 영향은 훨씬 적다. 다시 말해 이러한 연구들의 함의란 – 비디오게임이 공중보건상 위험성이 있다는 통찰이 아니라 – 예컨대 폭력적인 비디오게임을 플레이하는 친구가 타코를 만들 때에는 눈을 떼지 않는 게 좋을 것이라는 정도다. 사실, 연구 간의 불일치성이나 공격성 측정에 있어 신뢰성이 떨어지는 기준, 연구자들이 폭력적 비디오게임으로 분류해 놓은 괴상한 리스트 등을 비롯한 여러 방법론적 문제까지 고려하면, 우리의 타코마저 안전해 보인다. 결국 모든 것이 완전 쓰레기라 해도 무방해 보일 수준이다.

강성해지는 제국

두려움이 어둠으로 이끈다

– 요다, 제다이 마스터

이제 던져야 할 질문은 명백하다. 폭력적인 비디오게임과 폭력적인 행동을 이어주는 과학적 데이터가 매우 미약한데도, 왜 그리 많은 사람이 게임에 대해 우려하는 것일까? 앞서 두번째 판에서 확인했듯이 그 답은 바로 공포다. 부모들이 겁에 질린 것이다. 한 연구에 따르면 60% 이상의 부모들이 살고 있는 동네에서 학교 총기 난사 사건이 발생할 수 있다고 생각한다[64]. 그러나 이 공포는 현실과의 간극이 매우 크다. 어떤 아이가 학교 총기 난사 사고로 사망할 확률은 0.000001%이기 때문이다. 그러한 사건이 비극인 것은 분명하지만, 그 가능성은 우리의 아이들이 매일같이 직면하는 위험들에 비하면 훨씬 희박하다. 어떤 아이가 비행기 사고로 사망할 확률(0.1%), 벌에 쏘여 사망할 확률(0.001%), 살인을 저질러 사형수로 수감될 확률(0.0008%), 벼락에 맞아 사망할 확률(0.0007%), 개에게 물려 사망할 확률(0.0006%), 심지어 불꽃놀이 사고로 사망할 확률(0.0002%)이 더 높기 때문이다.

이처럼 학술적 연구들이 폭력적 비디오게임과 실제 폭력성 간 연관관계의 입증에 실패했음에도, 미디어나 심지어는 학자 자신들도 그 실패를 대중에게 보도하여 알리지 않는다. 폭력적 비디오게임의 사례를 통해 확인했듯이, 한 사회가 도덕적 공황에 빠지게 되면 사회 내 유력인사들은 공포를 인정하고 대처하라는 압박을 받는다. 그 중에는 도덕적 문제를 심각하게 다루어 표를 얻으려 하는 정치가들이나 조회수를 높이기 위해 외설스러운 헤드라인에 의존하는 뉴스 편집자가 있다. "과학자들, 비디오게임이 소시오패스 세대를 만들고 있다고 말하다"와 "새로운 연구 결과 비디오게임은 우리에게 별 영향을 미치지 않는다"라는 헤드라인 가운데 어떤 것이 조회수가 높겠는가? 최근 발생한 3건의 학교 총기 난사 사건 이후 이 사건들과 연관해 비디오게임을 다룬 기사는 거의 5,000건에 달한다.

이러한 상황이 연구자들의 기준이 높기 때문이라면 좋겠지만, 불행히도 이 경쟁에서 벗어나면 벌이가 별로 좋지 못하다는 사실을 유념할 필요가 있다. 학자들이 현재의 도덕적 공황에 대한 연구를 하면 보조금을 받을 수 있을 뿐만 아니라, 전문성이라는 명망을 얻을 수 있으며, 자신의 작업물이 신문지면을 장식할 수 있고, 주장이 극단적일수록 보다 많이 보도되어 유명해질 수 있기 때문이다. 도덕적 공황이 한창 중일 때의 사회과학은, 과학이라기 보다 차라리 사회적 의제로부터 혜택을 보기 위한 편리한 방법으로 보일 지경이다.

다음의 표는 연구자들이 각종 매체와 학술지를 통해 폭력적 비디오게임을 끔찍한 폭력 행위와 연관시킨 사례들이다. 여기서 제시된 그 어떤 것도 실제적인 폭력성 연구에 의해 뒷받침된 바가 없음을 명심할 필요가 있다. 그저 연구에 대한 관심을 끌기 위해 현실에서 벌어진 끔찍한 사건들을 선정적으로 이용하려는 것에 가깝다.

여기에 담긴 문장은 연구자들이 사실을 진술한 것인데, 문제는 이 내용이 정작 연구와는 무관하다는 것이다. 예를 들어 "에릭 해리스와 딜런 클리볼드는 콜로라도주 리틀턴에 위치한 콜럼바인 고등학교에서 총기를 난사해 13명을 살해하고 23명에게 부상을 입힌 후 자살했"는 첫 문장은 참이다. 문제는 이 문장이 실제 폭력성을 다루지 않은 연구에서 사용되었다는 것이다. 문제의 연구는 미디어 이용에 대해 응답자가 자기-보고식으로 기분을 평가하는 것이었는데, 예를 들어 쉽게 흥분하는지("나는 참을성이 많다"), 가상의 인물에게 불편한 소리를 노출할지 여부에 답하는 식이다(해당 연구가 군대의 비디오게임 활용을 완전히 잘못 설명했다는 사실도 지적할 만하다. **이스터에그** 2번 참조). 이와 비슷하게 두 번째 사례에서도 범인을 포함해 총 17명이 사망한 학교 총기 난사 사건에 독일 사회가 큰 충격을 받았다는 내용은 정확히 전달했다. 그렇지만 폭력적인 게임이 사람들에게 "누군가에 대한 소문을 퍼뜨리는 것은 전혀 잘못된 행동이 아니다"와 같은 생각을 지지하도록 만드는지를 평가하는 해당 연구와 이 비극적인 사건이 어떤 관련이 있는지는 불분명하다.

도덕적 공황의 여러 사례:
폭력적 미디어를 잔혹한 폭력 행위와 연결 짓는
연구들에서 찾아낸 내용

"1999년 4월 20일, 에릭 해리스와 딜런 클리볼드는 콜로라도주 리틀턴에 위치한 콜럼바인 고등학교에서 총기를 난사해 13명을 살해하고 23명에게 부상을 입힌 후 자살했다. 두 십 대 소년이 친구와 교사들을 공격하게 된 원인이 무엇인지는 정확히 알 수 없지만, 몇 가지 요인이 유력하게 논의되고 있다. 그 한 요인이 바로 폭력적인 비디오게임이다. 해리스와 클리볼드는 유혈이 낭자한 슈팅 게임 〈둠〉을 즐겨 플레이했던 것으로 알려졌는데, 이 게임은 적을 효율적으로 살상하는 법을 훈련하기 위해 미군이 허가한 게임이다."[65]

"2002년 4월 독일 사회는 범인을 포함해서 총 17명이 사망한 전례 없는 학교 총기 난사 사건으로 큰 충격에 빠졌다. 사건이 있기 몇 주 전 퇴학당한 19세의 범인은 총기에 심취해있었을 뿐 아니라 폭력적인 비디오게임을 플레이하는데에도 많은 시간을 보냈던 것으로 밝혀졌다."[66]

"켄터키주 퍼듀카Paducah, Kentucky, 아칸소주 존즈버러Jonesboro, Arkansas, 콜로라도주 리틀턴Littleton, Colorado. 이 세 도시는 최근 유사한 학교 총기 난사 사건을 겪었다. 범인은 모두 평소에 폭력적인 비디오게임을 플레이하던 학생들이었다. 13명을 살해하고 23명에게 부상을 입힌 후 자살한 콜럼바인 고등학교의 에릭 해리스와 딜런 클리볼드는 유혈이 낭자한 게임 〈둠〉을 즐겨 플레이했다. 해리스는 2명의 사격수와 추가 무기, 탄약이 무제한으로 공급되고 반격할 수 없는 희생자가 있는 커스터마이즈 버전의 〈둠〉을 만들기도 했는데, 실제 총기 난사의 여러 측면과 섬뜩할 정도로 유사하다."[67]

"최근의 학교 총기 난사(예를 들어 콜럼바인 고교)사건과 2001년 9월 11일 세계 무역 센터와 펜타곤에 가해진 테러리스트 공격은 폭력적인 미디어의 영향에 대한 오랜 논쟁을 재점화시켰다. 비록 대중들 사이에서는 이 논쟁이 미해결 상태인 듯하지만, 과학적 연구들은 미디어의 폭력성이 공격적인 행동에 미치는 영향에 대해 거의 의심하지 않는다."[68]

"전체적으로 사회 내 폭력성의 10%~30%는 미디어의 폭력성의 영향에 의한 것이다."[69]

"미디어의 폭력성이 현실에서의 공격적 행동에 대해 미치는 영향은 일반적으로 수용되는 수준의 공중보건의 위험성보다 강하며 폐암과 흡연 간의 관계만큼이나 강력하다."[65]

이 사례들은 단순히 오해의 소지가 있는 데에 그치는 것이 아니라, 통계를 무책임하게 제시해서 사실상 데이터를 와전한 것이다. 일반인의 표현으로 하면, 쓸모없는 쓰레기에 불과한 것이다. 실제로는 폭력성을 연구한 것이 아님에도 불구하고, 폭력적인 게임이 총기 난사에 영향을 미쳤다거나, 폭력적 비디오게임이 사회에 미치는 영향이 흡연이 폐암 유발에 미치는 영향에 버금가는 공중보건상의 위기를 유발하고 있다고 암시[70]한다. 예를 들어 사회 내 폭력성의 10~30%가 미디어 폭력에서 유래한 것이라는 주장을 살펴보자. 우리는 그와 같은 어이없는 수치가 어떤 근거에서 비롯된 것인지를 설명해야 하는 어려운 입장에 처하게 된다. 이는 "그들이 만들어냈다"라기보다는, 통계를 선별적이고, 창의적이며, 거의 틀림없이 자기망상적으로 활용한 편에 가깝다. 어느 쪽이든 간에 이 숫자들이 현실을 반영하고 있다고 보기는 불가능해 보인다.

데스스타(Death Star)의 건설

저건 달이 아니야. 우주 정거장이지.

– 오비완, 제다이 마스터

〈스타워즈〉에서 제국은 행성을 파괴할 수 있는 위력을 지닌 달 크기의 전투 기지 데스스타를 건설한다. 슈퍼레이저를 쏘는 이 기지는 제국의 강성해지는 국력을 확고히 하기 위해서, 그리고 좀 더 노골적으로 공포를 이용해 사회를 통제하기 위해서 건설되었다. 최근 반-비디오게임 제국은 소수의 시니어 연구자들의 견해를 통합해 더 강력한 무언가를 만들어내고자 시도하고 있는데, 바로 정책에 대한 발언, 즉 정책 성명policy statement 이다. 마치 데스스타처럼, 이러한 발언들은 권력을 중앙집중화하고 대중 사이에서 공포를 만들어내는 도구가 된다. 정책 성명은 대개 APAAmerican Psychological Association, 미국 심리학회 같은 학술 조직에서 발표하는데, 그 구성원에게 혜택이 가는 정책을 촉진할 수 있기 때문이다. 이러한 발언들은 대개 사회가 직면한 끔찍한 상황을 경고하면서 자기 조직 내 전문가들에게 그 해결이 달려있다는 식으로 이루어진다. 〈스타워즈〉의 프리퀄을 보면, 팰퍼틴 황제가 클론전쟁 중 자신이 질서를 회복할 기회를 만들기 위해 구공화국Old Republic 의 전복을 총지휘하는 장면이 나온다. 팰퍼틴 스스로 문제를 만들어내고는 그것을 "바로잡겠다"며 재빠르게 나서고, 그에 따른 보상을 거의 자신이 독차지한다. 심리학자들이 곧 시스 로드Sith Lords 라는 이야기를 하려는 것은 아니지만, 유사하다는 점은 부인할 수 없다.

2005년, APA는 폭력적 비디오게임에 대한 첫 정책 성명을 발표했다. 협회는 "폭력적인 내용이 담긴 상호작용적 비디오게임 연구에 대한 종합적인 분석 결과, 폭력적인 비디오 게임에 대한 노출이 a 공격적 행동 b 공격적인 생각 c 분노의 감정을 증가시키는 한편, d 남을 돕고자 하는 행동을 감소시키고 e 생리적 자극을 증가"시킨다고 주장했다[71]. 이 결론은 앞서 언급했던 핫소스와 "날 짜증 나게 하는 사람들에게 그런 내 생각을 말해준다"나 "스스로 비사교적이라 느낀다" 같은 설문 문항을 담았던 바로 그 연구들에 기반한다. 이 정책 성명은 완전히 반-미디어 학자들로만 구성된 전문가팀에 의해 작성된 것이다[72]. 여기에 참여한 연구자들이 자신들이 한 작업을 자기들끼리 평가한 후 별다른 논쟁도 없이 발표한 것인데, 저자들도 언젠가는 꼭 이렇게 해보고 싶을 지경이다. 그들이 작성한 정책 성명에는 해당 연구의 방법론적 한계(예를 들어 그 가운데 실제로 폭력성을 다룬 연구는 하나도 없다는 사실 같은)에 대한 언급이 전혀 담겨있지 않다. 심지어는 폭력적 미디어와 폭력성 간의 그 어떤 상관관계도 찾지 못한 수많은 연구가 존재함에도, 이 정책 성명은 자신들의 결론에 모순되는 연구는 전혀 언급하지 않았다. 대중에게 모순되는 연구 결과의 존재를 알리지 않은 이러한 정책 성명은 대중을 오도할 뿐 아니라 의도적으로 부정직한 것이다.

그러나 APA는 여기에서 아무런 교훈도 얻지 못한 듯하다. 2005년의 정책 성명에 대한 비판에 대응하기 위해, APA는 2013년에 비디오게임의 폭력성에 대한 증거를 재고할 새로운 전문가팀을 꾸리기로 한다[73]. 불행히도 7명으로 구성된 이 새로운 팀 역시 강력한 반-게임적 관점을 가진 이들로 일관되어버렸다. 한 명은 비디오게임의 위험성에 대해 고도로 정치적인 보고서를 제출한 전력이 있었고, 다른 두 명은 2011년의 브라운 대 EMA 재판에서 폭력적 비디오게임에 대한 규제를 지지하는 법정조언자로 활약한 바가 있었다. 어떤 팀원은 폭력적 미디어와 총기 난사 사건 간 상관성을 암시하는 탄원서에 참여한 바 있고, 또 다른 팀원은 상당수의 비디오게임 연구에서 활용되었다가 널리 비판받은 실험실에서의 "공격성" 측정을 승인받는 데에 경력의 상당 부분을 할애해온 사람이었다. 또다시 미디어가 폭력성에 미치는 효과나 실험실에서의 공격성 측정을 의심해본 적 없는 사람들만 참여하게 된 것이다.

APA 전문가 인력의 또 다른 문제는 나이가 너무나 많다는 것이다. 사람의 나이를 따지는 것이 무례한 일이기는 하지만, 각 팀원의 대학 졸업연도를 통해 추정한 나이는 평균 62세였고, 50세 미만은 전무했다! 물론 그 가운데 누군가는 영재였을 수도(또는 뒤늦게 능력을 발휘했을 수도) 있기는 하지만, 대부분의 사람들이 대략 22살 정도에 학사 학위를 딴다는 가정 하에서 추산한 연령이다. 이는 팀원 대부분이 40세 이상일 때 플레이스테이션이 첫 출시되었고, 50대에 임박했을 때 엑스박스가 출시되었다는 의미다. 즉 나이가 많은 연구자들은 성장기에 닌텐도를 위시한 여러 게임 콘솔을 플레이한 경험이 없다는 것인데, 이는 나이 든 연구자들이 상대적으로 젊은 연구자들에 비해 비디오게임을 훨씬 불편해한다는 점을 고려하면 분명 문제가 되는 부분이다[74]. 새로운 예술형식이나 미디어에 대한 불안을 조장하는 주장에 동조하는 집단은 언제나 그 새로운 미디어를 사용하지도, 이해하지도, 그 가치를 존중하지도 않는 나이 든 사람들이기 때문이다.

APA와 같은 집단에 대해 기억해야 할 한 가지는 그들이 중립적인 집단이 아니라는 점이다. 이들은 전문적인 옹호 집단으로 객관적인 관찰자들이 아니다. 사실상 대중들에게 자신의 전문성을 판매하는 집단이다. 단지 좋은 비즈니스 기회를 잡은 것일 뿐 반드시 악의적인 것은 아닐 수도 있다. 그러나 그들이 자신의 전문성을 홍보하고, 영향력을 추구하며, 조직 구성원들에게 자금을 모을 기회를 만들려는 집단이라는 점을 생각하면, 자신들의 정치적 입장과 일치하지 않는 과학적 데이터에 대해 늘 객관적이고 투명하게 접근하지 않을 수도 있음을 알 수 있다. 연구 결과 문제가 될 만한 것이 발견되지 못했다고 솔직하게 말하기보다, 조직의 구성원들이 고칠 수 있는 문제점을 찾아내는 것이 더 이득이 되기 때문이다. 이쯤 되면 2015년 APA가 제시한 해결책이란 것이, 폭력적인 비디오게임에 대한 더 많은 연구를 할 수 있도록 그 구성원을 위한 재정적 지원을 확대하는 것이었다는 사실은 놀랄 일도 아니다.

또 다른 문제는 이런 조직들이 정치적인 함의를 지닌 정책 성명을 만들어내면서 동시에 관련 연구도 발표한다는 것이다. 이해의 충돌 측면에서 문제가 있다. 이런 식으로 작동하는 조직이라면, 자신들의 정책적 입장을 지지하는 연구만 선별하여 활용하고 그렇지 않은 연구들은 거부하고 싶은 유혹을 느낄 수밖에 없다. 많은 경우에 정책 성명을 만드는 전문가팀이나 위원회가 해당 기관에서 출간하는 학술 저널의 연구를 검토함으로써 순환구조가 완성된다. 아무래도 자신들의 저널에 실린 연구의 질적평가가 외부기관보다 덜 엄격하게 이루어질 가능성이 높다. 마이크로소프트가 엑스박스와 플레이스테이션 중 어느 것이 더 좋은 콘솔인지 판단하겠다고 위원회를 조직한다고 생각해보자. 마이크로소프트의 위원회가 플레이스테이션이 더 좋은 콘솔이라고 결정을 내릴 가능성이 있겠는가? 당연히 없다. APA 같은 조직이 돈과 특권, 구성원들의 충성도 그리고 정치적 영향력의 기반이 될 자신들의 생산물을 비평하는 것도 그와 다를 바 없는 것이다.

　아마도 이 모든 것이 어떤 식으로 작동하는지를 보여주는 가장 충격적인 사례는 비디오게임이 아닌, 테러와의 전쟁이 한창이던 시기에 APA가 부시 행정부와 결탁하여 심리학자들이 포로들에 대한 가혹한 심문(즉 고문)을 지원할 수 있도록 윤리 강령을 변경했다는 의혹일 것이다.(우리의 스타워즈 제국 비유가 생각보다 덜 억지스러운 것이었나 보다)[75]. 심리학자들이 가혹한 심문에 참여하도록 허용한 결정이 계속해서 논쟁을 불러온 가운데(APA는 회원들에게 참여를 허가한 유일한 의학계 조직이었다), 2014년 뉴욕타임스의 기자 제임스 리센James Risen 이 APA와 CIA간의 은밀한 대화를 상세하게 폭로했다. 이 만남은 심리학자들이 심문에 참여하는 것을 허용하도록 윤리 강령을 변경하는 데에 초점이 맞춰져 있었고, 그 결정 과정에서 APA 회원들은 대부분 배제되어 있었다. 리센의 기사가 나간 후, APA는 기사 내용과 관련하여 독립적인 조사를 시행하겠다고 발표했다[76]. 그리고 2015년 7월 독립 조사단은 APA가 포로들에 대한 고문을 허용하기 위해 실제로 국방부와 결탁했다고 발표했다(이 보고서는 조사단을 이끌었던 변호사의 이름을 따서 호프만 보고서Hoffman report 라 불린다).

　이 사건으로 미국 심리학계는 큰 위기에 봉착한다. 호프만 보고서 이후 APA에서 여러 명이 해임되었으나, 이 조직의 관리 체계가 지닌 문제점 자체가 개선된 것인지는 아직 살펴볼 데가 많다. 우리는 이에 대해 회의적인데, 정부의 정책에 영향력을 미치기 위해 정부 기관과 지속적으로 만남을 갖는 것은 APA 같은 조직들에게 있어 일반적인 행위이기 때문이다. APA는 고문을 허용하려고 윤리강령까지 변경했는데, 그렇다면 그런 조직이 비디오게임에 대해서 진실을 말하고 있다고 믿어야 하는 이유는 무엇일까?

APA의 폭력적인 비디오게임 담당 전문가팀에 대한 회의론이 일면서 최근 238명의 심리학자와 미디어연구자, 그리고 범죄학자들이 비디오게임과 미디어의 폭력성에 대한 정책 성명 작업에서 물러나라는 공개 서한을 APA에 발송했다. 그러한 정책 성명들이 대중을 오도할 뿐만 아니라 시대착오적이라는 것이다[77]. APA의 정책 성명과 그 기반이 된 연구들을 살펴본 다른 독립적인 기관들 - 호주 정부[78], 스웨덴 정부[79], 영국 정부[80]를 비롯해서 미 하원[81]과 다수의 미 법원 등 - 도 이들 연구에 일관성이 없고 방법론적으로 오류가 많다는 사실을 인지하기 시작했다. 심지어 반-미디어 단체인 커먼센스미디어Common Sense Media 마저 2013년 이 문제를 인정한 바 있다[82].

반-비디오게임 제국은 수상쩍은 정책 성명을 통해 공포의 힘을 이용하는데 성공했을지 모른다. 그러나 그러한 활동에 도전하는 새로운 연구자 집단이 부상하고 있다. 이 반항아들 가운데에는 학계에 오랜 세월 종사해온 기성세대도 존재하지만, 대부분은 비디오게임 시대에 성장한 젊은 연구자들이다. 이들은 스스로가 게임을 하는지 여부와 무관하게, 게임이 어떻게 작동하며 비디오게임이 현대 문화에 어떤 식으로 자리잡았는지를 이해하고 있다. 비디오게임 연구 영역의 속성이 이들에 의해 바뀌고 있다.

반란군 연합(The Rebel Alliance)

여기는 레드 5. 진입한다.

– 루크 스카이워커, 제다이 마스터

2015년 봄 저명한 심리학자 필립 짐바르도Philip Zimbardo는 새로 출간한 책을 홍보하기 위해 영국으로 날아갔다. 짐바르도는 학생들을 임의로 죄수와 교도관으로 할당해서 진행했던 스탠포드 감옥 실험 연구로 가장 잘 알려져 있다. 이 실험에서 놀랍게도 교도관들은 죄수들을 끔찍하리만큼 잔인하게 대했고 이에 연구 조교가 문제를 제기하면서 실험이 중단되었다. 이 유명한 연구는 인간 본성의 악한 측면과 심리학 연구의 수상쩍은 윤리 양쪽을 모두 보여준다. 짐바르도는 책에서 소년과 남성들이 위기를 겪고 있으며, 여성 교사에서부터 비디오게임에 이르는 모든 것이 그 원인이라고 주장했다(짐 바르도 또한 APA의 회장을 역임한 바 있다. 그렇다, 반-비디오게임 정책 성명을 만들어온 그 APA 말이다)[83].

짐바르도는 여러 명의 젊은 게이머와 옥스포드 대학의 심리학 박사 앤드류 쉬빌스키Andrew Przybylski와 함께 BBC에 출연해서, 게임의 고립적 속성로 인해 소년들의 두뇌가 손상되고 있다고 주장했다. 그러나 82세의 짐바르도는 비디오게임이 실제로 어떤 식으로 작동하는지 거의 모르는 것처럼 보였다. 예를 들어 젊은 게이머들은 대부분의 게임이 고립적이지 않고 사회적이며, 수많은 여성과 소녀들 또한 게임을 즐기고 있다고 지적했다. 그러나 짐바르도의 설교를 가장 효과적으로 반박한 것은 쉬빌스키 박사였다. 그는 짐바르도가 인용한 연구의 상당 부분을 잘못 전달하고 있을 뿐만 아니라, 청소년 폭력범죄율의 하락 같은 짐바르도의 "위기" 주장에 모순되는 다른 데이터들을 외면하고 있음을 지적했다[84].

젊은 아버지인 쉬빌스키는 여타 부모들과 마찬가지로 아이들에게 영향을 미치는 요인들에 대해 우려했다고 한다. 그래서 2000년대 중반에 그는 어린아이들과 젊은이들이 비디오게임을 플레이하는 동기에 대해 연구하기 시작한다. 그의 연구는 매우 혁신적인 것이었는데, 믿기 어렵겠지만 그 때까지만 해도 아이들이나 젊은이들이 애초에 왜 비디오게임을 플레이하는지를 묻는 사람들이 거의 없었기 때문이다. 쉬빌스키가 발견한 사실은 사람들이 사회화라든가, 스스로 결정한다는 느낌, 또는 세계에 영향을 미칠 수 있는 뭔가 유용한 일을 하고 있다는 느낌과 같은, 현실에서는 충족될 수 없는 욕구를 충족시키는 비디오게임을 플레이하는 경향이 있다는 것이었다. 이는 타당해 보인다. 서류를 이쪽에서 저쪽으로 옮기며 일을 해야 하는 성인이나 지루한 문제를 풀어야 하는 어린이가 주체성이나 의욕을 느끼기는 쉽지 않을 테지만, 상상의 세계에서 친구들과 함께 몬스터를 죽이거나 전체 내러티브를 완성해간다면 가상현실에서일지라도 그러한 욕구를 구체적으로 충족할 수 있기 때문이다[85].

쉬빌스키는 폭력적인 비디오게임이 플레이어들에게서 공격성을 촉진시킨다는 증거를 찾을 수 없었다. 실제로 쉬빌스키는 폭력적 비디오게임의 위험성을 "증명"하는데 사용됐던 과거의 연구들을 되풀이하려 했지만 불가능했다. 비디오게임의 폭력성이 플레이어의 공격성에 아무런 영향을 미치지 않았기 때문이다. 대신 쉬빌스키는 과거의 비디오게임 연구자들이 폭력성에 미치는 영향과 좌절감에 미치는 영향을 혼동했던 실수를 발견했다. 대개의 비디오게임 연구에서는 참여자들에게 15분 정도의 플레이시간이 주어졌는데, 종종 한 번도 플레이 해본 적 없는 게임이 주어지기도 했다. 많은 경우 폭력적 비디오게임은 다른 게임에 비해 복잡한 편이어서 마스터하기가 힘들다. 따라서 폭력적 비디오게임과 공격성 간의 상관관계는 게임에 담긴 폭력적인 콘텐츠가 아닌 플레이어들이 겪은 좌절감의 결과였던 것으로 나타났다. 쉬빌스키는 연구를 통해 폭력/비폭력 게임의 좌절감 수준을 동일하게 통제하고 비교할 경우 공격성에는 아무런 영향이 없다는 것을 보여주었다[86]. 다시 말해, 과거의 실험에서 폭력적 비디오게임을 한 세션 플레이한 후 찾아낸 공격성의 변화는 게임의 폭력성에 따른 결과가 아니라, 실험을 하는 사람이 비디오 게임과 게임 플레이 경험을 이해하지 못한 결과였다는 것이다.

이 연구 결과를 발표하려던 쉬빌스키는 어려움을 겪었다. 명망 높은 학술지에 리뷰를 위해 초안을 보냈다가 혹독한 비판을 받았기 때문이다. 반-비디오게임 연구자들이 쉬빌스키의 논문을 보고 비디오게임으로부터 아이들을 구하려는 사회적 아젠다를 훼손하려 한다며 비난했던 것이다. 이에 쉬빌스키는 새로운 연구를 추가해서 같은 학술지 ─ 반-비디오게임 제국에게는 꽤나 불쾌했겠지만 ─ 에 끈질기게 제출하여 마침내 실리게 되었다. 오늘날 쉬빌스키는 비디오게임의 영향 연구에 있어 가장 중요한 전문가 중 한 명이다.

반-비디오게임 연구자들에게 호되게 당한 쉬빌스키의 경험은 유별난 것이 아니다. 2005년 USCUniversity of Southern California 의 커뮤니케이션학과에 재직하던 드미트리 윌리엄스Dr. Dmitri Williams 는 동료 마르코 스코릭Dr. Marko Skoric 과 함께 획기적인 연구를 발표했다. 이 연구의 결과는 폭력적 비디오게임에 장기적이고 반복적으로 노출되더라도 공격성이 증가하지 않았다는 것이었다[87]. 이와 같은 결과를 내놓은 연구가 처음은 아니었다. 귀담아들은 이가 몇 명 없어서 그렇지, 이와 같은 연구 결과는 지난 수년 간 지속해서 발표되어왔다[88, 89, 90]. 그러나 비디오게임과 공격성 간 상관관계에 의문을 제기하는 논문 가운데 미디어의 주목을 받은 것은 윌리엄스 박사팀의 연구가 거의 최초였다. 그다음은 아마 예측할 수 있을 것이다. 반-미디어 집단들이 윌리엄스 박사의 연구에 의혹을 제기할 뿐 아니라 경력 자체를 무너뜨리려 들었다. 한 학자는 2007년에 윌리엄스의 연구를 콕 짚어 비평하면서, 해당 연구가 "게임개발사들에 의해 자주 인용"되어왔다는 말을 덧붙였다(자신과 의견이 다른 사람들에게 인신공격을 가해온 전력이 있는 사람이다)[91].

지금이야 존경받는 정년 트랙 전임교수가 된 윌리엄스지만, 조교수이던 당시 시니어 반-비디오게임 연구자들로부터 받았던 괴롭힘에 대해서 지금도 종종 언급하곤 한다.

"제 연구에 대한 보다 강력한 반응은 '비디오게임 연구 영역에 무슨 짓'을 했는가였어요. 어떤 비평가는 제가 수년 간의 발전을 망쳐놓았다고 했죠. 그가 말하는 발전이란 유해한 미디어를 다루는 정책 입안가들의 주목을 끈 것이라 생각합니다. 제가 놀랐던 부분은 어떤 일련의 결론이 다른 결론보다 적절하다고 여겨지는 분위기였어요. 저는 데이터가 들려주는 이야기를 한 것 뿐입니다. 저는 누군가를 돕거나 또는 해치려고 연구를 한 게 아닙니다. 저는 진실을 찾고자 했는데, 제 연구 결과로 나온 진실이 당시의 스토리라인에 들어맞지 않았던 겁니다. 만약 반대의 결과가 나왔더라도 저는 아무렇지 않았을 겁니다. 그런데 그렇지가 않았어요… 그리고 당시에는 꽤 두려웠죠. 저는 아직 새파란 주니어 학자였을 뿐인데 헤비급의 원로학자들이 매우 위협적인 언사를 가했으니까요."

아동의 공격성을 우려하는 전문가들 자신이 그토록 공격적이 될 수 있다는 점 또한 아이러니다. 좋은 행동의 모델이라고는 할 수 없겠다.

좋든 싫든 간에 이러한 상황은 학계가 작동하는 방식이기도 하다. 과학은 종종 정치, 사회적 아젠다, 특정 인물들, 그리고 자아와 연계된다. 시니어 학자들은 자신들의 오래된 신념을 좀처럼 놓으려 하지 않는다. 그리하여 결국 그들은 모든 커리어와 삶을 어떤 이론을 사실로 구축하는데 모두 쏟아붓게 된다. 그런데 만약 그 이론이 틀렸다면, 그들은 무엇을 보여줄 수 있을까?

두 번째 판에서 살펴본 바와 같이 새로운 미디어는 종종 그것이 생소한 기성세대와 마찰을 겪으며, 과학자들이라고 해서 예외는 아니다(저자들도 아직 발명되지 않은 어떤 새 미디어에 대해 불평을 쏟아내다가 커리어가 쫑날지도 모른다!). 기성의 저항에 대항하고, 좋은 자료를 발표하며, 자료가 이야기를 주도하도록 버티는 역할은 새로운 세대의 연구자들이 맡아야 한다. 쉬빌스키와 윌리엄스가 그 예다. 게임 내 경쟁을 제어하는 과정에서 폭력적인 게임의 내용이 사라진다는 것을 발견한 폴 아다치Paul Adachi[92], 폭력적인 게임이 (남을 돕는) 친사회적 행동에 영향을 미치지 않는다는 걸 발견한 모건 티어Morgan Tear[93], 비디오게임 연구에서 활용되어온 전통적인 방법론들의 부적절함과 허접함을 지적한 말테 엘슨Malte Elson[60] 등도 그에 해당한다. 이런 연구 결과를 내놓은 것이 이들만은 아니다 – 폭력적인 비디오게임이 유해하지 않다는 연구의 숫자는 최근 수년 간 크게 치솟고 있다[94, 95, 96, 97, 98, 99, 100]. 사실 너무나 많아서, 유해성이 있다고 지속적으로 주장해온 연구자들은 의도적으로 부정직했거나 놀라운 수준으로 자기를 기만했다고 볼 수밖에 없을 정도다.

이는 반-비디오게임 제국에 있어서는 불길한 징조다. 확실히 비디오게임을 오랫동안 비평해온 학자들은 여전히 폭력적 행동과 관련된 그 어떤 것도 제대로 연구하지 못한 미심쩍은 연구들을 발표하고 있다. 실제로 주의깊게 보면 동일한 연구 제목이 계속해서 등장하는 것을 볼 수 있다! 하지만 이제 이 지점에 이르면 신구(新舊)간의 줄다리기, 기성세력과 신진세력 간의 줄다리기는 끝났다고 할 수 있다. 지구온난화나 흡연이 폐암을 유발한다는 생각은 젊은 학자들 사이에 아무런 반대 없이 수용되었다. 한편 폭력적인 비디오게임이 유해한 결과로 이어질 수 있다는 생각도 학계 내에서 점차 사그라들고 있다. 이제는 더 이상 젊은 연구자가 아닌 중견 학자로 인정 받고 있는 윌리엄스는 비디오게임에 대한 인식의 변화가 결국 과학보다는 단순히 나이와 시간, 그리고 죽음의 결과일 뿐이라 진단했다.

"이 논란이 주변화되는 이유는 세대의 거대한 변화와 주류 미디어의 변화에서 찾을 수 있습니다. 게임에 대한 험담을 듣고 자란 십 대들이 지금 부모, 교사, 정책 입안가들이 되었고, 게이밍아웃했습니다. 전쟁은 끝났어요. 그리고 그 승리는 인구통계상의 변화, 그리고 단순하고 접근하기 쉽고 휴대가 용이한 테크놀로지를 통해 이루어졌지요."

늘 그랬듯 미디어를 두고 벌어지는 이와 같은 도덕적 공황은 시간이 해결해준다. 만화책이 일탈과 동성애를 야기한다는 프레드릭 웨덤의 오래된 경고를 심각하게 받아들이는 사람은 오늘날에는 거의 없다. 오지 오스본과 신디 로퍼의 음악이 자살을 일으키거나 성적 문란을 초래한다는 1980년대 티퍼 고어와 의회의 주장 또한 마찬가지다. 비디오게임에 둘러싸여 성장한 X세대가 이제 사회에서 권력을 쥔 위치에 올랐고(기자, 과학자, 정치가 등), 사람들은 더 이상 비디오게임을 걱정하지 않을 것이다. 십수 년이 지나고 나면 폭력적 비디오게임에 대한 공황은 예전에 배트맨과 로빈을 두고 벌어졌던 공황처럼 진기한 사건이 될 것이다. 사회과학이 대중문화와 전쟁을 벌여 성공한 적은 거의 없다.

그러나 불행히도 많은 사회과학자들이 도덕적 공황에 일단 뛰어들기 때문에, 우리는 끝까지 싸워야 한다. 폭력적인 비디오게임이 학교 총기 난사와 광란의 살인, 기타 현실 세계의 온갖 잔혹한 폭력 행위들에 책임이 있다고 주장하는 시니어 연구자, 정치가, 기자 등으로 구성된 집단은 여전히 매우 활발한 활동을 이어가고 있다. 우리의 〈스타워즈〉 스토리상 "악의 제국"은 데스스타처럼 폭발하지는 않을 것이다. 대신 지금과 헤드라인을 위해 마지막까지 싸우면서 점차 쇠약해질 것이다.

이러한 가운데 지금까지도 비디오게임의 폭력성과 현실의 폭력적 행위간의 상관관계를 실제로 연구한 사람은 거의 없다는 것 또한 사실이다.

이스터 에그

1. 통계학에 정통한 독자들을 위해 설명하자면, 이 연구들에서 평균 효과 크기는 (피어슨 상관계수를 활용) 극도로 작았는데, 상관계수값이 .06에서 .18인 것으로 나타났다.

2. 군이 폭력적인 비디오게임을 병사들의 살인 훈련을 위해 활용한다는 주장은 불분명하다("말도 안 된다"는 게 아마 더 정확한 표현일 것이다). 저자 중 한 명(퍼거슨)은 이 문제에 대해 군의 심리학자와 인터뷰를 진행한 적이 있다. 그는 질문을 받고 당황스러워하면서, 군이 원하는 것은 문제를 이성적으로 고민해서 해결할 수 있는 전문적인 병사이며… 움직이는 모든 것들을 향해 거칠게 총을 쏴대는 자경단원이 아니라고 주장했다. 그는 또한 군이 비디오게임을 활용하는 것은 맞지만, (〈둠〉 같은 게임이 아니라) 의사 결정과 팀 퍼포먼스와 같은 기술 숙련을 위한 시뮬레이터를 사용하고 있으며, 살인에 대해 무감각해지도록 만드는 데 사용하는 것이 아니라고 덧붙였다

네 번째 판:

그랜드 테프트 오류
(Grand Theft Fallacy)

십 대 청소년 여섯 명이 야구방망이와 쇠지렛대를 들고 뉴욕 도심 한 가운데를 대범하게 걸어갔다. 그들은 지나가던 사람을 때려눕히고는 차량보관소에 침입했고, 2008년형 BMW를 훔치려다 경찰에 붙잡혔다. 처음에는 흔한 폭력배거나 세상에 불만을 품고 막 나가는 청소년인 걸로 여겼다. 그런데 경찰 조사에서 완전히 다른 결과가 발표됐다. 이들이 구제불능이거나 분노해서가 아니라, 비디오게임 때문에 범죄를 저질렀다는 것이다[101].

〈그랜드 테프트 오토Ⅳ〉는 플레이어가 주인공 니코 벨릭Niko Bellic 을 컨트롤해 뉴욕을 모방한 가상도시 리버티시티Liberty City 를 자유롭게 돌아다니는 게임이다. 컴퓨터가 만들어낸 이 세계에서 플레이어는 차량 탈취, 폭행, 강도 등을 비롯한 수

많은 범죄를 저지를 수 있다. 리버티시티에서 니코 벨릭이 벌이는 짓과 앞서 사건의 뉴욕 청소년들이 저지른 일의 양상이 너무나 유사한 나머지, 담당 형사는 이 아이들이 "특히 폭력적인 게임인 〈그랜드 테프트 오토〉의 주인공 니코 벨릿을 흉내 내서 강도짓을 벌이기로 했다"고 발표했다. 신문도 "십대들이 '그랜드 테프트 스타일의 광란'을 벌였다"나 "비디오게임에 등장하는 악당이 현실이 되다"와 같은 헤드라인을 띄우며 이 이야기에 뛰어들었다[101, 102].

물론 〈그랜드 테프트 오토〉가 폭력 행위와 연관된 것이 이때가 처음은 아니다. 2003년의 윌리엄 버크너와 조슈아 버크너William and Joshua Buckner 사건, 같은 해 벌어진 데빈 무어Devin Moore 의 경찰 총격 살인 사건, 2004년 코디 포지Cody Posey 의 살인사건, 2008년 강간과 중상해죄를 저지른 라이언 쉬너리Ryan Chinnery 사건, 같은 해에 벌어진 스티븐 아타드Stephen Attard, 새뮤엘 필립Samuel Philip, 딜런 레어드Dylan Laird, 재스프릿 싱Jaspreet Singh 의 강도 및 폭행 사건, 2013년 〈그랜드 테프트 오토 4〉가 발매되고 단 4일 뒤에 벌어진 재커리 버지스Zachary Burgess 의 차량 탈취 및 납치 사건 등 수많은 사건이 〈그랜드 테프트 오토〉 시리즈와 연관지어졌다. 〈콜 오브 듀티〉나 〈모탈 컴뱃〉, 〈둠〉과 같은 다른 게임들도 현실 폭력 사건과 연결 지어지긴 했지만, 가장 자주 언급되는 게임은 〈그랜드 테프트 오토〉다. 너무나 자주 언급된 나머지 학계에서는 폭력적 게임의 대명사로 통할 정도다. 이처럼 폭력 사건을 범인의 게임 습관과 연관시키는 경향에는 "그랜드 테프트 오류"라는 이름이 제격일 듯하다.

그랜드 테프트 오류를 가장 극적으로 보여준 것은 크리스토퍼 해리스Christopher Harris 의 살인사건 공판이었다. 사건의 시작은 2009년 9월 밤새 술을 마시고 코카인을 흡입한 크리스토퍼와 동생 제이슨이 릭과 루스Rick and Ruth Gee 가 사는 집으로 향하면서였다. 릭은 크리스토퍼 전처의 아버지였는데, 크리스토퍼와 제이슨 형제가 왜 새벽 1시에 릭과 루스의 집으로 향했는지는 정확히 밝혀지지 않았다. 그러나 크리스토퍼가 집에 들어선 순간 모든 상황이 끔찍해졌다는 것은 분명했다. 그는 릭과 루스뿐 아니라 세 명의 아이들도 사망에 이를 만큼 가혹하게 폭행했다. 릭과 루스의 세 살짜리 딸만이 유일하게 살아남았다[103]. 범행 후 형제는 빠르게 현장을 떠났지만, 증거는 명백히 이들을 가리켰고, 동생 제이슨은 실제 살인을 저지른 형 크리스토퍼에 불리한 증언을 하기로 동의한다.

의뢰인에게 불리한 증거가 수없이 많은 상황에서 크리스토퍼의 변호인단은 선택의 여지가 없었고, 이에 획기적인 대안적 범죄 이론을 만들어낸다. 애초에 이들 형제가 릭의 가족을 죽인 것이 아니라는 주장이었다. 크리스토퍼가 우연히 릭의 14살짜리 아들 딜런Dillen이 가족을 살해하는 것을 목격했고, 그래서 자기방어 차원에서 딜런을 죽일 수밖에 없었다는 것이다. 이 논리를 지원해줄 사람으로 변호인단이 소환한 인물은 오랫동안 비디오게임을 비판해왔던 사회심리학자 크레이그 앤더슨이었다. 앤더슨은 딜런에게 폭력 성향이 있었으며, 그 이유는 폭력적인 비디오 게임 〈모탈 컴뱃〉(3천만 카피 이상 팔린 미국산 베스트셀러 격투게임)을 좋아했기 때문이라고 말했다[104]. 그런 게임이 아이에게 가족 살해를 부추긴다는 점을 납득시키기 위해서 배심원들에게 〈모탈 컴뱃〉의 3분짜리 플레이 영상까지 보여줬다. 이와 같은 앤더슨 박사의 증언이, 이미 사망한 14살 딜런이 자기 가족을 살해했다는 것, 그리고 그 딜런을 타이어 지렛대로 52번 내리치면서도 자기 손에는 겨우 작은 물집 하나 생긴 크리스토퍼는 그저 지나가던 결백한 사람이었다는 것을 배심원들에게 납득시키기 위함이었다는 점을 명심할 필요가 있다. 단순히 어떤 학자가 모 학술지에 자기주장을 펼치는 데에 그친 것이 아니다. 그랜드 테프트 오류의 현실적인 사례인 것이다. 존경받는 과학자라는 앤더슨 박사가 희생자 중

한 명이 격투게임을 즐겨 플레이했다는 이유만으로, 가족 전체를 잔인하게 살해한 피고의 혐의를 벗겨주는 증언을 한 것이다(내막을 다 공개하자면, 이 책의 저자 중 한 명이 이 사건에 검찰측 참고인으로 참여했다).

다행스럽게도 교차확인 끝에 앤더슨의 증언은 빠르게 무력화되었다. 우선 그는 면허가 있는 임상 심리학자가 아니었음에도 특정 개인의 폭력성을 유발하는 위험 요소들을 언급했는데, 이는 일반적으로 임상의 면허를 취득한 심리학자들이 할 수 있는 일이다(사회심리학자는 임상의 면허가 없다). 앤더슨은 또한 살아남은 가족이나 평소 딜런과 알고 지내던 사람들을 인터뷰한 적도 없고, 변호인단이 제공한 정보를 제대로 검증하지 않았다는 점도 시인했다. 실제로 딜런의 게임플레이 이력도 경미했던 것으로 밝혀졌다. 집에 〈모탈 컴뱃〉이 있었던 것은 사실이나 오래된 버전이었고, 콘솔을 조사한 결과 그다지 많이 플레이하지도 않았다. 앤더슨은 나아가 폭력적인 비디오게임을 플레이하는 것과 폭력 행위 간의 유의미한 연관관계를 다룬 연구가 없다는 것, 그리고 그 자신도 〈모탈 컴뱃〉을 플레이한 적이 있으나 그 결과 폭력적인 사람으로 변하지 않았다는 것, 대부분의 소년들이 폭력적인 게임을 한다고 해서 공격성을 분출하지는 않는다는 것도 인정했다. 뿐만 아니라 자신과 같은 학자들이 "폭력적인 비디오게임"을 규정할 때 사용하는 기준에 따르면 〈팩맨〉 류의 게임 또한 "폭력적인 비디오게임"에 해당한다는 사실도 인정했다. 2011년의 대법원 판결이 그에게 비판적으로 나온 것에 대해, 앤더슨 박사는 비디오게임 업계가 판결에 도움을 주었을 것이라는 음모론을 펼쳤다. 당시 재판에 참여했던 어떤 지방 검사는 앤더슨의 증언이 "내가 들어본 증언 중에 가장 공격적인 증언"이라고 중얼거리기도 했다. 결국 크리스토퍼 해리스는 유죄 판결을 받았다. 크리스토퍼 해리스의 살인사건 재판은 누구라도 그랜드 테프트 오류를 저지를 가능성이 있음을 확인시켜주는 엄중한 사건이었고, 그 오류가 결코 무해하지 않다는 것도 보여주었다. 미심쩍은 이론과 그 아래 깔린 실패한 논리는 광범위한 의미를 가질 수 있으며, 현실에 살고 있는 비-가설적non-hypothetical 인간의 일상에 영향을 끼칠 수 있다.

그랜드 테프트 오류는 상상의 연관성으로부터 시작된다

우리 인간이 그랜드 테프트 오류에 취약한 이유는 많은 사람들이 사다리 아래를 걷거나 유리가 깨지면 운이 나쁘다고 믿거나, 13일의 금요일에는 나쁜 일이 생긴다는 미신을 믿는 이유와 같다. 두 개의 사건이 동시에 벌어지는 상황의 빈도를 과도하게 평가하는 나쁜 습관이 있기 때문이다. 예를 들어 13일의 금요일에 나쁜 일이 많이 벌어진다고 믿는다면, 그 하루 동안 벌어지는 부정적인 사건에 더욱 주목하기 쉽다. 그날 오후 여자친구에게 차이거나, 자전거에서 떨어져 손목이라도 부러지게 되면 13일의 금요일을 책망하는 것이다. 열심히 플레이한 게임의 저장 데이터가 날아갔다… 이것도 13일의 금요일 탓이다!

물론 이런 사건들이 다른 날에 벌어졌다면, 그것을 특정한 날짜 탓으로 돌리지 않을 것이다(실제로 저자 중 한 명이 자전거에서 떨어져서 손목이 부러진 적 있었는데, 그날은 8일이고 일요일이었다. 망할 8일의 일요일 같으니라고!). 우리는 기존에 믿던 신념에 들어맞는 사례들만 추려서 기억하는 경향이 있다. 이러한 경향은 "착각 상관illusory correlation"으로 이어진다. 착각 상관은 사실상 아무 관련이 없는 두 사건이 연결되어있다는 잘못된 감각을 만들어낸다[105].

이것이 정확히 폭력적 비디오게임과 폭력 범죄를 두고 벌어지는 현상이다. 앞서 콜럼바인 사건과 샌디훅 사건 이후에 벌어진 상황에서 보았듯, 언론은 살인자들이 비디오게임을 플레이하더라는 것을 빠르게 포착해낸다. 사실 열렬한 비디오게임 플레이어가 끔찍한 폭력 행위를 저지를 때면 언론은 항상 폭력적인 행위와 살인자가 좋아한 비디오게임을 연결짓는다. 이때 생략된 것은 수많은 범죄가 폭력적인 비디오게임을 플레이하지 않은 사람들에 의해 발생하고, 폭력적인 비디오게임을 플레이하는 수백만의 또 다른 사람들은 폭력 행위를 저지르지 않았다는 사실이다. 비-게이머에 의한 범죄가 발생했을 때 비디오게임과 폭력 행위 간의 연관관계가 없음에 대해서는 아무도 언급하지 않는다. 이는 의도적이라기보다는 우리가 일을 하는 방식 탓이라 할 수 있다. "총기 난사범이 '사실은 비디오게임에 "무관심"했다!'라는 문장은 헤드라인감이 아닌 것이다. 불행히도 이와 같은 정보 불균형으로 인해 폭력적인 비디오게임과 현실의 폭력 범죄 간의 착각 상관이 만들어진다.

더 불편한 사실은 특별히 인상적이고 기억에 남는 사건일수록 착각 상관이 형성되기가 더 쉽다는 것이다[106]. 애덤 랜자가 샌디훅 초등학교에서 20명의 어린이와 6명의 성인을 향해 총기를 난사했다는 소식을 처음 들었을 때를 떠올려보자. 여러분은 아마 당시 어디에서 무엇을 하고 있었는지, 누구와 함께 있었는지, 무엇을 듣고 보았는지를 기억할 수 있을 것이다. 우리가 이를 또렷하게 기억하는 이유는 충격적인 사건이 유발하는 감정 때문이다. 그리고 그 사건에 대해 반복적으로 듣게 되면서 우리의 기억도 계속해서 상기되고, 나아가 견고해진다. 이와 유사한 것이 존 F.케네디 암살이나 챌린저호의 폭발, 9.11과 같은 충격적인 사건이 유발하는 "섬광기억flashbulb memory"이다. 그래서 우리는 게이머에 의한 폭력 사건이 쉽게 기억난다는 것과 실제로 발생한 빈도를 혼동한다. 총기 난사 사건이 학교에서 벌어지면 우리는 그 사건이 감정적으로 고통스럽기 때문에 쉽게 기억하게 된다. 언론이 이러한 사건들을 보도할 때에 자주 범인의 게임 습관을 언급하기 때문에 우리는 폭력적인 비디오게임을 플레이하는 사람이 범죄를 저지르는 빈도를 과장해서 기억하게 되는 것이다. 이것이 그랜드 테프트 오류가 우리 내면의 집합적인 신념체계에 더욱 확고하게 구축되는 과정이며, 왜 그토록 많은 사람이 〈모탈 컴뱃〉이나 〈그랜드 테프트 오토〉 같은 게임의 플레이어를 우리 사회에 심각한 위협이 된다고 여기는지 설명해준다.

착각 상관을 깨닫고 극복하더라도 그랜드 테프트 오류는 존속한다. 과학적 연구의 한계점을 고려하지 않는 경향이 있기 때문이다. 앞서 세 번째 판에서 지적했듯, 폭력적 비디오게임에 대한 모든 연구는 일상적인 결과 – 예컨대 다른 이들에게 불편한 소리를 내거나 불편한 감정을 알리는 것, 또는 매운 음식을 싫어하는 사람한테 매운 소스를 건네는 것 등 – 에 초점을 맞춘다. 그러한 결과가 괴짜스럽거나 비우호적인 태도와 연관이 있을지는몰라도, 누군가에게 큰 소리를 내지르거나 핫소스를 건네려는 욕망이 총기 난사를 저지르는 경향과 어떤 식으로든 유사하다고 보는 것은 명백히 그랜드 테프트 오류에 해당한다.

그랜드 테프트 오류를 저지르는 과학자들은 종종 일종의 순환논법으로 자신을 정당화하곤 한다. 폭력적인 비디오게임이 현실에서의 실제 폭력 행위의 원인인지 여부를 탐구할 수 있는 실험연구는 설계가 불가능한데, 왜냐하면 사람들의 폭력적 성향을 증가시키리라 추측되는 상황에 사람들을 노출시킴으로써 그들이 타인에게 가해하는 상황을 관찰하는 것은 비윤리적이기 때문이라는 것이다. 이는 사실이다. 〈콜 오브 듀티〉의 데스매치를 플레이한 후 서로를 향해 폭력을 가할 수 있는지에 대한 실험연구를 승인해줄 대학은 없을 것이다. 위와 같은 주장에는 그러한 폭력행위 연구가 허용된다면 사람들이 폭력적인 비디오게임에 노출되었을 때 보다 폭력적으로 변한다는 것이 쉽게 증명될 것이라는 과학자들의 숨은 의도가 깔려 있다(**이스터에그** 1번 참조). 그리고 물론, 이는 명백히 거짓이다. 백여 편이 넘는 연구에서 만 명이 넘는 무작위 인원이 실험실에서 폭력적인 비디오게임에 노출되었다. 이러한 연구를 하는 과학자들이 윤리적인 이유로 인해 비디오게임이 핫소스를 건넬지 여부를 결정하는데 미치는 영향보다 더 위험한 실험을 할 수 없었다손 치더라도, 그들의 논리에 따르면 폭력적인 비디오게임 플레이를 요구받은 연구 대상 중 최소한 일부는 다른 연구 대상이나 연구자, 또는 무관한 행인 등을 공격했을 가능성이 있다. 그러나 현재까지 실험실에서 폭력적인 비디오게임을 플레이한 실험 대상자가 연구실을 박차고 나가 누군가를 때리거나 폭력범죄를 일으킨 경우는 단한 번도 없었다. 즉, 비디오게임을 플레이한 사람이 폭력적으로 행동하는 것을 실제로 목격한 과학자는 없는 것이다.

상관관계는 인과관계가 아니다!

실험실에서 〈그랜드 테프트 오토〉를 플레이하도록 요구받은 피실험자가 타인을 핫소스병으로 악랄하게 공격하는 정도로 자제한 이유는 폭력적인 비디오게임의 영향력이 이러한 상황의 행동에 대한 사회적 규범을 극복할 만큼 충분히 강력하지 않았기 때문이라고 볼 수 있다. 이것이 사실이라면 폭력성을 연구하는 실험실 연구의 유용성에는 한계가 있으며, 다시 말해 어떤 사람이 폭력적으로 변하는 이유를 더 잘 이해하려면 실험실 밖으로 나갈 필요가 있다는 뜻이다. 범죄학, 사회학, 심리학, 경제학에서 폭력 범죄의 경향을 연구하는 이유가 바로 이것이다. 예를 들어 범죄 데이터를 연구함으로써 과학자는 "열 효과heat effect"를 증명할 수 있었는데, 이는 불편할 정도로 기온이 높을 때 폭력적인 행동이 증가한다는 이론이다.

실제로 FBI의 살인사건 및 가중처벌 폭행 사건 보고서는 비교적 더운 도시에서 폭력 사건 발생률이 높은 것으로 나타나며, 따라서 폭력 사건이 기온 변화에 따라 변동하는 경향이 있다고 분석한다[107].

그런데 더운 열기가 사람들이 범죄를 저지르는 진정한 원인인지 아닌지를 어떻게 주장할 수 있을까? 대부분의 사람이 "상관관계가 인과관계를 의미하는 것이 아니다"라는 과학계의 격언을 알고 있다. 다시 말해 두 사건이 서로 연관되어 있다고 해서 한 사건이 다른 사건의 원인인 것은 아니라는 뜻이다. 예를 들어 아이스크림 매출과 폭력 사건 간에는 강력한 연관성이 존재한다. 아이스크림을 즐기는 사람이 많을수록 거리에서 더 많은 피를 흘리는 경향이 있다는 것이다! 그러나 그렇다고 해서 아이스크림을 금지해야 한다거나 아이스크림이 우리 사회에 심각한 위협을 가하고 있다고 주장하는 이는 없을 것이다. 유명 아이스크림 브랜드 벤앤제리스의 체리 가르시아 아이스크림이 범죄 소굴의 원인이라고 간주하는 것이 어불성설임을 우리 모두 잘 알고 있다. 그리고 이 상황은 간단하게 설명될 수 있다. 아이스크림 매출이 오르는 여름에는 더운 날씨 때문에 폭력 행위 또한 동반 상승한다는 것(바로 열 효과)이다. 다시 말해 아이스크림이 많이 팔릴수록 범죄율이 올라간다는 둘의 관계는, 하나가 다른 것의 원인이 되어서가 아니라, 제3의 요인인 더운 열이 두 요인을 동반 상승시키기 때문이다. 이 문제를 해결하기 위해 연구자들은 문제적인 요인들을 "통제"하거나 잠재적인 영향을 제거하는 통계 분석을 실시한다[108]. 그 결과는 우리가 열의 효과를 통제하면 아이스크림과 살인 간의 상관관계가 사라진다는 것이었다. 휴!

이러한 과정이야말로 폭력적인 경향이 열이나 아이스크림 또는 비디오게임과 같은 것들과 상관관계에 있는지 확인할 때 과학적으로 거쳐야 할 일이다. 만약 어떤 요인 간에 상관관계가 나타나면 - 아이스크림과 폭력성이 그렇듯 - 우리는 그 상관관계를 성립시키면서 연구대상인 특정 변인에 영향을 미치는, 이를테면 더운 열과 같은 또 다른 변인을 찾아 나서고, 이를 설명하기 위해 최선을 다해야 한다. 경제, 계절, 인구 특성, 교육 수준, 경찰의 존재감, 범죄자 수감률 등 가능한 많은 변인을 고려할수록, 우리가 발견한 연관성이 실재한다는 확신이 더 커진다. 열 효과를 연구한 학자들은 바로 이와 같은 작업을 통해 연관성을 설명하는 기타 요인이 없음을 발견한 것이다. 그리고 그 결과가 매우 설득력이 있어서 열 효과가 정확하다고 간주하게 되었고, 이를 바탕으로 높은 기온이 실제로 폭력성의 중요한 원인이라는 결론에 이를 수 있었던 것이다[109].

크게 보면 열 효과는 기후 변화에 따른 지구 온난화가 환경적 재앙일 뿐 아니라, 폭력성을 대규모로 유발할 수 있다고 호소한다[110]. 비록 열 효과가 〈매드맥스Mad Max〉 수준의 기후 디스토피아를 만들어낼지는 알 수 없지만, (확실히 차분해지는) 추운 겨울보다는 더운 여름에 도시에서 폭력 범죄의 희생자가 될 위험성이 높다는 것은 꽤 분명하다. 그러므로 열 효과에 따른 위험을 피하려면, 리비아나 이라크행 여행은 취소하고(두 도시 모두 섭씨 50도까지 오를 수 있다) 남극행 비행기를 타야 할 것이다(남극 대륙은 영하 50도로 떨어질 수 있으니 무지 두터운 방한복도 챙겨야 할 것이다).

어떤 사람들이 지구의 온도 상승으로 인해 폭력을 당할 위험성이 높아질 것이라 믿듯이, 폭력적인 비디오게임을 두려워하는 사람들은 그 게임들이 인기를 얻으면 이 세상이 살기 위험해지리라 우려한다. 그렇다면 일본이나 영국을 방문할 때는 그곳에서 수많은 게이머들에게 둘러싸이게 될 것임을 인지할 필요가 있다. 이들 나라에서는 인구 10만 명당 매년 미화 600만 달러 이상이 비디오게임에 소비된다. 그러나 "보다 안전한" 곳으로 휴가 계획을 변경하기에 앞서, 세계에서 비디오 게임 매출이 가장 높은 20개국의 그래프를 참고해보자[111].

게임 매출 현황(인구 10만 명당)

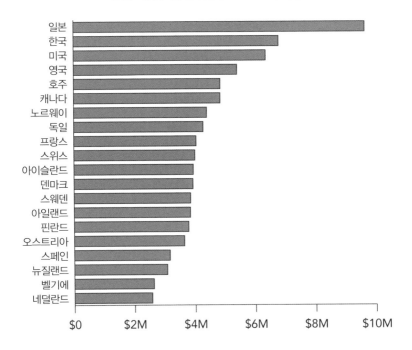

표에 나온 대부분의 국가는 꽤 안전한 곳이다. 미 국무부도 거리마다 게이머들이 우글거리는 도쿄나 런던 방문에 대해 경고한 적이 없다. 워싱턴에 소재한 인텔 센터IntelCenter는 피해야 할 여행지로 이라크, 나이지리아, 소말리아, 아프가니스탄, 레바논, 예멘 등을 지목하는데, 이들 지역은 세계에서 가장 폭력적인 장소에 해당한다[112]. 그러나 이 지역의 폭력성이 〈그랜드 테프트 오토〉나 〈콜 오브 듀티〉 같은 게임 탓이라고 말할 사람은 없을 것이다. 정치적 불안정이나 종교적 극단주의, 군사주의, 지속되는 내전, 기근, 부패한 정부 등이 그 원인임을 이미 알고 있기 때문이다. 사실 이들 국가에는 비디오게임을 플레이하는 사람이 거의 없다. 레바논의 경우 매년 비디오게임에 소비되는 평균 금액이 미화 84센트에 불과하다! 비디오게임이 우리 사회의 안전을 해친다고 주장하는 사람들은 세계의 다른 나라의 상황을 고려하지 않았다. 그러나 데이터는 많은 사람이 폭력적인 비디오게임을 플레이하는 지리적 장소가 그렇지 않은 곳에 비해 훨씬 더 안전하다는 사실을 보여주고 있다.

그러나 이는 지나치게 단순화한 결론이라고 볼 수도 있다. 정치적 불안정이나 군사적 극단주의 같은 요인들이 너무나 강력한 나머지 폭력적 비디오게임의 부정적인 효과를 덮어버린 것일 수도 있기 때문이다. 그렇기에 이런 극단적인 위험에 처해 있지 않은 국가들에서 연구를 진행할 필요가 있다. 예를 들어 비디오게임이 가장 대중화된 20개 국가는 일반적으로 전쟁과 같은 끔찍한 상황에 놓여 있지도 않으며, 비디오게임 매출의 수준과 폭력 범죄 발생률 또한 다양하게 나타난다. 이들 국가는 비디오게임이 사회를 위험하게 만든다는 공포와 달리, 그 반대의 경향이 참이라는 것을 보여준다. 아래의 그래프에서 볼 수 있듯, 비디오게임 소비가 가

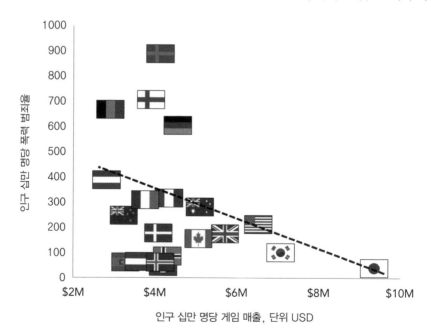

인구 십만 명당 게임 매출, 단위 USD

장 많은 국가들은 사실 세계에서 제일 안전한 국가에 속한다. 사실 게임 매출이 가장 적은 세 나라에서 다른 국가 대비 거의 200% 가까이 더 많은 폭력 범죄가 발생한 것으로 나타난다[113].

조사 대상의 국가들이 모두 선진국에 해당하긴 하지만, 이 국가들에 폭력 행위에 대한 비디오게임의 영향이 상쇄될 수 있는 나름의 변수가 있을 수도 있다. 다시 말해, "열 효과"에 기여할 수 있는 여러 요인을 통제하는 것이 중요했던 것처럼, 여기서도 다른 요인들을 고려해야 한다는 것이다. 비디오게임 매출이 높은 국가들은 젊은 남성의 수가 적거나(이렇게 말하기 미안하지만, 남성의 수가 적을수록 폭력 범죄의 빈도가 낮아지는 경향이 있다), 경제력이 좋거나 또는 기술적으로 진보한 나라일 가능성이 높다. 그러나 열 효과의 경우와 마찬가지로, 다른 가능성 있는 원인을 고려할지라도 비디오게임이 특히 인기 있는 국가들에서 살인 및 폭력적인 폭행 사건 발생률이 그렇지 않은 국가들에 비해 낮게 나타난다는 발견은 여전히 유효한 결과다!

비디오게임은 어디에나 있다!

비디오게임 산업의 시작은 1971년 〈컴퓨터 스페이스〉라는 최초의 동전투입식 게임기였지만, 널리 주목받기 시작한 것은 1977년 아타리 2600 콘솔이 출시되면서였다. 첫 번째 판에서 언급했듯이 지난 40여 년 동안 비디오게임 산업은 수백 개의 기업이 활약하는 820억 달러 규모의 전세계적 산업(2017년 기준)으로 성장[114]했다. 게이머라면, 또는 게임 판매매장인 게임스탑GameStop을 지나쳐본 사람이라면 이러한 규모가 그리 놀랍지 않을 것이다. 미국에서 게임은 어디에나 있기 때문이다! 우리의 거실, 컴퓨터 화면, 그리고 휴대폰에도 게임이 있다.

지구가 갈수록 따듯해지는 것만큼이나 비디오게임도 갈수록 유례없는 열기를 더해가고 있다. 그와 함께 우리는 이와 같은 비디오게임의 인기 상승이 더 큰 폭력성으로 이어지리라는 일부의 믿음을 바탕으로 그랜드 테프트 오류가 작동하는 것을 목격했다. 한편 아래의 표는 1978년에서 2011년 사이 비디오게임에 소비한 금액의 규모(각 수치는 인플레이션을 고려하여 조정되었다)와 동일 기간 폭행 및 살인 사건 발생 추이를 보여준다.

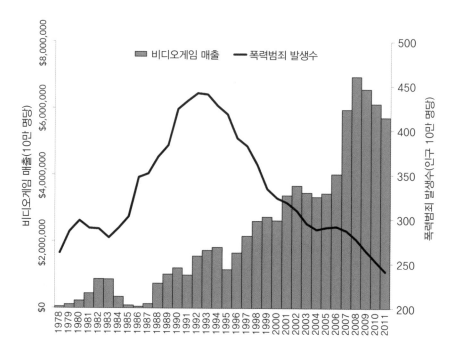

비디오게임이 폭력성 증가와 연관이 있다는 주장과 달리, 지난 20여 년 간 비디오게임의 인기가 폭발적으로 상승한 가운데 폭력 범죄가 극적으로 줄어든 것을 볼 수 있다. 예를 들어 1992년 이래 비디오게임의 매출이 267% 증가한 가운데, 미국 내 폭력범죄는 42% 감소라는 인상적인 수치를 기록했다[115]! 폭력범죄의 갑작스러

운 감소는 미국이 폭력적인 텔레비전과 비디오게임 탓에 범죄 급증 상황으로 치닫고 있다고 예측해왔던 연구자들과 미디어 과학자들에 놀라움을 안겼다.

그러나 속단하기에 앞서, 일단 미국인들이 〈모탈 컴뱃〉의 페이탈리티나 〈콜 오브 듀티〉에서 적을 절단내는 것을 좋아한다고 해서 그것이 폭력성이 가파르게 감소한 주요 원인은 아니라는 것을 언급하고 싶다. 폭력성의 전반적인 감소는 거리에 경찰이 더 많이 배치되고 마약의 유행이 종결된 것, 그리고 낙태의 합법화에 따른 결과라 할 수 있다[116]. 회의론자라면 이와 같은 강력한 요인들이야말로 비디오게임 매출과 폭력성이 반대로 나타나는 원인이라고 결론 내릴 수도 있을 것이다. 그러나 다양한 인구통계학적 요인과 경제적 요인으로 비디오게임이 대중화된 국가들이 상대적으로 평화롭다는 발견을 설명할 수 없듯이, 미국 내 폭력 범죄가 전반적으로 감소했다는 점이 위의 표에 나타난 반비례 관계를 설명해주지 못한다. 폭력성과 비디오게임 매출의 전반적인 경향을 통제할 경우에도, 비디오게임이 예외적으로 인기가 있었던 시기가 미국에서 가장 안전했던 시기[115]라는 것이 분명하게 나타나기 때문이다.

살인을 위한 전략 가이드?

대부분의 비디오게임이 어떤 형태로든 폭력성을 포함하고 있기는 하지만, 우리가 방금 언급한 매출 추이가 극히 폭력적인 비디오게임의 플레이 시기와 정확히 일치하지 않을 가능성도 있다. 만약 이러한 게임들이 정말로 사람들을 폭력적으로 만든다면, 사람들이 〈그랜드 테프트 오토〉의 리버티시티 거리에서 미친듯이 날뛸 때 현실의 폭력 범죄도 극적으로 증가하리라는 예측이 가능할 것이다.

안타깝게도 폭력적인 비디오게임이 사람들의 폭력성에 미치는 영향을 연구하기 위해 사람들이 실제로 비디오게임을 플레이하는 순간을 정확히 알아내기란 쉬운 일이 아니다. 사람들이, 특히 살인을 저지르는 사람들이라면 자신의 집에서 〈콜 오브 듀티〉를 플레이하는 장면을 관찰하기 위해 심리학자들이 방문하는 것을 반기지 않을 것이기 때문이다.

이 문제를 해결하는 한 가지 방법은 특정한 비디오게임을 플레이하는 사람이 수행할 만한 다른 행동을 연구하는 것이다. 예를 들어 플레이어들은 게임 플레이의 원활한 진행을 위해 종종 "워크스루Walkthrough"나 전략 가이드를 활용하곤 한다. 이러한 전략 가이드는 플레이어들에게 어려운 레벨을 뚫는 팁을 주거나 게임 경험 자체를 바꿀 수 있는 코드를 제공하기도 한다. 인터넷이 보급되기 전까지 인기 게임의 전략 가이드는 백만 부가 넘는 판매고를 기록하기도 했다. 당시 슈퍼닌텐도 옆에는 흔히 〈스트리트 파이터 2〉나 〈슈퍼 메트로이드Super Metroid〉를 위한 닌텐도 플레이어 가이드Nintendo's Player Guide가 놓이곤 했다. 오늘날에는 구글링을 통해 이러한 가이드를 구할 수 있는데, 가장 유명한 사이트 중 하나가 GameFAQs다.

〈콜 오브 듀티〉에서 캐릭터에 맞는 장비를 알고 싶다면? 구글에서 "콜 오브 듀티 공략"를 검색하면 온라인 데스매치 순위가 확 올라갈 것이다. 〈그랜드 테프트 오토〉를 플레이하다가 자꾸 죽는다면? 검색엔진에 "그랜드 테프트 오토 워크스루"만 입력하면 그 미션에서 어떻게 해야 살아남을 수 있는지 금방 배울 수 있다. 이렇게 게임을 하면서 검색을 통해 가이드를 구하는 일은 결코 드물지 않다. 2008년 4월 29일 〈그랜드 테프트 오토4〉가 출시되자마자, 구글에서 "walkthrough Grand Theft Auto"의 검색량이 경이롭게도 1,180% 증가했다. 이토록 검색량이 증가한 이유는 수백만 명의 사람들이 이 폭력적인 비디오게임을 적극적으로 플레이하기 때문이다. 그랜드 테프트 오류를 저지르는 사람들의 주장처럼 〈그랜드 테프트 오토〉가 정말로 폭력 범죄에 기여한다면, 이와 동일한 시기에 폭력 범죄율이 치솟는 현상이 발생했을 것이다.

다음의 그래프는 구글이 제공한 데이터를 바탕으로 월별로 인기있는 폭력적 비디오게임(예를 들어 〈콜 오브 듀티〉, 〈그랜드 테프트 오토〉, 〈기어즈 오브 워Gears of War〉, 〈헤일로〉 등)의 워크스루를 검색한 사람들의 수와 살인 및 폭행사건의 발생 횟수를 확인한 결과다. 아마도 이 표에서 가장 분명히 보이는 부분은 폭력적인 게임에 대한 정보를 검색하는 사람들의 수가 갑자기 치솟을 때, 거의 항상 폭력 범죄의 발생이 유사한 정도로 크게 감소한다는 것이다. 폭력적인 비디오게임 플레이와 폭력적인 범죄가 발생하는 계절이 서로 반대되는 경향도 분명하게 나타난다. 가을과 겨울에 폭력적인 비디오게임을 플레이하는 사람들이 더 많은데, 폭력 범죄

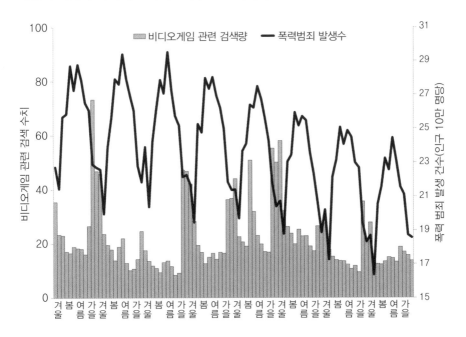

그랜드 테프트 오류(Grand Theft Fallacy)

는 여름에 최고치를 기록한다. 의심할 여지 없이 분명한 한 가지 결론은, 폭력적 비디오게임이 실제 폭력 행위에 미치는 영향이 있다고 해도 매우 사소한 수준이며, 사람들이 여름에 폭력 범죄를 저지르도록 유도하는 요인(예를 들어 뜨거운 열기)에 의해 그 효과가 줄어든다는 것이다.

그러나 사회적 변인과 경제적 변인 및 폭력 범죄의 연간 경향을 통제하는 것처럼, 폭력적인 비디오게임의 플레이가 정말로 폭력 범죄와 관련이 있는지를 보기 위해 계절적 경향을 제거하는 것도 가능하다. 이를 통해 예측 가능한 계절적 패턴(예컨대 여름에 범죄율이 최고치를 찍는 경향)의 영향을 제거하면, 폭력적 비디오게임과 폭력 범죄간의 연관성을 더 명확하게 확인할 수 있다. 그 결과는 예상대로, 폭력성에 있어 계절적 경향을 감안하더라도 여전히 사람들이 폭력적인 비디오게임을 플레이하는 달이 일 년 중 가장 안전한 시기더라는 것이었다[115].

출시일

비디오게임의 출시는 영화와 비슷하다. 영화가 그렇듯이 대부분의 사람이 처음 출시되었을 때 구매하기 때문이다. 폭력적인 FPS(1인칭 슈팅게임) 〈콜 오브 듀티:블랙 옵스〉는 출시 첫날 3억 6천만 달러의 판매 수익을 올렸고, 이후 4일간 6억 5천만 달러를 벌어들이면서 출시 41일 만에 10억 달러 매출을 달성했다[117]. 그러나 이와 같은 인상적인 기록은 이 게임에 한정된 특별한 경우는 아니다. 예를 들어 2003년부터 2011년 사이에 M등급을 받은 폭력적인 게임 3편(〈그랜드 테프트 오토: 산안드레아스〉, 〈그랜드 테프트 오토4〉, 〈콜 오브 듀티:블랙 옵스〉)이 기록한 매출은 모두 합쳐 35억 달러에 이른다. 그리고 이러한 게임들이 인기를 얻으면서 거리의 폭력도 갑자기 늘어날 것이라는 두려움도 생겼다.

이 두려움이 바로 〈그랜드 테프트 오토4〉 같은 게임을 "살인 시뮬레이터"라고 부르면서[118] 이 게임의 출시가 "소아마비 이래 이 나라의 아이들에게 가해질 가장 심각한 폭력"을 유발하게 될 것이라는 예측[119]으로 이어졌던 것이다(미국에서 소아마비가 가장 심각하게 발생했던 시기는 1952년으로, 당시 57,628명이 감염되어 21,269명이 후유증을 겪고 3,145명이 사망했다). 신문은 "그랜드 테프트 오토4 출시 후 폭력이 폭발하다"라는 살벌한 헤드라인[120]을 내걸었다. 그랜드 테프트 오토 시리즈를 개발한 락스타 게임즈는 다양한 소송으로 게임 판매를 금지하려는 비판 세력을 막기 위해 법원에 들락거려야 했다.

결국 〈그랜드 테프트오토 4〉는 계획대로 미국에서 2008년 4월 29일 출시되었다. 그렇다면 이날은 역사에 오점으로 남을까? 출시 한 달 만에 850만 장이 팔린 이 "살인 시뮬레이터" 이후 미국은 소아마비 수준에 달하는 폭력의 급속한 확산을 겪었을까?

한번 추측해보시길.

〈그랜드 테프트 오토4〉 같은 게임의 출시가 폭력성에 미치는 영향을 확인하는 한 가지 방법은 게임 출시 이전과 이후의 폭력 범죄 발생률을 살펴보는 것이다. 꽤 간단하다. 그렇지 않은가? 폭력적인 비디오게임이 출시되었을 때 예기치 못한 범죄들이 갑작스럽게 증가했다면 이는 이러한 게임들이 폭력적인 행동을 유발한다는 의미일 것이다. 이는 주요 건강 문제에 대한 연구에 사용된 것과 정확히 동일한 논리다.

그랜드 테프트 오류(Grand Theft Fallacy)

예를 들어 정부는 음주운전을 방지하기 위해 종종 홍보 캠페인을 벌인다. 이러한 캠페인은 전형적으로 "법정 혈중알코올농도 이하 상태에서 운전하는 것도 음주운전입니다"나 "술을 진탕 마시고 돌아다니면 패배자가 될 수 있습니다" 같은 경고가 담긴 텔레비전 광고와 인쇄 광고를 통해 진행된다. 1986년의 봄, 캔자스주 위치타의 주민들은 6개월간 화려한 음주운전 방지 광고 메시지에 노출되었다. 이 캠페인의 성공 여부를 확인하기 위해 과학자들이 캠페인 전후의 음주 관련 교통사고 건수를 비교해보니, 캠페인이 시작됨과 동시에 갑자기 자동차 사망사고가 22% 떨어졌다[121]. 광고의 효과가 있었던 것이다.

과학자들은 이 방법을 활용해서 인기 폭력 게임의 출시 이후 폭력범죄 발생률 차이를 확인했다. 그리고 비디오게임 비판자들에게는 놀랍게도 게임이 출시되자 실제 살인 사건의 발생이 감소한다는 것을 발견했다. 예를 들어 〈그랜드 테프트 오토: 산 안드레아스〉, 〈그랜드 테프트 오토 4〉, 〈콜 오브 듀티: 블랙 옵스〉가 출시된 이후 4달 동안 살인 건수가 같은 시기의 평균적인 수준에 비해 616건 더 적게 발생했다[115](**이스터에그** 2번 참조)!

〈그랜드 테프트 오토4〉가 살인 건수를 가장 극적으로 감소시킨 게임은 아니었지만(그 영예는 269건 감소를 기록한 〈그랜드 테프트 오토:산안드레아스〉가 차지했다), 그럼에도 게임 출시 이후 같은 시기의 살인사건 발생 예상치에 비해 123건이 감소했던 것으로 나타났다. 게임이 출시되면 폭력이 급격하게 확산되어 미국의 아이들을 유린할 것이라던 경고는 결코 실현되지 않았다. 뿐만 아니라, 소아마비의 재앙과 비교되었던 이 게임은 오히려 인명을 살리는 소아마비 백신에 더 가까워 보인다.

"살인의 감소"라는 명백한 장점에 더해, 폭력적 비디오게임이 폭력 범죄를 방지하는데 기여할 수 있다는 가능성은 경제적인 측면에서도 유의미하다. 우리는 "범죄는 이익이 되지 않는다"라는 오래된 격언을 알고 있다. 이것이 진실인지 아닌지는 몰라도, 분명한 것은 범죄가 비싸다는 사실이다! 가정집 털이로 인해 발생하는 사회적 비용은 평균 6,492달러에 달한다. 여기에는 지역 내 경찰의 순찰을 늘리는 비용, 새로 산 대형 스크린 TV의 손해, 행정 비용, 새로 보안장치를 달거나 현관 자물쇠 교체한 비용, 상황 수습 때문에 날아간 근무시간, 형법제도 관련 비용 등등이 포함된다. 다른 범죄는 더 비싸다. 매번 발생할 때마다 자동차 강도는 10,722달러, 방화는 21,103달러, 폭행은 107,020달러, 강간은 240,776달러, 살인사건은 8,982,907달러라는 어마어마한 사회적 비용이 발생하는 것으로 나타났다[122]. 이는 〈그랜드 테프트 오토: 산안드레아스〉, 〈그랜드 테프트 오토 4〉, 〈콜 오브 듀티:블랙 옵스〉가 616명의 생명을 구했을 뿐만 아니라 55억 달러라는 엄청난 금액도 아꼈음을 의미한다.

가상의 폭력이 당신을 안전하게 해주는 이유

　　이상 살펴본 바는 폭력적 비디오게임이 폭력 범죄의 증가와 연관되어 있다는 생각이 널리 알려져 있음에도 불구하고, 정확히 그 반대가 진실이라는 것을 보여준다. 비디오게임 소비가 보다 많은 국가일수록 그렇지 않은 국가에 비해 폭력 범죄 발생률이 낮다. 마찬가지로 비디오게임이 갈수록 인기를 얻어가면서 살인과 잔인한 폭행이 감소해왔다. 심지어 인기 폭력 게임이 출시되면 살인 사건 발생률이 극적으로 떨어지는 경향마저 나타났다.

놀라운 사실은 이러한 현상이 비디오게임에 국한된 것이 아니라는 점이다. 다른 형태의 폭력적인 미디어 또한 폭력 범죄의 감소와 상관관계를 보인다. 폭력적인 텔레비전이 우리 사회를 위협할 것이라는 공포와는 반대로, 사람들이 폭력 수위가 높은 텔레비전 프로그램을 시청할 때 폭행, 강간, 살인 모두 감소했던 것이다[123]. 폭력적인 영화 또한 비슷한 현상이 나타나는데, 이러한 영화들이 출시되면 그에 맞춰 폭력 범죄 발생률이 낮아지는 것이다[124]. 이러한 현상은 폭력적인 영화가 개봉되고 수일 내로 관찰되는데, 예를 들어 유혈이 낭자한 〈한니발Hannibal〉의 상영이 시작된 주말에는 폭행 사건이 5.2% 감소[125]했다! 게임, 영화, 텔레비전 등 매체의 종류와 무관하게 동일한 현상이 나타나는 것은 주목할 만하다. 사회가 폭력적인 매체에 노출되면 현실 세계의 폭력성이 일관되게 감소한다는 것을 보여주기 때문이다. 그렇다면 폭력적 비디오게임은 어떻게 해서 세상을 좀 더 안전한 곳으로 만드는 것일까?

카타르시스 효과?

게임은 스포츠와 비슷하게
우리가 타고난 동물적 본능을 발산할 출구를 제공함으로써
우리를 덜 폭력적으로 만들고 덜 공격적으로 만든다.
우리는 공격적인 것을 사랑하기 때문에
그러한 공격성을 활용할 매체가 필요하다.
만약 그렇지 않다면 어딘가 다른 데에다 분출할 것이다.
이는 마치 섹스를 하거나 화장실을 가는 본능의 문제와 같다.
어디선가 하지 않으면 미쳐버릴 것이다.

당신이 저녁모임에서 잔뜩 취했을 때 벌어지는 일은,

아내와 아이들이 보는 앞에서보다는

TV화면에서 벌어지는 편이 나을 것이다

– 온라인 포럼 게시글 중

폭력적인 비디오게임이 스트레스를 배출할 길을 제공함으로써 우리의 분노를 감소시킨다고 생각하는 수많은 사람들은 위의 글에 공감할 것이다. 비디오게임은 우리로 하여금 현실세계가 아닌 가상세계에서 난동을 피우도록 해준다. 사실 게이머들은 "마음을 안정"시키기 위해서나 "분노를 분출하는 것을 돕기" 위해 폭력적인 비디오게임을 플레이한다고 종종 밝히곤 한다[126]. 화가 나거나 흥분했을 때 안정을 찾는 최선의 방법이 그러한 감정을 표현하는 것이라는 개념은 표면상 일반상식처럼 보인다. 짜증나세요? 베개를 마구 때리세요. 직장에서 힘들었나요? 헬스장에 가서 펀치백을 두들기세요. 배우자랑 싸웠어요? 최신 FPS 게임에서 헤드샷 좀 날려보시죠.

이 논리에 깔린 개념은 수백 년 간 존재해왔지만, 이를 대중화시킨 것은 지그문트 프로이트Sigmund Freud였다. 프로이트는 사람의 마음이 해소되지 못한 갈등과 분노, 스트레스와 불안 등으로 가득 차 있다고 생각했고 그러한 마음을 깨끗이 할 수 있는 유일한 방법은 부정적인 감정을 배출하는 것이라고 보았다. 이것이 "카타르시스 이론"의 기반으로, 분노를 배출할수록 공격적인 감정이 감소한다는 주장이다. 이 이론에 따르면 우리의 감정은 찻주전자에 갇힌 증기와 유사하다. 물이 가득 찬 찻주전자가 뜨거운 난로 위에 놓여있는 상태를 떠올려보자. 보통 주전자 안의 증기는 주전자의 주둥이를 통해 안전하게 배출된다. 하지만 만약 물이 끓고 있는 찻주전자의 주둥이에 코르크를 끼워 넣어 막는다면? 코르크 마개를 빼서 증기가 배출될 통로를 확보하지 않으면, 결국 찻주전자는 폭발하고 말 것이다! 이와 마찬가지로 카타르시스는 우리가 감정을 안전하게 "배출"하지 않고 담아두면, 그렇게 쌓인 감정들이 예측할 수 없는 위험한 방식으로 분출된다는 것이다[127].

내면의 분노를 표현하는 유익한 효과에 대한 믿음은 세계 곳곳에서 확인된다. 세계 최대의 쇼핑 사이트 아마존에서 "스트레스볼stress ball"을 검색하면 화날 때마다 있는 힘껏 쥐어짤 수 있는 말랑말랑한 공들이 수없이 올라온다. 개인적으로 선호하는 것은 31파운드의 무게를 자랑하는 거대한 파란 공인데, 영혼뿐 아니라 칼슘 문제로 인한 통증까지도 완화할 수 있다는 광고문구가 쓰여 있던 이 공의 가격은 1,995달러였다. 도쿄에서는 스트레스받은 주민들이 소리를 잔뜩 질러댐으로써 분노를 해소할 수 있도록 매년 시 주최 소리 지르기 대회에 주민들을 초대한다. 최근에 이 대회에서 우승한 사람은 111.6데시벨(터보팬 항공기가 이륙할 때만큼 큰 소리)을 기록했는데, 어떤 정치인으로 인한 짜증을 발산한 것[128]이었다고 한다. Rantrampage.com과 같은 사이트는 온라인 포럼에 익명으로 불평불만을 쏟아낸 게시글을 올려서 "가슴 속 불만을 날려버리고 꿀잠 자세요"라며 유저들을 초대한다. 세기가 바뀔 무렵에 어떤 치료사는 가학적 충동을 분출할 수 있는 한 가지 방법으로 정기적으로 권투 경기나 투우에 참가할 것을 추천하기도 했다[129]. 그런데 우리의 공격성 방출은 정말로 공격성 감소에 도움이 되는 것일까?

인간 본성과 관련된 대부분의 의문처럼 그 답은 복잡할 수밖에 없다. 이후 여덟 번째 판에서도 살펴보겠지만, 폭력적인 게임을 포함한 비디오게임의 플레이가 실제로 스트레스를 감소시킨다는 증거는 확실하다. 스트레스를 꾹꾹 눌러 담는 것은 바람직하지 못하며, 긴장과 불안을 완화할 수 있는 긍정적인 방법을 찾는 편이 건강하다. 액션 게임을 플레이하는 것은 조깅을 하거나 자동차를 손보거나 기타 여러 취미활동을 즐기는 것과 크게 다르지 않다. 이러한 활동이 가져다 주는 혜택은 분노의 분출 그 자체보다는, 즐겁게 기분을 전환할 수 있는 활동으로부터 온다. 게임의 사회적 측면 또한 도움이 될 수 있는데, 함께 즐기는 다른 사람들과 어울리면 스트레스가 완화되는 경향이 있기 때문이다. 그러므로 게임을 하면서 스트레스를 푼다는 게이머들의 주장은 아마도 옳을 것이다.

분노의 방출과 관련해서는 연구 결과들이 확실히 뒤섞여 나타난다. 1960년대 초반에 진행됐던 초기 카타르시스 실험연구의 경우 9살 어린이에게 블록을 주고 건물을 짓도록 하면서, 다른 아이와 협동해서 작업하도록 했다. 실험대상 아동은 5개의 건물을 완성하면 5센트를 받기로 했다(1960년대였고 9살 어린이였다는 점을 고려하자). 이는 꽤나 괜찮은 거래로 여겨졌는데, 블록으로 건물 짓기가 그리 어려운 일은 아니었기 때문이다. 그러나 실험 대상인 아동은 실험에 참여한 또 다른 아이 - 건물을 협동해서 같이 짓기로 한 그 파트너 - 가 사실은 연구자를 위해 일하고 있다는 사실을 모르고 있었다! 이 아이의 임무는 실험대상 아동이 5센트를 버는 것을 온 힘을 다해 방해하는 것이었다. 이 아이는 "뜻하지 않게" 블록들을 쓰러뜨리거나 불쌍한 실험대상 어린이에게 "하! 너 진짜 돈이 필요한가 보구나. 그 돈을 과연 벌 수 있을까?"라는 식으로 약을 올렸다. 1960년대의 연구자들이 그런 고약한 짓을 벌일지 누가 알았겠는가? 실험대상 아동이 블록으로 건물만들기에 실패한 뒤에는(그 어린 방해자 덕분에 대상자 중 아무도 돈을 벌지 못했다) 일부 아이들에게 장난감 총을 줘서 아이처럼 생긴 타겟을 향해 쏠 수 있도록 했다. 여기에 깔린 생각은 이 아이들에게 분노의 감정을 방출할 기회를 준다는 것이었다. 카타르시스 이론에 따르면 이러한 "방출"은 아이들의 기분이 나아지고 진정되도록 해야 했다. 자신의 분노를 가상의 적에게 돌림으로써 실제 세계에서 덜 폭발하게 만들어 준다고 했던 일부 게이머들의 믿음과 마찬가지로 말이다.

그러나 상기의 실험에서는, 실험대상 아동들은 실험실을 떠나면서 동전을 벌기회를 망가뜨린 그 아이가 손에 전기 충격장치가 감긴 채 테이블에 앉아있는 것을 보게 된다(이야기가 급속도로 어두워진다!). 실험대상 아동에게는 버튼을 누르면 자신에게 나쁜 짓을 한 그 아이에게 전기충격을 가함으로써 "되갚아주기"를 할 수 있다고 이야기를 해준다. 다행스럽게도 전극에 연결된 그 아이가 진짜로 전기충격을 받지는 않았다. 연구자들이 알고자 했던 것은 실험대상 어린이가 몇 번이나 시도할 것인지였기 때문이다. 분노를 방출하면 평화로와지리라는 생각과는 반대로, 인간 형상의 타겟에다 총을 쏨으로써 "증기를 내보냈던" 실험 아동은 총을 쏘지 않은 아이들과 비슷한 빈도로 버튼을 눌렀다[130].

반면 비슷한 시기에 이루어졌던 다른 연구는 카타르시스를 뒷받침하는 증거를 찾아냈다[131]. 이 연구가 특히 흥미로운 이유는 아이들이 살고 있는 집에서 실험을 수행함으로써 보다 "현실"에 가까운 조건을 충족했기 때문이다. 실험 대상 소년들은 공격적인 내용이 담긴 TV프로그램 – 애덤 웨스트Adam West 가 출연했던 초기 배트맨 시리즈 같은 – 을 시청했고, 대조군의 아이들은 그렇지 않은 프로그램을 시청하도록 했다. 흥미롭게도 시간이 지나면서 악당 조커가 나오는 배트맨을 본 아이들이 덜 공격적이 되었다! 일부 사람들은 이 연구가 비공격적인 TV 프로그램만 시청하도록 허용된 아이들이 짜증났던 것일 거라며 비판하기도 한다. 그들도 배트맨을 원하니까! 그러나 이는 방출할 기회가 박탈되면 상황이 악화될 수 있음을 보여줌으로써 기대되었던 카타르시스의 효능을 확인해 준 결과였다.

이와 같은 초기 연구 이래 십여 개가 넘는 연구들이 진행되면서 카타르시스의 장점에 대해 다양한 범주의 결론이 내려졌다. 미디어의 폭력성에 대해 선험적인 인식을 지녔던 연구자들의 연구 결과가 어떻게 도출되었을지는 이제 독자들도 어느 정도 예측가능하리라 본다. 미디어의 폭력성이 나쁘다고 생각하는 연구자들의 연구에서는 카타르시스를 찾을 수 없었던[132, 133] 반면, 그에 대해 회의적인 연구자들의 연구에서는 카타르시스에 대한 증거가 발견되었다[134, 135, 136, 137]! 이와 같은 연구자들의 편견과 더불어, 카타르시스를 실험실에서 연구한 작업들은 인간 행태에 대한 실험실 연구가 일반적으로 가지고 있는 한계를 지니고 있다. 실험실 연구는 인위적인데다 연구자들이 희망하는만큼 현실 세계의 상황을 제대로 반영하지 못할 때가 많기 때문이다. 이를 잠시 무시한다 해도 카타르시스 연구는 특유의 약점이 있는데, 실험상 주어진 활동이 모두에게 동일한 정도로 카타르시스 효과를 줄 것이라는 전제가 바로 그것이다. 사람들을 짜증나게 하고선 그들로 하여금 카타르시스를 느낄 수 있는 행동을 고를 수 있도록 하기 보다는(현실에서는 이런 식으로 상황이 전개된다), 일반적으로 카타르시스를 유발한다고 여겨지는 일련의 행동들(베개를 때리거나 장난감 총을 쏘거나 배트맨을 시청하는 등)을 일률적으로 주는 것이다. 하지만 이는 위험한 전제다. 만약 사람들을 짜증나게 한 다음, 그들에게 또 짜증나는 행동을 할당한다면, 이는 정말로 공격성을 증가시킬 것이기 때문이다. 따라서 주어진 활동 후 사람들의 공격성이 감소하지 않았을지라도 이를 카타르시스가 작동하지 않았기 때문이라고 볼 수 없다.

예를 들어 여러분에게 놀라울만치 안정을 주는 활동이 자수 놓기라고 가정해보자. 그러나 실과 바늘이 주어지면 대개 응급실로 실려가는 결말을 맞이할 이 책의 저자들에게 바느질거리는 스트레스를 증가시킬 뿐이다. 누군가가 자수를 가지고 카타르시스 효과에 대한 연구를 한다면, 그리고 우리처럼 바늘에 익숙치 않은 사람들이 우연히 실험에 참여하게 된다면, 아마도 연구자는 자수가 카타르시스보다는 화를 불러일으킨다는 결론을 내리게 될 것이다. 하지만 동네 바느질 동호회의 회원을 실험대상으로 삼는다면 그 결과는 완전히 다를 것이다. 카타르시스는 개인과 그가 선택한 임무가 잘 맞을 때 작동하는 것이며, 주어진 임무가 모두에게 걸맞지 않을 수 있다. 사회과학은 너무 자주 "프리사이즈(한 사이즈로 모두에게 다 맞는)"한 가정을 세운다! 마찬가지로, 폭력적인 비디오게임이 카타르시스를 주는 것도 사실 일부 사람들에게 한정된다. 다른 사람들, 특히 게임 경험이 별로 없는 사람들은 게임을 플레이하면서 아주 빠르게 짜증과 분노를 느끼게 될 것이다. 양쪽 사례 모두 폭력성의 유무와는 별 관계 없이 사람들이 자신이 즐기고 기꺼이 기분을 전환할 수 있는 활동에 참여하는지 여부와 밀접한 관계를 지닌다.

그렇다면, 폭력적인 비디오게임을 플레이함으로써 스트레스가 경감된다고 느끼는 것은 괜찮을까? 아마 별 문제가 없을 것이다. 그렇다면 그러한 활동이 공격성을 줄이는 것일까? 그 대답은 좀 복잡하다. 현실적으로 낮은 품질의 연구들만 가득한 상황에서, 우리가 할 수 있는 것은 어깨를 으쓱하며 "누가 알겠어?"라고 말하는 것뿐인 듯하다. 아마도 게임플레이가 단기적으로 스트레스를 완화해주지만 공격성에 대해서는 장기적으로 큰 영향을 주지 않는다는 정도로 여기는 것이 최선일 것 같다.

따라서 만약 폭력적 비디오게임이 정말로 사회적 폭력의 감소와 연관이 있다면, 아마도 카타르시스보단 더 나은 설명이 있을 것이다.

말썽쟁이들의 거리 활보를 방지하는 비디오 게임

주중 오후 3시는 젊은이들이 폭력 행위를 저지를 가능성이 높은 시간대다[138]. 반대로 3시 이전은 불한당 같은 십대들에 의해 살해되거나 폭행을 당할 가능성이 낮은 가장 안전한 시간대다. 이 시간대가 안전한 이유는 바로 학교에 있기 때문이다. 청소년들을 꽤 잘 감시할 수 있는 장소를 확보함으로써 그들이 저지를 난동과 파괴의 양을 줄이는 것이다. 그러나 일단 3시에 하교 종이 울리고 전국의 아이들이 거리로 쏟아져 나오면서부터 청소년 폭력사건이 증가한다. 우리는 고등학교 시절을 분노로 가득한 좌충우돌의 시기이자 축제, 철없는 패션(정말이지 우리는 무슨 생각으로 패러수트 팬츠 같은 걸 입었을까?) 등으로 기억하지만, 학교가 수행하는 또 다른 매우 중요한 기능은 – 아이들을 가르친다는 명목적인 목적에 더해 – 우리의 세상을 좀 더 안전하게 만들어주는 것이다.

학교가 감옥 같다고 불평하는 학생들은 뭔가 아는 것이다. 아이들을 학교에 넣어두면 폭력성 감소에 도움이 된다는 이론 뒤에 깔린 논리는, 범죄자들을 물리적으로 감옥에 감금하면 폭력성이 감소된다는 결론을 내린 여러 범죄학자들과 경제학자들의 논리와 동일하다. 한 명이 투옥될 때마다 매년 15건의 범죄가 감소하는 것으로 나타난다[139]. 학교와 감옥이 범죄를 감소시키는 이유는 명백하다. 가해할 가능성이 있는 사람들을 거리로부터 떼어놓음으로써 거리에서 범죄를 저지를 수 없도록 하기 때문이다. 폭력범죄가 발생하려면 가해자가 피해자와 동일한 장소에 있어야 하고, 그 장소는 대개 상대적으로 범죄를 방지할 수 있는 사람이 적은 곳이 된다. 범죄학자들은 이 간단하고 강력한 통찰을 "일상활동 이론routine activity theory"라고 부르는데, 이 이론은 모든 유형의 범죄 활동 – 기업 범죄, P2P 공유에 따른 저작권 침해, 직장 폭력, 사이버괴롭힘과 같은 범죄서부터 강도나 폭행 같은 일반적인 범죄에 이르는 – 의 발생을 설명하는데 활용되고 있다[140]. 즉, 가해자는 학교에 보내고, 피해자가 어두운 골목을 돌아다니는 것을 막고, 범죄를 막을 경찰의 수를 늘리면, 범죄는 발생하지 않을 가능성이 커진다.

그러므로 학교는 서로 연결된 3가지 방법으로 폭력을 감소시키는 셈이다. 첫째, 학교는 폭력 행위를 저지를 수 있는 청소년을 거리로부터 떼어놓는다. 둘째, 학교는 또한 청소년들을 교실에 잡아둠으로써 미래의 피해자를 보호한다. 폭력 범죄의 피해자가 될 가능성이 제일 높은 집단이 바로 남자 청소년들이다. 마지막으로 일단 등교를 하면 모든 범죄와 피해의 가능성은 교사와 행정직원, 경비원 등의 감시를 받게 된다. 물론 학교의 모든 학생들이 폭력적이거나 폭력의 피해자가 되는 운명을 지닌 것은 아닐 것이며, 폭력적인 청소년들이 모두 학교에 다니는 것도 아닐 것이다. 요는, 상당한 비중의 인구집단을 거리에서 떼어놓고 책상이나 학교 등 - 감시 없는 위험한 환경에서 가해자와 피해자가 만나는 것을 방지하는 그 어떤 것이라도 - 에 잡아둠으로써 폭력을 감소시킨다는 것이다.

평균적인 게이머의 월간 게임 플레이 시간은 24시간 정도인 것으로 나타난다[141]. 게임에 이만큼 시간을 쏟는다는 사실이 가상의 외계인을 날려버리는 것을 즐기지 않는 부모와 여타의 사람들에게는 실망스러울 것이다. 그 시간에 공원에서 농구를 한다든지, 친구와 영화를 보러가든지, 데이트를 하든지, 여하튼 좀 더 생산적으로 보내길 바랄 것이기 때문이다. 그러나 게이머들은 〈그랜드 테프트 오토〉나 〈콜 오브 듀티〉 같은 게임을 플레이하면서 집에서 그 시간을 보낸다. 그 결과 실질적으로 바깥세계로부터 떼어놓는 효과가 있다. 물론 사회성이 있는 게임을 하거나 친구와 함께 온라인상에서 플레이할 수도 있지만, 거리를 배회하는 것과는 다르다. 만약 이 게이머들 중 일부가 폭력성향을 가졌다면, 사회는 그들이 게임을 플레이하는 시간만큼 보호받는 셈이 된다. 이 게이머들 중 폭력적인 사람이 아무도 없다 할지라도, 가정에 안전하게 머묾으로써 폭력의 희생자가 될 가능성은 훨씬 줄어든다.

비디오게임, 특히 폭력적인 게임이 가져다주는 또 다른 혜택은 그 게임의 타겟이 정확히 범죄를 저지르기 쉬운 사람과 범죄의 피해자가 될 만한 사람들이라는 점이다. 전형적인 게이머의 프로필은 15세에서 29세 사이의 남성인데, 이는 전형적인 폭력 범죄자 그리고 전형적인 폭력 피해자의 프로필과 거의 정확히 일치한다[142]! 이제 비디오게임이 이러한 잠재적인 범죄자들과 피해자들을 얼마나 오래 거리로부터 떼어놓고 있는지를 생각해보자. 미국 내 게임 시장이 대상으로 하는 연령대의 남성 게이머들은 매달 게임 플레이에 총 4억 6800만 시간을 쓰는 것으로 나타난다. 어떤 면에서 비디오게임은 폭력을 저지르거나 그 희생자가 될 수 있는 위험성이 가장 높은 사람들을 대상으로 한 궁극적인 범죄 감소 프로그램이라고 할 수 있다. 심지어 세금은 한 푼도 쓰지 않는다.

이제 비디오게임이 거리의 폭력 범죄을 증가시키기 보다는 감소시키는 역할을 한다는 것이 명확해졌다. 그러나 세상이 〈그랜드 테프트 오토〉 때문에 더 위험해지지 않았다는 증거가 넘치는데도 불구하고, 많은 사람들이 여전히 폭력적 비디오게임이 특히 한 유형의 폭력 범죄의 주요 원인이라고 믿는다. 바로 학교 총기 난사 사건이다.

이스터 에그

1. 물론 비디오게임 연구자가 진정으로 이 주장을 믿는다면, 폭력적 비디오게임에 대한 실험 연구를 수행해도 되는 것인지에 의문이 제기된다. 연구자가 연구를 하면서 의도적으로 아동을 담배의 위험에 노출시키는 것이 비윤리적인 것처럼, 비디오게임이 그토록 위험하다고 믿는 연구자라면 과학의 이름으로 아동을 이 매체에 노출시키는 것에 대해 심각한 윤리적 의구심을 가져야 할 것이다.

2. 살인사건의 감소 여부를 측정하기 위해 Markey, Markey, and French(2014)[115]가 수행했던 틈입 시계열 분석과 각 게임 출시연도의 인구통계를 활용했다. 다른 영역의 학자들 또한 폭력적인 비디오게임이 폭력 범죄의 감소와 상관관계가 있음을 발견했다[143, 144, 145]는 것도 염두에 둘 필요가 있겠다

다섯 번째 판:
학교 총기 난사 사건에 관한 엄청난 거짓말

12월의 어느 싸늘한 아침, 코네티컷주 뉴타운에 위치한 샌디훅 초등학교 밖의 주차금지구역에 별다른 특징 없는 혼다 시빅 차량이 멈춰섰다. 모자와 선글라스를 쓴 남성이 라이플과 글록20Glock20 을 손에 들고 거기에 더해 피스톨 두 정과 다량의 탄약을 두르고 차에서 내렸을 때는 막 수업이 시작되려던 참이었다. 10분도 채 지나지 않아 총격범 애덤 랜자는 1학년 어린이 26명과 성인 6명을 쏘고 마지막으로 자신에게 총구를 돌렸다.

샌디훅 총기 난사 사건은 모두에게 충격이었다. 저자들도 사건 다음 날 초등학생 자녀를 학교에 보내면서 느꼈던 두려움이 생생하다. 학교 총기 난사 사건이 이전에 없었던 것은 아니지만, 대개 고등학교에서나 벌어지는 일로 여기고 있었다.

콜럼바인 사건 때와 마찬가지로, 우리가 아이들에게 가장 안전할 것이라 믿었던 학교가 공포스러운 곳으로 돌변하면서 새로운 두려움이 생겼다. 우리 사회는 비극의 발생 원인과 재발 방지를 위해 무엇을 해야 할지에 대한 답을 원했고, 그에 따라 총기 규제나 교내 무장 경비 또는 보안 시스템 설치 등에 대한 논의가 이루어졌다. 그러나 범인 애덤 랜자가 폭력적인 비디오게임을 플레이했다는 사실이 알려지자, 대중의 관심은 현실의 무기로부터 가상의 무기로 대거 옮겨갔다.

사건이 발생한 후 각종 언론매체는 애덤 랜자가 FPS 게임 〈콜 오브 듀티〉에 푹 빠져 있었고, 게임에 대한 집착이 부분적으로 살인 사건의 원인이 되었다고 보도했다. 심지어 사건 수사에 전혀 개입하지도 않은 어느 퇴역군인 출신 법집행관은 애덤 랜자가 비디오게임에서 높은 점수를 얻고 싶은 욕망을 현실의 총기 난사로 전이해 많은 '점수(피해자 수)'를 얻고자 한 것이라고까지 주장했다. 그의 논리에 따르면 애덤 랜자는 높은 점수를 얻기 위해 보다 쉬운 타겟이 있는 초등학교를 선택한 것이다[146]. 그는 또한 애덤 랜자가 구사한 공격 방식들이 비디오게임에서 배운 것이라고도 주장했다. 이와 같은 극단적인 결론을 뒷받침해주는 근거는 아무것도 없었지만, 언론은 이러한 주장을 앞다투어 실어댔다.

샌디훅 초등학교의 비극에 대한 대응으로 당시 부통령이었던 조 바이든Joe Biden은 폭력적인 비디오게임에 대한 회의를 소집했다. 여기에는 저자 중 한 명인 퍼거슨을 포함한 여러 학자들과 비디오게임 업계의 중역들이 참석했다. 놀랍게도 바이든은 비디오게임이 총기 난사 사건의 주요 원인이라고 생각하지 않는다고 밝혔다. 그는 대신 비디오게임 산업의 문제점은 그 이미지에 있으며, 따라서 연령대가 높은 성인에게 현존하는 등급 시스템을 잘 알릴 것을 제안했다(**이스터에그 1** 참조).

이 회의 후 일주일도 채 지나지 않아 총기 폭력에 대한 기자회견이 열렸다. 당시 대통령이었던 버락 오바마는 질병통제예방센터Centers for Disease Control and Prevention : CDC에 폭력적 비디오게임이 미치는 영향에 대한 연구를 요청하면서 "의회는 폭력적인 비디오게임이 어린 친구들의 마음에 미치는 영향을 연구할 자금을 조성해야 한다"고 말했다. 이 지점에서 부통령이 비디오게임의 폭력성과 총기 난사 사건 간의 연관성에 그토록 회의적이는데도 백악관이 이 주제에 대한 연구를 요청한 이유가 무엇인지 당연히 궁금해질 수 밖에 없다. 물론 우리는 그저 짐작할 수 밖에 없긴 하지만, 백악관이 비디오게임에 대한 연구를 추진한 이유는 총기 규제라는 민감한 이슈에만 초점을 맞추기보다는 다양한 문화적 이슈들을 같이 다룰 필요가 있다고 여겼기 때문인 것 같다. 같은 기자회견에서 오바마는 "매년 가장 온건한 수준의 총기 규제 대책조차 반대하는 사람들이 총기 폭력의 원인에 대한 의·과학적 연구 자금을 끊겠다고 위협하고 있지만, 나는 질병통제예방센터가 총기 폭력을 감소시킬 수 있는 가장 좋은 방법을 찾아내도록 연구를 추진할 것"이라고 말했다.

백악관의 속셈이 무엇이었는지와 무관하게, 오바마의 기자회견은 폭력적 비디오게임을 샌디훅 총기 난사 사건과 영구적으로 연관 지어버렸다. 수많은 국회의원들이 곧 이 우려의 합창에 동참했다. 상원 의원 러마 알렉산더Lamar Alexander는 심지어 "비디오게임은 사람들에게 영향을 미치기 때문에 총보다 더 심각한 문제"라고 주장했다[147]. 뒤이어 각 주들과 연방 차원에서 "비디오게임 규제법videogame enforcement act"을 포함한 수많은 법안들이 줄줄이 등장했는데, 모두 우리의 아이들을 폭력적인 비디오게임의 유해한 영향으로부터 보호하자는 내용이 담겼다.

우리는 지금까지 언론과 정치인, 연구자들이 어떤 방식으로 비디오 게임을 현실의 폭력과 연관지어 왔는지 살펴보았다. 2013년 폭스 뉴스 기사는 이를 생생히 보여주는데, 그 헤드라인은 "대량 살인범들은 공통적으로 폭력적 비디오게임에 집착하는 경향이 있다"였다[148]. 이에 더해 국립과학재단National Science Foundation 의 최근 보고서는 학교 총기 난사 사건의 3가지 주요 요인 가운데 하나로 폭력적 미디어에 대한 노출을 지목했다(나머지 두 가지는 총기에 대한 접근성과 정신 건강 자원의 결핍이다). 이 보고서는 아동의 폭력적인 비디오게임에 대한 노출을 줄이는 것이 총기 난사 사건 유행에 대한 하나의 해결책일 수 있다고 언급하면서 끝맺는다[149]. 이와 같은 보고서에 따라 전국의 교사 및 교직원들은 총기 난사범으로 돌변할 위험성이 있는 학생들의 경고 신호를 확인할 수 있는 "체크리스트"를 받았다. 미시간의 교육자들에게는 "체크리스트: 학교 총기 난사 사건의 방지 및 대응법"이라는 보고서가 제공되었는데, 여기에는 폭력적으로 돌변할 가능성이 있는 학생을 식별하는 데 활용할 26개 항목이 담겨있었다[150]. 콜로라도의 부모들은 자녀가 학교에서 폭력행위를 저지를 위험성이 있는지 평가할 수 있는 체크리스트를 받았다[151].

이러한 체크리스트에 따라 가해 가능성이 확인되면 학교 관계자들이나 부모는 해당 학생을 상담사나 정신 건강 서비스, 또는 법 집행기관으로 회부하도록 안내받는다. 하단의 체크리스트 사례에서 볼 수 있듯 "학교에 무기를 가지고 간 적이 있다"나 "동물을 학대한다", "화가 나면 지속적으로 폭력적 위협을 가한다" 등 명백히 위험을 알리는 신호도 들어있지만, 다른 한편으로 "폭력적인 비디오게임을 많이 플레이한다"와 같은 항목도 들어있다. 미시간이나 콜로라도에서만 이러한 가이드라인이 제공된 것은 당연히 아니었다. 타 주들과 전문가 협회, 시민 단체에서도 폭력적인 비디오게임에 대한 흥미를 학교 총기 난사범에 대한 "경고 사인"으로 제시한 가이드라인을 내놓고 있다.

잠재적 총기 난사범 식별을 위한 항목의 사례[150, 151]

• 과거에 폭력행위에 가담한 적이 있다

• 동물을 학대한다

• 학교에 무기를 가져간 적이 있다

• 상당한 약물 남용 문제를 겪고 있다

• 부모나 보호자로부터 학대를 받거나 방치된 적이 있다

• 가학적이고 폭력적이며 편협하거나 참을성이 없는 태도가 드러난다

• 실제로 자살이나 자학적인 행동을 시도한 적이 있다

• 반복적으로 가정 폭력이나 다른 형태의 폭력을 목격해왔다

• 다른 사람의 감정이나 권리에 무관심하다

• 실망하면 극단적으로 강력한 분노나 복수로 대응한다

• 폭력집단이나 반사회적 집단에 참여한 적 있다

• 비디오게임을 많이 플레이한다

• 화가 나면 지속적으로 폭력적인 위협을 가한다

• 총기에 부적절하게 접근한다.

• 나이에 비해 비정상적으로 통제불가한 감정 분출이 있다

• 무기나 폭력, 특히 살인에 사로잡혀 있는 것처럼 보인다

경고 사인의 문제점

우리는 어린이가 읽기에 어려움을 겪는다고 생각되면
초기 단계에서 개입합니다.
청소년이 적응문제 같은 어려움을 겪는다고 생각할 때도 그렇게 합니다.
그렇다면 청소년들이 폭력을 저지를 것 같을 때에도
초기에 개입해야 하는 것이 아닐까요?
– 죠셉 시라수올로 교육감, 코네티컷주 월링포드(1999)[152]

위의 인용문에서도 분명하게 나타나지만, 체크리스트를 활용해 잠재적 위험을 식별하고자 한 학교의 장들은 나름 최선의 의도로 그렇게 한 것이다. 자신이 책임지고 있는 학교에 다니는 아이들의 안전을 최대한 지키겠다는 순수한 생각이었던 것이다. 그러나 이 체크리스트는 그들이 지켜주고자 하는 바로 그 아이들에게 유해한 결과를 초래할 수 있다. 2013년 13세의 자폐 학생이 90년대의 비디오게임 캐릭터인 봄버맨Bomberman(원어대로라면 '바머맨'이지만 관용적인 사례를 적었다 – 역주)을 그렸다고 정학을 당했다. 봄버맨의 폭력성 정도는 와일리 E. 코요테(애니메이션 〈로드러너Road Runner〉에 등장하는 코요테 캐릭터 – 역주)와 비슷하다. 이 만화적인 그림을 두고 학교 행정부는 "사건 내용과 학생의 의도를 평가한 결과 모두의 안전을 위해" 이 학생을 학교로부터 격리하는 것이 최선이라고 결론지었다[153]. 오해 때문이든, 단순히 아이가 전형적인 학생의 이미지에 부합하지 못해서였든 학교 관계자들은 비폭력적인 학생에게 잠재적 위험 유발자라는 공정치 못한 낙인을 찍어버렸다.

이런 체크리스트를 통해 미래의 애덤 랜자, 에릭 해리스, 딜런 클리볼드를 식별해 아이들을 보호할 수 있다면, 일부 무죄인 아이들에게 폭력적이라는 잘못된 낙인을 찍을 수 있는 위험성은 감수할 만하다고 결론짓고 싶은 이들도 있을지 모르겠다. 이 논리에 뭔가 호소력이 있다는 사실은 인정한다. 그러나 이러한 논리는 체크리스트의 항목들이 실제로 효과적이라는 전제하에서만 성립한다. 체크리스트 항목이 유효하지 않다면, 일부 죄없는 아이들에게 폭력적이라는 낙인을 찍을 뿐만 아니라 실제로 위협이 될 인물을 찾는 데에도 실패할 것이다.

임상 심리학자 피터 랭만 박사Dr. Peter Langman 는 총기 난사의 위험이 있는 청소년들을 연구한 전문가로, 〈아이들은 왜 살인을 저지르나 : 학교 총격범의 내면세계 Why Kids Kill: Inside the Minds of School Shooters 〉, 〈학교 총격범 : 고등학생, 대학생, 성인 가해자의 이해School Shooters: Understanding High School, College, and Adult Perpetrators 〉의 저자다. 잠재적 가해자를 식별하는데 사용된 체크리스트와는 반대로, 랭만 박사는 학교 총기 난사범을 경고하는 유효한 신호는 대부분 꽤 노골적으로 나타난다고 얘기한다[154]. 무기를 수집하는 아이, 공격 계획을 세우는 아이, 심지어 사람들에게 살인 계획을 직접적으로 말하는 아이를 찾아보라는 것이다. 앤드류 골든Andrew Golden 이 했던 일이 바로 이런 것들이다. 아칸소주 존즈보로의 웨스트사이드 중학교에서 학생 4명과 교사 1명을 살해하기 며칠 전, 앤드류 골든은 학교 식당 테이블 위에 올라가 "너희는 다 죽을 것이다"라고 선언했다. 공범 미첼 존슨Mitchell Johnson 도 다른 사람들에게 "아주 많이 죽일 것"이라고 말했고 심지어 "내일이 되면 네가 살지 죽을지 알게 될 것"이라고 경고까지 했다[155]. 불행히도 이와 같은 명백한 경고 사인은 자주 무시되었다. 체크리스트와 언론, 다른 사람들은 대신 잠재적 범인이 비디오게임을 플레이하는지, 트렌치코트를 입는지, 혹은 마릴린 맨슨의 음악을 듣는지에만 관심을 가졌다.

그러나 미래의 학교 폭력범이나 총기 난사범들이 "폭력적인 게임을 많이 플레이"한다는 생각은 틀렸음이 입증되었다. 샌디훅 초등학교 총기 난사 사건 이후 범인 애덤 랜자가 집 지하실에서 잔혹한 비디오게임을 강박적으로 플레이했다는 내용이 널리 보도되었다. 이 추측은 "비디오게임이 샌디훅 총기 난사범의 범행을 자극했다", "살인자의 지하실은 폭력적인 비디오게임로 가득한 오싹한 은신처", "애덤 랜자는 비디오게임 시나리오를 그대로 따라했다" 같은 헤드라인으로 이어졌다. 그러나 코네티컷주가 2013년에 내놓은 최종 사건보고서에 따르면 애덤 랜자가 비디오게임에 빠져있던 것은 사실이나, 그가 좋아하던 게임은 가상의 적을 쏘는 것이 아닌 업비트 팝음악의 리듬에 맞춰 춤을 추는 게임이었다[156]. 자동차 GPS 복원으로 밝혀진 사실도 그가 동네 영화관에서 〈댄스댄스레볼루션Dance Dance Revolution〉 게임을 매주 4~10시간 정도 즐겼다는 것이었다. 지인 또한 애덤 랜자가 대개 비폭력적인 비디오게임을 즐겼다고 확인해주었는데, 애덤의 최애 게임은 엄청 귀엽고 오랫동안 사랑받아온 고전게임 〈슈퍼 마리오브라더스Super Mario Brothers〉인 것으로 밝혀졌다.

이처럼 폭력적 비디오게임과 연관지어졌으나 사실이 아니라고 밝혀진 총기 난사 사건은 샌디훅 사건만이 아니다. 2007년에 발생했던 버지니아 공대 총기 난사 사건에서도 수없이 많은 언론에서 범인 조승희가 FPS 게임 〈카운터스트라이크Counter-Strike〉의 영향을 받았다고 보도했다. 그러나 정부의 사건조사단 수사 결과 그는 〈카운터스트라이크〉를 비롯해서 소위 폭력적 비디오게임이라 불린 게임들을 플레이하지도, 심지어 소유하지도 않았던 것으로 밝혀졌다[157]. 콜럼바인 총기 난사범 에릭 해리스와 딜런 클리볼드가 학교와 유사하게 〈둠〉의 모드를 만들었다는 유명한 이야기마저 허구였던 것으로 밝혀졌다. 이들이 〈둠〉을 플레이했고 다른 플레이어들처럼 커스텀 레벨을 만든 것은 사실이지만, 이 레벨은 가상 행성 포보스Phobos에서 악마들을 처치하는 내용으로 허구 세계를 배경으로 한 것이었다. 그들이 콜럼바인 고등학교의 물리적 환경을 시뮬레이션하기 위해 〈둠〉을 수정했다거나, 그렇게 수정된 버전의 〈둠〉을 "대량학살을 연습"하기 위해 반복적으로 플레이했다는 증거는 전혀 나오지 않았다[158].

비디오게임 절제와 폭력

아동을 끔찍한 폭력으로부터 보호하려는 마음은 이해할 수 있다. 그러나 불행히도 그 체크리스트들은 잠재적 범인을 제대로 찾아낸 적도, 학교 총기 난사 사건을 한 번이라도 막은 적도 없다. 폭력적인 비디오게임을 즐기는 모든 아이들이 폭력적으로 변하지는 않는다는 것도 사실이다. 사실 미국 비밀경호국United States Secret Service의 자료에 따르면 오히려 그 반대가 사실인 것으로 보인다. 폭력적 비디오게임 플레이를 하지 않는다는 것이 되려 미래의 학교 폭력범을 식별하는 지표라는 것이다.

비밀경호국이 학교 폭력 방지에 관여한다는 점이 이상해 보일 수 있다. 비밀경호국의 궁극적인 목적은 미국 대통령과 부통령을 보호하는 것이기 때문이다. 우리가 떠올리는 경호국 요원들은 보통 어두운색 정장을 입고 선글라스를 끼고 귀에는 이어피스를 꼽은 채 방탄 리무진의 옆을 따라 뛰는 엄숙한 사람들이다. 하지만 비밀경호국은 더 은밀한 방법으로 백악관 사람들을 보호하기도 하는데, "위협평가Threat Assessment"라는 이름으로 진행되는 이 비밀작전은 대통령을 비롯한 고위관리직에게 위협이 될 수 있는 인물을 식별하는 데 초점을 맞춘다.

그 결과 현실의 암살범들은 영화나 책에서 나오는 교활한 배후 조종자와는 전혀 다른 것으로 밝혀졌다. 현실의 암살범은 고위직 인물을 공격하기 전까지 꽤 지루한 삶을 사는 경향이 있다. 대부분은 사회적으로 고립되어 있었고 암살을 자신의 삶을 개선하거나 유명세를 얻을 수단으로 여겼다[159]. 로널드 레이건의 암살을 모의했던 존 힝클리 주니어(John Hinckley Jr.)는 대학 중퇴생으로 식당에서 잡부로 일했다. 고등학교 때 그는 친구를 거의 못 사귀고 방에서 혼자 시간을 보내는 경우가 많았다. 나중에는 배우 조디 포스터(Jodie Foster)에 집착하면서 미국의 대통령을 암살하면 그녀의 관심을 받을 수 있을 것이라는 결론에 다다른다. 존 힝클리는 암살에 나서기 직전에 조디 포스터에게 보낸 편지에서 "당신에게 깊은 인상을 남기기 위해 더 이상 기다릴 수 없어서" 대통령 암살에 나선다고 주장했다. 존 힝클리 주니어를 비롯한 여러 암살범의 사례를 연구한 비밀경호국은 고위 공직자에게 위협이 될 수 있는 인물을 식별할 때 활용 가능한 하나의 표본 또는 "프로필"을 성공적으로 구축한다.

이러한 접근의 유효성이 입증되면서 1998년에는 일반 대중 사이에서 벌어질 수 있는 폭력 사건을 방지할 목적으로 NTAC(국립 위협평가 센터,National Threat Assessment Center)가 비밀경호국 주도로 구축된다. 콜럼바인 고교 사건을 비롯해 대중적으로 잘 알려진 여러 학교 총기 난사 사건 이후, 비밀경호국의 연구원들은 정치적 암살범을 식별해내기 위해 구축한 시스템에 학교 총기 난사범들의 프로필을 적용하여 학교 폭력범을 찾아내 보고자 했다(**이스터에그** 2번 참조). 그들이 알아낸 것은 다음과 같다:

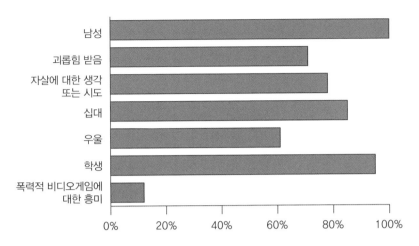

학교 총기 난사범의 일반적인 특성

- 남성
- 괴롭힘 받음
- 자살에 대한 생각 또는 시도
- 십대
- 우울
- 학생
- 폭력적 비디오게임에 대한 흥미

0% 20% 40% 60% 80% 100%

상기의 그래프에서 볼 수 있듯 학교 총기 난사범들은 높은 확률로 남성이고, 동년배들에 의해 괴롭힘을 당했으며, 자살을 시도했거나 생각해봤고, 우울증 전력이 있으며, 범행을 저지른 학교에 다녔던 것으로 나타났다. 이런 특성들은 학교 총기 난사범의 스테레오타입과 일치하긴 하지만, 미래의 가해자를 식별해내기엔 지나치게 범위가 넓다. 그러나 대부분의 사람이 의심한 한 가지 특성은 훨씬 드물게 나타났다. 즉, 폭력적인 비디오게임을 플레이한 총기 난사범은 소수에 그쳤던 것이다. 언론과 정치인, 연구자들의 주장과는 반대로, 총기 난사범의 단 12%만이 "폭력적 비디오게임"에 흥미를 가졌던 것으로 나타났다[160](**이스터에그** 3번 참조).

비밀경호국의 연구에 따르면 평균적인 총기 난사범은 1981년 이후에 태어나 1995년 즈음해서 범죄를 저지른 것으로 나타난다. 이들 대부분이 "비디오게임의 황금시대"라 불리는 시기에 성장했던 것이다. 이 시기는 기술이 혁신적으로 발전하면서 가정과 아케이드에서 비디오게임의 인기가 폭증했는데, 그에 따라 미국 가정용 비디오게임의 연간 매출이 2억 5천만 달러에서 47억 달러까지 치솟을 정도였다[161]. 이들은 십 대가 되기 전까지 친구나 친지의 집에서 세가 제네시스나 슈퍼 닌텐도를 접했고, 〈베어 너클Streets of Rage 〉, 〈마계촌Ghost'n Ghouls 〉, 〈악마성 드라큘라Castlevania 〉, 〈콘트라Contra 〉 같은 게임을 접했을 것으로 보인다. 아케이드에서는 다른 이들이 〈스트리트 파이터 2〉나 극도로 폭력적인 〈모탈 컴뱃〉같은 게임을 플레이하는 것을 구경했다. 이들은 또, 〈둠〉이나 〈듀크 뉴켐3DDuke Nukem 3D 〉 같은 게임의 가상세계 안에서 서로 총을 쏘며 겨루는 게임 방식인 온라인 "데스매치"의 등장을 목격했다. 즉 이들이 자란 세상에서는 폭력적인 게임을 접하기가 쉬웠을 뿐 아니라, 큰 인기를 누렸다. 그런데 이처럼 가상의 유혈과 고어가 널리 퍼져 있었음에도 학교 총기 난사범의 단 12%만이 그러한 게임에 관심을 보인 것이다.

폭력적 비디오게임에 대한 무관심은 보다 최근에 발생한 사건의 범인들에게서 더 공통적으로 나타난다. 우리는 이 책을 쓰기 위해 비밀경호국 보고서가 나온 이후 발생했던 총기 난사 사건 중 가장 폭력적이었던 10건을 추려, 피터 랭만 박사에게 범인들의 매체 이용행태를 분석해달라고 요청했다. 여기에는 조승희(버지니아 공대, 2007), 제프리 와이즈(레드레이크 고등학교, 2005), 애덤 랜자(샌디훅 초등학교, 2012) 등이 포함된다. 이 열 명이 2005년에서 2012년까지 총 백 명이 넘는 사람들에게 피해를 입혔다. 그러나 이들이 가상세계의 폭력에 집착했다는 언론 보도와는 달리, 폭력적 비디오게임 플레이 경험자는 단지 20%에 그쳤고, 그나마도 그다지 즐겨 플레이하지 아니었음이 랭만 박사의 분석으로 밝혀졌다. 총기 난사범들은 폭력적 비디오게임에 대해 관심이 거의 없었던 것인데, 이는 이 또래 대부분의 다른 집단에 비해서도 현저히 낮은 수준이었다. 미국의 남자 고등학생들의 70%가 폭력적인 비디오게임을 습관적으로 플레이하고 있으니 말이다[162, 163]. 이는 총기 난사범들의 게임습관과 전형적인 고등학생의 게임습관을 비교한 하단의 그림에서 잘 나타난다(보다 자세한 내용은 **이스터에그** 4번을 참조할 것).

폭력적 비디오게임 선호 양상

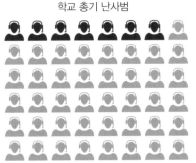

학교 총기 난사범

일반적인 학생들

게임에 흥미 있음   게임에 흥미 없음

대량 총기 난사 사건과 비디오게임의 연관성에 대한 믿음이 존속되는 이유는 확증편향Confirmation Bias 이라 불리는 심리학 개념과 관련이 있다. 무엇인가를 강력하게 믿게 되면, 그러한 믿음을 확증해주는 사건에 보다 주목하는 반면 그렇지 않은 사건은 무시하거나 묵살하게 된다는 것이다. 특정한 유형의 가해자 – 대개 중산층 출신의 젊은 남성 – 와 폭력적 비디오게임 간 상상적 연관성이 구축되면서, 젊은 남성이 범행을 저지를 경우 비디오게임 관련 이슈에 보다 주목하게 되는 것이다. 이는 어떤 면에서 "속임수"다. 대부분의 젊은 남성과 소년은 폭력적 비디오게임을 플레이한 적이 있으므로 가설상의 총기 난사범 또한 어느 정도 그러한 경험을 가지고 있을 것이라 예상할 수는 있다. 샌디훅 초등학교 사건이나 버지니아 공대 사건을 통해 확인했듯이, 폭력적 게임을 그다지 플레이하지 않았던 총기 난사범들도 희한하게 이 미심쩍은 연관성을 뒷받침하는 데 활용되곤 한다. 처음 추론의 신빙성이 떨어질 때쯤에는, 뭔가 바꾸기에는 너무 늦어버린다. 사람들은 사건 발생 후 몇 달 뒤 이루어진 후속 취재보다는, 사건이 발생한 시점에 쏟아진 언론 보도를 더 잘 기억한다.

하지만 다음의 사례를 한 번 보자. 2012년 2월의 어느 금요일, 헌츠빌에 위치한 앨라배마 대학교University of Alabama에서 끔찍한 총기 난사 사건이 벌어졌다. 생물학부의 일상적인 모임에 폭력 전과가 있는 불한당이 침입했다. 범인은 총이 불발될 때까지 가까운 거리에 있던 교수 여러 명의 머리를 겨냥하여 처형하듯 쐈다. 결과적으로 3명의 교수가 사망했고 다른 3명이 부상을 입었으며, 범인은 건물을 떠날 즈음 체포되었다.

이 범인은 제정신이 아닌 폭력 비디오게임 플레이어였을까? 그렇지 않다. 총기를 난사한 범인은 44살의 에이미 비숍Amy Bishop으로, 이 학부에 재직하던 또 다른 생물학 교수였으며 종신재직권을 받지 못한 데에 불만을 가진 것으로 밝혀졌다. 그녀는 불안 증세와 협박 전력이 있었다. 이제는 20여 년 전 당시에는 우연한 사고로 여겨졌던 남동생이 총기로 사망한 사건에 대해서도 그 혐의를 의심받고 있다. 중년의 신경생리학자이자 네 아이의 엄마인 이 사람이 폭력적 비디오게임의 영향을 받았을 것이라 추측한 사람은 아무도 없었다. 이 사건에 대한 언론 보도에서는 비디오게임이 전혀 언급되지 않았고 비숍이 게임을 플레이하지 않았다는 사실조차 다루어지지 않았다. 비숍은 좀 더 연령대가 높은 성인 총기 난사범의 사례이자, 비디오게임이라는 주제 자체가 회피된 사례에 해당한다. 범인이 젊은 남성이었다면 비디오게임에 대한 이야기가 나왔을 것이다. 좀 더 나이가 든 남성이거나 여성이 범인일 경우에는 비디오게임이 전혀 언급되지 않는다. 결국 총기 난사범이 폭력적 비디오게임의 플레이어라는 생각은 이 잘못된 믿음을 뒷받침하지 않는 다른 사례들을 그저 무시하기 때문에 유지된다.

정상인 것이 정상이다

총기 난사범 조승희의 비디오게임 습관은 주목할 필요가 있다. 조승희가 가상의 고어를 즐겼기 때문이 아니라 오히려 반대로, 23살의 버지니아 공대생인 그가 사회적 규범과 다르게 폭력적 비디오게임을 플레이하지 않았기 때문이다. 그의 룸메이트나 같이 수업을 들었던 학생들은 그가 "이상하다"는 것을 알아차렸다. 조승희가 대부분의 학생들이 플레이하는 비디오게임을 하지 않았다는 사실은 그들이 포착했던 이상한 점 중 하나였다[157]. 우리가 예상에서 벗어난 행동을 하는 사람 주위에 있을 때 불편함을 느끼는 이유가 무엇인지는 분명치 않다. 조승희 같은 사람들 곁에서 특히 불안을 느끼게 되는 이유는, 아마도 관행적이지 않은 행동이 그 사람의 내면 깊숙히 자리한 심리적 문제를 보여주는 신호일 수 있기 때문일 것이다.

관습에 동조하게 되는 힘을 보여주기 위해 한번 초능력을 발휘해보겠다. 우리는 한 번도 만난 적 없는 여러분에 대해 이러한 사실들을 알고 있다:

정기적으로 목욕을 한다. 엘리베이터를 타면 정면을 보고 선다. 고등학교를 다니거나 혹은 다녔다. 수영복을 입은 채로 교회에 가지 않는다. 전화를 받을 때는 "여보세요"라고 말한다. 혼자 있을 때 혼잣말을 중얼거리긴 하지만, 다른 사람들 앞에선 그렇게 하지 않는다.

자, 우리의 초능력에 놀랐는가? 그러나 이것은 초능력이 아니다. 이미 파악했겠지만, 우리는 대부분의 사람들이 하고 있는 행동의 특성들을 나열했을 뿐이다.

사람들은 스스로를 독특한 개체로 여기고 싶어한다. 우리는 독립적으로 사유할 수 있는 존재로서 우리의 욕망은 다른 이들의 명령에 의해 좌우되지 않으며, 우리 각자는 독특하다. 그러나 앞서 구사한 초능력에서도 보았듯 우리가 하는 행동 중에는 특별히 독특하지 않은 것들도 많다. 이는 사람들이 친구나 가족, 동료들과 잘 어울리기 위해 스스로 행동을 바꾸기 때문이다. 우리는 다른 이들의 경멸이나 불신을 사지 않기 위해 적절한 옷을 입고, 엘리베이터를 탈 때 정면을 보고 서며, 사람들이 많은 곳에서 혼잣말을 중얼대지 않는다. 예를 들어 카우보이 모자를 쓰고 핑크색 발레복 투투를 입은 채 경제적 평등에 대해 혼잣말하면서 사람이 가득한 엘리베이터 안에서 벽을 보고 서 있다고 상상해보자. 물론, 이는 좀 극단적인 사례이다. 사회적 규범의 힘을 이해하려면 밖으로 나가서 사람들이 옷을 어떻게 입고 또 다른 이들과는 어떻게 상호작용하고 있는지를 관찰하면 된다.

사회적 집단의 예측에 부합하는 것은 인간 행태의 기본 특성일 뿐 아니라 건강한 정신의 지표이기도 하다. 사회 적응과 건강 간의 연관성은 35년 전 캘리포니아의 버클리Berkeley, California에서 진행됐던 선구적 연구를 통해 그 극적인 효과를 확인할 수 있다. 잠시 기성세대의 보수적 이상에 저항하면서 성적 해방과 사이키델릭 음악, 기분 전환을 위한 약물 사용을 받아들였던 히피 운동의 진원지에서 자라난 1970년대의 십 대가 되었다고 상상해보자. 막 핑크플로이드의 신작 앨범〈다크 사이드 오브 더 문Dark Side of the Moon〉을 구매했고, TV로 매주〈M*A*S*H〉와〈굿 타임스Good Times〉를 시청하며, 주변 사람 대부분이 마리화나를 피운다. 이 시나리오는 현실과 크게 다르지 않다. 실제로 당시에 그 지역의 젊은이들 상당수가 마리화나를 피웠기 때문이다[164].

자, 가설상의 버클리 십 대인 여러분은 친구들이 마리화나 담배를 돌릴 때 어떻게 하겠는가? 부모님에게는 안타까운 일이겠지만, 정신적으로 건강하다면 아마도 마리화나 담배를 받아들였을 것이다. 버클리의 연구자들이 발견한 사실이 바로 이것이었다. 적응 잘하고 호기심 많고 사교적인 청소년일수록 마리화나 담배를 받아들더란 것이다.

반대로 마리화나를 기피한 십대들은 비교적 불안하고, 경험을 즐길 줄 몰랐으며, 친밀한 인간관계를 기피하고, 다른 이들의 호감을 사지 못하는 경향이 있었다. 그러나 마리화나를 기피한 이들의 이러한 특성은 마리화나에 대한 경험이 없어서가 아니다. 해당 연구는 한 어린이 집단을 유치원 시절부터 사춘기에 이르는 시기에 걸쳐 추적·연구했다. 마리화나에 노출되기 수 년 전인 7살 즈음에도 미래의 마리화나 기피자들은 마찬가지로 비정상적인 특성을 보였다. 부모에 따르면 이 아이들은 겁이 많고, 불안해하며, 호기심도 없고, 에너지도 없으며, 유머에 반응하지 않고, 흥겨워하지도 않는다[164]. 간단히 말해, 약물을 기피한 1970년대 버클리의 청소년들은 윤리를 위해 불굴의 용기를 내었던 것이 아니라, 그들이 융통성 없는 사회적 외톨이였기 때문이었던 것이다.

이 연구가 의미하는 바는 약물 복용이 정신적 건강과 관련이 있다는 것이 아니다. 이 특정한 시기의 버클리에서 청소년의 마리화나 흡연은 규범적 행위였고, 그러한 행위에 참여하지 않는 것이 정의상 일탈에 해당했다는 맥락을 봐야 한다. 마찬가지의 논리에 따르면 약물 사용이 십 대에게 규범적 행위가 아닌 곳에서 약물을 기피한 이들은 버클리 연구에서의 기피자들에게서 나타났던 정신적 문제를 갖고 있는 것이 아니다[165]. 이 원칙은 물론 약물 사용에만 국한되는 것이 아니다. 일반적으로 동년배들과 비슷한 흥미를 공유하지 못하고, 사회적 규범에서 벗어난 아이들은 종종 적응하는 데에 어려움을 겪는다. 많은 경우 거절당하고, 다른 아이들이 자신을 이해하지 못하기 때문에 혼자서 즐거움을 찾아야 한다[166]. 쉽게 말해 청소년들이 또래 집단 사이에서 규범이 되는 경험을 찾아나서는 것은 성장 발달의 측면에서 적절한 행동이라는 것이다. 그러한 경험들이 무조건 좋은 것이라거나 그 경험에 뒤따르는 대가가 없다는 의미는 아니다. 부모로서 우리가 아이들 사이에서 유행하는 일부 행위(예컨대 게임하는 것)에 대해 걱정할 수는 있지만, 다른 한편에서 그러한 활동에 참여하지 못하는 아이들은 그로 인한 부적응 및 거절 경험으로 고통을 받을 수 있다는 의미이다.

아무 생각 없이 관습적으로 동조하는 행위를 무조건 옹호하자는 것은 아니다. 저자들은 둘 다 전형적인 주류에 해당하지 않는다(마키는 빈티지 컴퓨터를 수집하는 드문 취미를 가지고 있고, 퍼거슨은 D&D의 엄청난 팬인데, 우리 둘 다 분명히 괴짜geek 계열이지, 인기 투표에 뽑히는 킹카prom-king 계열은 아니다). 요는, 만약 문제가 있는 아이들을 식별해내거나 "경고 신호" 목록을 구축하려면 정상적인 행동이 아니라 특이행동에 주목할 필요가 있다는 것이다. 그리고 이때 비디오게임을 플레이하는 것은 – 폭력적인 게임이라 할지라도 – 정상적인 규범에 해당한다.

거절, 사교술, 그리고 비디오게임 플레이

우리는 사람들이 자신을 좋아해주기를 바란다. 무시당했다고 느끼거나 인정받지 못한다고 느끼면, 또는 주변사람들이 날 원치 않는다고 여겨지면 분노한다. 대부분의 경우 이와 같은 거절당한 느낌이 감정적인 상처로 이어지게 되는데 궁극적으로는 – 눈물을 좀 흘린 뒤에 – 극복하게 된다. 그러나 일부 사람들에게는 거절당한 느낌이 너무나 강렬해서 극단적인 폭력 행동으로 비화되기도 한다. 1999년 콜럼바인 고교 총기 난사 사건 이후 듀이 코넬Dewey Cornell 박사는 법사위원회House Judiciary Committee 앞에서 대부분의 학교 총기 난사범들이 "외롭고 고립"됨을 느꼈다고 증언했다[167]. 이와 일관되게, 연구자들은 대부분의 학교 총기 난사 사건에서 가해자가 다른 사람들로부터 거절당했다고 느껴왔음을 발견했다. 이들은 또래들에게 괴롭힘을 받고 외면당했다고 느꼈으며, 따라서 자존감을 세우고 괴롭힘을 받지 않기 위해 폭력적으로 행동해서 자신의 힘을 과시했던 것이었다[168].

거절이 유감스럽게도 범행 동기의 원천이라는건 1997년 루크 우드햄Luke Woodham 사건에서 매우 선명하게 드러난다. 당시 16세였던 루크 우드햄은 엄마를 칼로 찌른 후 학교에서 교감에게 저지당할 때까지 두 학생을 살해하고 7명에게 부상을 입혔다. 사건을 벌이기 전 그는 친구 한 명에게 다음과 같은 메시지를 전했다:

"난 미친 게 아니라 화가 난 거야. 내가 살인을 하려는 이유는 나같은 사람이 매일같이 학대당하고 있기 때문이야. 나는 '우릴 억압하면 다시 튀어오르겠다'는 걸 사회에 보여주기 위해 일을 벌이는 거야… 살아오는 내내 나는 조롱당했고 항상 언어 맞았으며 늘 혐오의 대상이었어… 이건 순수한 분노 속에서 내지르는 비명이야, 너희들이 이를 제대로 보질 못하고, 내가 이 상황을 평화롭게 해결할 수 없다면, 그리고 지성적으로도 너희에게 보여줄 수 없다면, 그렇다면 난 총알로 해결할 거야[169]."

많은 학교 총기 난사범들이 거절을 경험했는데, 이는 부분적으로 그들이 타인과 상호작용하는 데 어려움을 느낀 것과 연관이 있어 보인다[168]. 샌디훅 초등학교 사건에 대한 초기의 언론 보도는 애덤 랜자가 "이상하고", "남다르며", "사회적으로 불편"해서 친구가 거의 없었다는 사실을 다뤘다. 나중에 랜자가 아스퍼거 증후군으로 진단받았다는 사실이 밝혀졌는데, 아스퍼거 증후군이 폭력적인 행동과 연관되는 장애는 아니지만 사회적 상호작용에 있어 어려움을 유발하는 것으로 알려져 있다.

선천적으로 남다른 사교술을 가지고 태어나는 사람도 없진 않지만, 우리는 대개 다른 사람과의 상호작용을 통해 사교 능력을 향상시킨다. 우리가 다른 사람들과 관계를 맺는 모든 행위는 사회적 관계를 처음 시작하고, 발전시키고, 유지시키는 방법을 배울 수 있는 기회가 된다. 아이들(또는 성인들)에게 사교 기술을 가르치기 위해 대부분의 심리학자들이 주로 사용하는 테크닉은 단순하다. 그들로 하여금 다른 사람들과 상호작용하도록 하는 것이다[170]! 골프를 연습하려면 골프연습장에 가야 한다. 사교 기술을 학습하려면 다른 사람들과 공통의 흥미거리를 찾아 함께 하면 된다. 즉, 다른 사람들과 함께할 만한 행동을 하는 것이다. 오늘날 청소년 사이에서 비디오게임은 1970년대 버클리에 살던 장발 청소년들의 마리화나보다 훨씬 인기가 좋다. 닌텐도, 세가, 엑스박스, 플레이스테이션의 세계에서 자라면서도 비디오게임을 하지 않는 아이들은 이 매체와 관련된 여러 사회적 상호작용을 놓치는 것이 된다. 아이들도 비디오게임의 중요성에 대해 알고 있다. 많은 아이들에게 있어 게임이란 현재의 친구들과 상호작용하는 도구이자 새로운 친구를 사귀는 도구로 활용된다.

성인들은 종종 게임을 하며 노는 행위의 가치를 간과하곤 한다. 여기서 게임은 비디오게임뿐 아니라 숨바꼭질, 모노폴리 보드게임 등 모든 유형의 게임을 의미하는데, 보통 이런 행위들은 기분을 일시적으로 좋게 해주는 것에 불과한 시간 낭비로 여겨지곤 한다. 그러나 심리학자들은 오래 전부터 아동과 성인에게 있어 놀이의 중요성을 강조해왔다[172,173]. 놀이는 아동이 즉흥적으로 상상적 정체성을 만들어 시도해보고 이야기를 만들어내도록 유도한다. 어린이들은 친구들과 허구의 여행을 떠나 공주를 구하기도 하고, 연기도 하고, 가족을 만들거나 비밀요원으로서 공작을 벌이기도 한다. 퍼거슨의 아들 로만Roman은 레고를 가지고 정교한 이야기를 만들어내곤 하는데, 12살이 된 이후부터는 종종 레고를 가지고 노는 자신이 또래에 비해 너무 유치한 것은 아닐지 걱정한다. 이와 같은 로만의 태도는 성인의 사회적 압박이 놀이 본능을 어떻게 방해하고 있는지를 잘 보여준다(사실 로만의 아버지가 책상 위에 레고로 만든 〈스타워즈〉 X윙, 간달프, 〈닥터후Dr. Who〉의 시공초월장치 타디스TARDIS 등을 전시해놓고 있다는 점을 고려하면 이는 좀 의외이긴 하다). 그러나 놀이는 어린이들이 문제를 해결하고 협업하도록 장려한다. 예를 들어 함께 놀면서 문제가 발생했을 때 다양한 해결방안을 시도해본다거나, 다양한 감정들을 경험하면서 그 안에서 갈등을 조정할 수 있는 테크닉을 배우게 되는 것이다. 판타지 놀이를 하는 아이들이 일반적으로 사교술이 좋아서 긍정적인 사회적 상호작용을 구사하며 더 인기가 많고 공감력도 뛰어난 이유[174, 175]는 이처럼 "놀면서 익히는" 대인관계의 기술 덕분인 것으로 보인다.

친구와 함께 놀면서 얻게 되는 혜택은 가상 세계에서도 현실에서만큼 강력하다. 부모님 집의 지하실 같은데서 스스로를 고립시키는 내성적 비디오게이머라는 전형적인 스테레오타입과 달리, 게이머의 70%는 친구와 함께 게임을 플레이한다. 나이에 따라 콘솔은 아타리나 닌텐도, 플레이스테이션 등으로 다를 수 있지만, 그 앞에서 친구들과 함께 바닥에 앉아 다음번 가상 행선지를 계획했던 기억은 동일할 것이다. 뿐만 아니라 능동적인 게이머 문화도 있다. 이 세계에서 아이들은 게임에 대해 이야기하고, 게임을 공유하며, 게임을 통한 "만남"도 하고, 다른 이들과 전략을 짜기도 한다. 예를 들어 저자들의 아들들은 인기게임 〈마인크래프트Minecraft〉가 초등학교 및 중학교 학생들의 사회적 상호작용에 있어 핵심이라고 입을 모은다(**이스터에그** 5번 참조). 이 게임에서 플레이어는 나름의 목표를 설정하고 자원을 모으며 적과 싸우거나 도구나 가구 같은 아이템을 만들 수 있고, 3차원으로 된 세계를 자유롭게 돌아다닐 수 있다. 우리의 아들들과 그 친구들이 모여서 〈마인크래프트〉를 함께 플레이할 때면, 그들은 게임세계에 대한 소통을 통해 가상세계에서 어떤 일을 벌일지에 대한 논쟁을 벌이고 그에 대한 합의점에 이르곤 한다. 게임 그 자체는 꺼져있을 때라도 아이들은 다음엔 무엇을 지을지, 적을 어떻게 처치할지, 특정 아이템을 어떻게 만들어낼지 등에 대해 계획을 세운다. 부모들은 종종 아이들이 비디오게임에 "집착"한다고 걱정하지만, 비디오게임 플레이는 실제 세계에서의 놀이와 그리 다르지 않으며, 다른 아이들과 상호작용하고, 갈등에 대처하고, 문제 해결을 위해 함께 노력하는 법을 연습할 수 있는 기회를 제공한다.

요즘 게임을 함께 플레이하는 친구들은 거실바닥이 아니라 가상세계에서 모여서 논다. 〈월드 오브 워크래프트World of Warcraft〉같은 게임에서는 1,200만 명이 넘는 플레이어들이 온라인상에서 정기적으로 교류하고 있다. "클랜clan"을 모아서 보물을 찾는 한편 거인이나 언데드, 늑대, 용 과의 전투를 함께 치른다. 캐주얼 게이머라 할지라도 〈팜빌Farm Ville〉이나 〈레스토랑 시티Restaurant City〉와 같은 소셜미디어 게임을 통해 친구나 가족과 연결되어있다. 함께 플레이하여 공통의 목표를 달성한 플레이어들에게 보상을 주는 모든 게임은 실제 세계에서의 인간관계로 확장가능한 사교 기술을 가르쳐준다[176]. 이렇게 해서 얻게 된 현실적 기술은 게이머들에게 사회적으로뿐만 아니라 감정적으로도 도움이 된다. 연구자들은 비디오게임을 플레이하는 젊은이들이 – 그렇지 않은 경우에 비해 – 자신의 삶에 보다 만족하고 있으며, 또래와의 문제나 감정적 문제를 일으키는 경우가 적다는 것을 발견했다[177].

다른 이들과 어울려 함께 노는 것은 〈팜빌〉 같은 게임에서 가상 커뮤니티를 짓기 위해 협동하든, 〈그랜드 테프트 오토〉에서 총이나 칼, 기관총 등을 들고 은행을 털기 위한 모의를 하든, 별 차이 없이 좋다. 게임에서 나타나는 이미지들이 폭력적이긴 하지만, 연구자들은 폭력적 비디오게임을 플레이하는 청소년들이 "현실 세계"에서도 서로 돕는 행태를 보일 확률이 높다는 것을 발견했다[178, 179]. 그러한 협동적인 게임플레이는 심지어 서로 어울리지 않는 사람들 사이에서도 동지애와 이타심을 촉진할 수 있다. 저자 중 한 명인 마키는 필라델피아 외곽에 살고 있는데, 이 동네에서 필라델피아 이글스의 유니폼을 입은 사람은 뉴욕 자이언츠 팬과 친하지 않을 것임을 잘 알고 있다. 그러나 만약 이 두 스포츠팬들이 〈그랜드 테프트 오토〉 같은 폭력적 게임에서 만나 협업한다면, 그들은 현실세계에서도 서로를 향한 공격심을 누그러트리고 협조적인 관계가 될 수 있을 것이다[180].

이상의 내용을 요약하자면, 대부분의 총기 난사범들과 달리, 폭력적 게임을 플레이하는 청소년들은 왕따거나 사회적 부적응자가 아니라는 것이다. 비디오게임을 플레이하는 것은 여타의 대중적 활동에 참여하는 것과 마찬가지로 내면의 정서적 건강을 보여주는 지표와 같다. 또래와 동일한 활동을 즐기는 것은 정상일 뿐만 아니라, 대부분의 총기 난사범들에게 결핍되어 있는 수용 및 소속의 감정을 제공한다. 우리는 비디오게임이 사교술을 길러준다는 것을 확인했다. 게이머는 친구들과 함께 플레이하면서 타협하고, 규칙을 따르며, 순서를 기다리고, 갈등을 해소하며, 문제를 해결할 수 있는 능력을 기른다. 비디오게임과 사교술 간에 이와 같은 연관성을 고려하면, 비디오게임을 매일 플레이하는 어린이가 다른 아이들과 비슷한 빈도로 "실제 세계"에서 친구들과 상호작용한다는 것[163]은 결코 놀랄 일이 아니다. 반사회적인 외톨이라는 스테레오타입과 달리, 〈콜 오브 듀티〉나 〈모탈 컴뱃〉 같은 폭력적인 게임을 즐기는 사람들도 그렇지 않은 사람들에 비해 사교적이고, 외향적이며, 수다쟁이인 것으로 나타난다[181].그리고 연구자들과 비밀경호국이 모은 자료에서 보듯, 학교 총기 난사범들은 일반적인 선입견과는 정반대로 또래 청소년들에 비해 비디오게임을 덜 플레이하는 것으로 나타났다.

폭력적 비디오게임과 학교 총기 난사 간의 연관성은 하나의 신화다. 비디오게임이 루크 우드햄, 애덤 랜자, 조승희 같은 사람들로 하여금 총을 집어들고 가족이나 친구들, 교사들을 살해하도록 했다는 증거는 나오지 않았다. 이 폭력적인 범인들이 바깥 세상으로 뛰쳐 나온 이유는 〈둠〉에서 악마를 죽이면서 또는 〈모탈 컴뱃〉에서 소름끼치는 "페이탈리티"를 수행하면서 살인 방법을 연습했기 때문이 아니라, 사교성이 부족하거나 또래 사이에서 강력한 거절의 경험을 겪었고, 불안증 또는 정신병을 앓고 있었기 때문이다.

여기까지 읽었다면 폭력적 비디오게임을 맹목적인 비난Crusade이 가지는 위험만큼이나 사회 관습에 관한 것이고, 이 비난을 뒷받침하는 연구들이 심각한 수준으로 오류투성이며, 비디오게임의 폭력성과 학교 총기 난사 사건 또는 여타 실제의 폭력 행위들 간에는 아무 연관성이 없음을 확인했을 것이다. 그러나 비디오 게임이 유혈 사태를 일으키지 않는다고 해서 이 독특한 상호작용 매체가 아무런 유해성이 없다고 말하려는 것은 아니다. 이어지는 두 판에서는 그와 같은 부가적인 우려에 대해 다룰 것인데, 그 가운데 우선 비디오게임 중독을 먼저 다룰 것이다.

이스터 에그

1. 이 회의에서 또 하나 재미있는 일이 있었다. 회의 중 바이든 부통령은 청소년 범죄의 증가, 특히 아주 어린 아이들 사이에서 폭력이 증가하고 있음을 알고 있다고 언급했다. 그러나 이전 챕터에서 보았듯 이는 전혀 사실이 아니다. 모든 연령에서 청소년 폭력은 수십 년 간 지속적으로 감소해왔다. 이 데이터를 가지고 다른 결론을 이끌어내는 것은 불가능하다. 그래서 퍼거슨은 떨리는 손을 들고 미국의 부통령에게 틀렸다고 말해주었다. 여러분의 용감한 저자는 미 행정부가 제공한 데이터를 기반으로 만든, 비디오게임의 매출이 치솟는 가운데 청소년 폭력이 크게 줄었다는 그래프를 일동에게 돌렸다. 지금까지도 퍼거슨은 국세청에서 세무조사가 나올까봐 초조해하며 지내고 있다.

2. 비밀경호국의 과학자들은 41명의 범인들이 저지른 37건의 학교 폭력 사건을 연구해 이 프로필을 발전시켰다. 경찰 보고서와 학교 보고서, 법정 기록, 정신 건강 정보 등을 분석하고 살아남은 범인들에 대한 인터뷰를 진행한 후, 과학자들은 전형적인 학교 총기 난사범의 프로필을 만들어낼 수 있었다.

3. 비밀 경호국 보고서의 한 가지 한계는 폭력적 비디오게임이 널리 확산되기 전에 벌어진 사례들도 몇 건 포함되었다는 점이다. 예를 들어 앨라매바 라네트Lanett, Alabama에 사는 13세 소년이 22구경 칼리버 권총으로 교장을 쏜 것은 1978년 10월 15일로 아타리 2600이 출시된 지 1년밖에 지나지 않은 시점이었다. 그러나 이러한 사건들을 비밀경호국의 보고서에서 배제하더라도, 폭력적 비디오게임에 어느 정도 흥미를 보인 학교 총기 난사범의 비율은 단지 14%에 그칠 뿐이다[160].

4. 학교 총기 난사범과 전형적인 고등학생 간의 비디오게임 습관이 매우 상이하게 나타남에도 불구하고, 과학자들은 그 차이가 "실재"하는 것인지, 유의미한 것인지 아니면 확률상의 우연에 불과한 것인지를 확인하는 데 통계 분석이 중요함을 알고 있다. 이러한 통계 분석의 배후에 있는 수학은 종종 복잡하지만, 기본적인 논리는 꽤 이해하기 쉽다. 동전뒤집기를 50번 했다고 생각해보자. 이 50번의 뒤집기 중 동전의 앞이 10번 나왔다고 치자. 우리는 동전의 앞이 나올 확률이 50%라는 것을 알고 있다. 그렇다면 동전의 앞이 나올 확률 50%인데, 50번 중 10번만 앞이 나오는(20% 확률임) 까닭은 무엇인가? 우선 이러한 경우가 벌어질 가능성은 꽤 낮은 것으로 나타났는데, 그처럼 앞이 잘 나오지 않을 가능성은 10만 번에 한 번이라고 한다. 이 결과를 참고한다면 그 동전에 뭔가 수상한 일이 벌어지고 있다고 의심하는게 맞을 것이다. 정확히 왜인지는 몰라도, 눈에 띌 정도로 "앞"이 덜 나오게 하는 무언가가 동전에 있다고 간주하는 편이 안전하다.

5. 동전 뒤집기의 확률을 계산하는 것과 상당히 유사한 방식으로, 학교 총기 난사범들 사이에서의 폭력적 비디오게임의 인기가 전형적인 학생들에 비해 통계상 낮게 나타난다고 결론지을 수 있다. 비밀경호국과 랭만 박사가 분석했던 47명의 학교 총기 난사범 중 폭력적 비디오게임에 관심을 보인 경우는 7명(15%)에 불과했다[163]. 동전뒤집기에서 그랬던 것처럼, 보통 청소년들의 70%가 폭력적인 비디오 게임에 흥미를 보이는 것과는 달리, 47명 중 단 7명(15%)만이 흥미를 보일 확률은 계산하는 것도 가능하다. 이것이 우연에 의해 발생할 확률은 36조분의 1(이는 36 뒤에 12개의 0이 붙은 것이다)에 불과하다! 사실 이 결과가 단지 통계적 우연일 가능성은 동전 뒤집기를 40번 해서 매번 앞이 나올 가능성이나 운석 낙하에 맞을 가능성, 또는 한 해에 벼락을 두 번 맞을 가능성보다 낮다. 이는 폭력적 비디오게임에 대한 흥미가 위험성 있는 아이를 식별하는 지표라는 믿음의

신빙성이 낮음을 보여줄 뿐만 아니라, 완전히 반대임을 보여주는 것이다.

6. 우리는 종종 농담으로 〈마인크래프트〉가 너무나 인기가 많아 "마약크래프트 Mine-Crack"라고 할 정도[182]라고 말하곤 한다. 다음 챕터에서 살펴볼 내용은, 유감스럽게도 많은 사람들이 이 비유를 너무나 있는 그대로 받아들여 비디오게임이 정말로 중독적이며 불법 약물처럼 유해하다고 믿고 있다는 점이다. 굳이 눈으로 확인하지 않아도 우리는 우리가 던진 "마약크래프트" 농담을 두고 다음과 같은 헤드라인이 올라올 것을 예상할 수 있다: "책의 저자들, '비디오게임은 크랙 코카인과 같다'라고 말하다."

여섯 번째 판:
비디오게임 중독

2012년의 어느날 저녁, 피시방에 있던 한 젊은 남성에게 비극이 닥쳤다. 첸 롱위Chen Rong-yu는 밤 10시경 대만 타이베이의 한 피시방에 들어가 23시간 이용권을 구매했다. 23시간은 거의 만 하루이지만, 이 피시방의 단골이었던 첸 롱위에게는 그리 특별한 경우가 아니었다. 그는 프로리그도 있을 만큼 인기가 많은 온라인 게임 〈리그 오브 레전드League of Legends〉를 플레이하기 위해 피시방을 찾았다. 게임의 속도가 워낙 빠르고 엄청난 집중력을 요하기 때문에 사람들이 게임에 완전히 빠져서 컴퓨터 앞에 몇 시간씩 붙어있는 것은 흔한 일이었다. 그러나 그날 밤 이용권의 약 절반 정도를 썼을 무렵 롱위가 갑자기 엎드렸다. 가게의 점원은 그가 잠든 것으로 생각했다. 이후 약 9시간 동안 많은 사람이 그의 주변을 오갔지만 뭔가 잘못되었다는 것을 알아차린 사람은 없었다. 23시간 이용권이 종료되어서 점원이 그를 깨우러 갔을 때서야 끔찍한 일이 벌어졌다는 사실이 밝혀졌다. 그의 얼굴은 까맣게 변해있었고 굳은 손은 마우스와 키보드를 향해 뻗어있었다. 수 시간 전에 이미 사망했던 것이다[183].

나중에 23세의 첸 룽위가 원래 심장 문제가 있었다는 사실이 밝혀졌다. 피시방의 서늘한 기온과 장시간 앉은 자세가 복합적으로 작용하여 체내에 생긴 혈전이 심장으로 이동한 것이 사망원인이었다. 즉, 게임은 룽위의 직접 사인이 아니었고, 원래 가지고 있던 심장 문제만 아니라면 23시간 내내 집중해서 게임을 플레이했어도 신체적으로는 별 문제가 없었을 것이다. 그러나 첸 룽위의 사례는 과도한 게임 플레이와 사망을 연관짓는 수많은 뉴스 헤드라인 중 하나일 뿐이다. 이런 류의 이야기는 플레이어가 게임 컨트롤러와 떨어지지 못해 자신의 건강을 해치거나, 자녀나 주변사람을 소홀히 한다는 식으로 전개되는 경우가 많다. 이러한 사례들은 새로운 유행병을 보여주는 것일까? 비디오게임과 관련해서 제기되는 여러 문제들이 그렇듯, 비디오게임이 알코올이나 메스암페타민(역주: 중추신경을 흥분시키는 각성제로 정신분열이나 망상을 유발할 수 있어 마약류로 취급되며 흔히 필로폰이라고 불린다), 또는 도박처럼 중독의 가능성이 있는지에 대한 의문은 상당한 논란과 혼란을 유발해왔다. 물론 일부 비디오게임을 건강하지 못한 방식으로 이용하는 이들도 있다. 그러나 이는 인간을 즐겁게 하는 것이라면 으레 나타나는 현상이다. 그러나 비디오게임에 사람들이 즐기는 여타의 행위보다 더욱 중독적인 어떤 특이한 면이 있는 것은 아닐까?

비디오게임 중독이란 무엇인가

부모가 자녀들이 비디오게임에 "중독"됐다고 불평하는 것을 자주 듣는다. 보통 약간 성난 어조로 이렇게 불평을 하는데, 대개의 경우 자녀가 비디오게임에 정말로 중독됐다고 생각하지는 않는다. 정말로 자녀가 코카인 같은 것에 중독되었다면, 부모가 짜증과 함께 손가락질하고 눈을 흘기면서 그런 말을 하지 않을 것이다! 이 부모들은 자녀들이 숙제나 잔디 깎기 같은 – 자기들도 어렸을 적엔 그리 좋아하지 않았던 – 일에 시간을 썼으면 하는 것이다. 우리가 개인적으로 별로 중요하게 여기지 않은 활동에 많은 시간을 쏟을 때 중독이라 부르는 경향이 있지만, 술이나 약물에 중독된 것과는 명백히 다르다. 우리 아이들이 비디오게임에 중독됐다는 얘기는 초콜릿이나 넷플릭스에 중독됐다고 말하는 것과 많은 면에서 비슷하다. 즉 여기서 말하는 중독은 임상적 의미가 아닌 것이다. 사실, 현재 미국 정신의학회에서 정신병으로서 등록된 행위 중독behavioral addiction 은 도박이 유일하다[184](역주: 2019년 WHO는 게임중독videogame addiction 이 아닌 게임이용장애gaming disorder 라는 새로운 질병코드를 국제질병분류ICD 에 추가했다. 중독성 행위로 인한 장애란 뜻이다). 우리가 자주 듣는 섹스나 음식, 일 중독 등은 공식적으로 중독으로 인정되지 않는다.

그렇다면 중독은 어떻게 규정되는 것일까? 많은 사람이 도박에 중독되지 않았어도 포커를 치고, 알코올중독자가 아니어도 마티니를 잔뜩 마시곤 한다. 중독에 있어 핵심은 그 간섭적interfering 특성에 있다. 즉, 어떤 행위에 중독되었다는 것은, 그로 인해 해야하는 다른 일에 간섭을 받는다는 의미다. 진단 가능한 별도의 정신질환은 아니더라도 비디오게임 플레이는 도박(또는 섹스, 음식, 운동 등)과 마찬가지로 중독적일 수 있으며, 중독되었는지 여부는 일상에서 학교 공부를 하거나 제 시간에 출근하거나, 인간관계를 유지하는 데 있어 게임플레이가 간섭하는지로 확인할 수 있다. 다음의 두 가지 사례를 살펴보자.

- 12살 소년 호세는 비디오게임을 사랑한다. 게임기만 있으면 하루에 네다섯 시간, 주말에는 더 오래 플레이한다. 호세는 종종 부모님과 이 문제로 싸우곤 하는데, 호세의 부모님은 호세가 좀 더 다양한 관심사를 가졌으면 하기 때문이다. 호세는 학교에서 좋은 성적을 유지하고 있어서 주로 A나 B 등급을 받는다. 그는 다양한 친구들과 온라인에서 자주 함께 게임을 플레이한다.

- 13세 소녀 아만다는 아이패드로 게임하는 것을 좋아한다. 매일 약 2-3시간 정도 플레이한다. 학교에서는 춤 동호회와 엔지니어링 동호회에도 적극적으로 참여한다. 집에 돌아와서는 학교 숙제에 집중하지 못하고 아이패드에 자석처럼 끌린다. 부모님도 아만다가 숙제를 마치게 하지 못했다. 결과적으로 아만다의 성적은 계속 떨어져서 8학년을 유급할 처지에 놓였다. 아만다도 문제가 있다고 생각하지만 게임 시간을 줄이는 데 어려움을 겪고 있다.

이 둘 중에 비디오게임에 중독됐다고 볼 수 있는 인물은 누구일까? 만약 "아만다"라고 생각했다면 제대로 본 것이다. 아만다의 경우 학교 숙제를 하지 않고 게임에 시간을 소모함으로써 성적이 떨어지고 있다. 또, 문제를 인지하고 있음에도 자신의 행동을 바꾸는데 어려움을 겪고 있다. 여기서 주목할 점은 행위에 소모하는 시간의 양은 중독 여부 판단의 결정적인 지표가 아니라는 것이다. 이것이 비디오게임 중독에 있어 가장 큰 오해 중 하나다. 위의 예에서 호세는 아만다보다 더 많은 시간을 게임에 소모하고 있지만, 여전히 학교 숙제를 제대로 수행하고 친구들과의 어울림에도 문제가 없다. 게임하는 시간의 양에 대해 부모님과 늘 합의에 이르지는 못하지만, 이러한 의견 차이는 정상이다. 부모님이 호세의 취미를 이해하거나 인정하지 않을 순 있지만, 하나의 취미에 집중하는 것이 반드시 중독의 신호는 아니다.

다음으로 레베카 콜린 크리스티Rebecca Colleen Christie 의 사례를 보자. 2006년 크리스티는 하루 최대 15시간까지 〈월드 오브 워크래프트〉를 플레이하면서 3살짜리 딸을 제대로 돌보지 않았다. 크리스티는 부모로서 양육의 의무를 완전히 버렸고 그로 인해 딸이 아사하고 말았다. 사망시 딸의 몸무게는 10kg에 불과했던 것으로 밝혀졌다. 크리스티는 25년 형을 선고받고 복역중이다[185].

레베카 크리스티의 경우 중독에 해당한다. 게임으로 인해 양육 능력이 현저히 감소했기 때문이다. 그러나 이는 극단적인 사례. 대부분의 비디오게임 중독은 다행스럽게도 그 정도로 심각하지 않다. 크리스티나 첸 롱위와 같은 사례는 매우 드물기 때문에 뉴스가 되는 것이다. 그러나 이로 인해 대중은 비디오게임 중독이 실제로 어떤 것인지에 대해 잘못된 인식을 갖게 되었다. 비디오게임 중독의 여파는 대부분 일상적인데, 예를 들면 출근이 늦어진다든가, 학교 숙제를 소홀히 한다든가, 중요한 날을 잊어버린다든가 하는 식이다.

비디오게임 중독이 플레이 시간의 문제라는 흔한 오해와 마찬가지로, 비디오게임 중독이 알코올이나 각성제, 헤로인 등 불법 약물 남용에 의한 중독과 "완전히 똑같다"는 것도 오해다. 매력적인 헤드라인일지는 몰라도, 현실에 기반한 사실이 아니다. 만약 어떤 사람이 정말로 비디오게임에 중독되었다면 그 결과는 약물이나 알코올, 심지어는 도박에 중독된 사람들이 겪는 문제와는 완전히 다르게 나타난다는 사실을 유념할 필요가 있다. 다음 장의 표는 알코올 중독과 헤로인 중독, 비디오 게임 중독의 실제 사례들로, 각 중독에 대한 표준적인 사례라 할 수 있다. 이를 통해 우리는 각 중독의 증상이 어떻게 나타나는지 이해할 수 있을 것이다.

우리는 중독에 따른 효과가 매우 다양하게 나타난다는 것을 분명히 인지하고 있다. 한쪽에는 "고기능 알코올중독자(역주: 일상생활에는 문제가 없으나 알콜중독인상태)"가 있고, 다른 한쪽에는 게임하느라 아이를 굶기는 사람이 있는 것이다. 다음은 모든 중독이 동등한 정도로 유해한 것이 아님을 잘 보여주는 전형적인 사례들이다.

알코올 중독의 전형적 사례:

테드는 45세의 백인 남성으로 20여 년 이상 술을 마셔왔다. 그는 한 직장을 꾸준히 다니는데 어려움이 있고, 와이프는 떠났으며, 아이들과의 관계도 형편없다. 의사는 장기간 알코올 중독의 전형적인 결과인 신경학적 퇴행 증상, 코르사코프 증후군Korsakoff syndrome 과 간 질환 증세가 나타나고 있다고 진단했다. 그럼에도 불구하고 스트레스를 완화시키는 주요 방법이 술이어서 테드는 계속해서 술을 마신다.

헤로인 중독의 전형적 사례:

에이미는 44세의 히스패닉계 여성이다. 그녀는 약 20년 동안 헤로인을 정기적으로 투약해왔다. 헤로인이 없으면 에이미는 제대로 기능할 수가 없다. 신체적으로 고통을 느끼고, 정신적으로 헤로인을 찾는 것 외의 다른 생각을 할 수가 없다. 약물을 맞고 나면 차분히 가라앉긴 하지만, 제대로 된 일자리나 가족을 갖지 못하고 일시적 매춘 같은 일만 가능할 뿐이다.

비디오게임 중독의 사례:

나이젤은 영국에 사는 41세의 흑인 남성이다. 거의 30년 동안 열정적으로 게임을 플레이해왔다. 그는 〈월드 오브 워크래프트〉와 같은 온라인게임을 사랑하는데, 때때로 게임을 너무 많이 플레이해서 현실에서의 사회적 관계를 놓치곤 한다. 그는 기술산업 분야의 직장을 갖고 있지만 게임하느라 종종 지각하곤 한다. 이로 인해 몇 번 질책 받았고 기분이 썩 좋지 않았다. 그의 아이들은 잘 적응해서 살고 있긴 하지만, 가끔 아이들과 시간을 충분히 보내고 있지 못한 것 같아 걱정이 된다.

이 영역을 선도하는 학자 중 한 명인 마크 그리피스 박사Dr. Mark Griffiths 는 노팅엄 트렌트 대학Nottingham Trent University 의 국제게임연구소 소장인데, 비디오게임 중독과 훨씬 심각한 유형의 중독을 동일시하는 언론 및 기타 집단의 선동을 직접적으로 겪은 경험이 있다. 2014년 7월 영국 신문 〈더 선The Sun 〉은 그리피스 박사가 비디오게임 중독 증상을 식별하기 위해 만든 체크리스트를 비디오게임이 "헤로인만큼 중독적"이라는 기사와 나란히 실었다[186]. 후에 그리피스 박사 자신이 직접 해명한 대로 이 신문 기사는 복합적인 문제를 선정적으로 과장한 것이었다[187]. 약물 중독은 전형적으로 생리적인 내성(동일한 효과를 얻기 위해 보다 많이 소비하려는 욕구)과 금단(약물 사용의 중단으로 인한 불쾌감 또는 치명적인 의학적 증상)과 같은 강도 높은 생화학적 반응을 동반한다. 반면 비디오게임과 같은 행위 중독은 외부의 물질을 섭취하는 것이 아니기 때문에 그와 같이 강력한 반응을 불러일으키지는 않는다. 중독적 행위에 따른 효과는 완전히 신체 내에서 생성되며 우리 신체가 스스로 만들어낸 "중독적인" 화학물질의 분량만큼만 발휘된다.

〈더 선〉의 기사처럼 일각에서 비디오게임을 약물과 동일시하는 이유는 도파민의 역할을 오해하고 있기 때문이다. 도파민이란 우리 뇌 속에 존재하는 화학물질로, 보상과 쾌락의 감정에 관여한다. 만약 여러분이 이 책을 (저자들의 희망대로) 즐기고 있다면 현재 여러분의 두뇌 속에서 도파민이 분비되고 있는 것이다! 기본적으로 우리를 즐겁게 해주는 모든 것은 도파민을 분비시킨다. 본질적으로 우리가 지금 재미있다고 뇌에서 알려주는 방식이다. 일부 불법 약물들, 예컨대 메스암페타민 같은 물질은 도파민을 대량으로 분비시킨다. 두뇌의 보상 체계에 대한 이와 같이 엄청나게 과도한 자극은 약물에 대한 정신적 중독을 유발한다. 비디오게임 또한 재미있기 때문에 결과적으로 도파민이 분비되는데, 일부 기자들로(심지어는 기자보다는 더 잘 알아야 하는 학자들까지도) 하여금 비디오게임을 불법 약물과 직접 비교하게 만드는 이유가 바로 여기에 있다.

이와 같은 과학적 무지와 청교도적 금욕주의의 만남은 전혀 새로운 것이 아니다. 예를 들어 〈더 선〉은 비디오게임이 헤로인과 같다고 주장하는 것에서 더 나아가 컵케이크를 코카인과 비교하기도 했다[188]. 기본적으로 기자들(이나 일부 학자들)은 사람들이 재미있게 즐기는 어떤 것이 위험하거나 나쁘다고 주장해야겠다 싶을 때면 그것이 도파민을 분비시킨다고 지적하면서 따라서 약물만큼이나 중독적이라고 주장한다. 비디오게임과 헤로인, 컵케이크와 코카인에 대한 이 선정적인 비교에서 빠진 부분은 바로 그러한 행위 및 물질에 의한 도파민의 분비량이다. 다음의 표에서도 볼 수 있듯 비디오게임을 플레이할 때 분비되는 도파민 수치는 위험한 약물과 비교하면 현저히 낮다[189, 190]. 〈그랜드 테프트 오토〉를 플레이하면 도파민 수치가 오른다는 것 자체는 사실이다. 다만 게임 속에서 리버티 시티를 누빌 때 분비되는 도파민의 양은 메스암페타민을 투여할 때보다는 페퍼로니 피자 한 조각을 베어물 때 발생하는 수준에 가깝다[191].

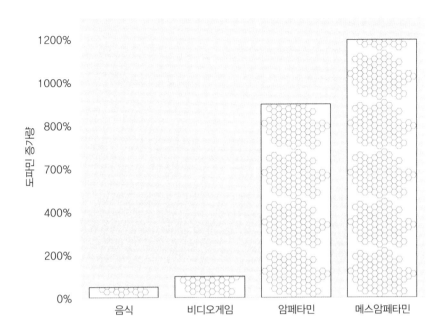

비디오게임 중독은 얼마나 흔한가?

심리학이나 의학에서 어떤 질병이 얼마나 흔한지를 표시할 때 유병률prevalence 이라는 용어를 사용한다. 예를 들어 2014년 WHO는 세계 인구의 약 4%가 알코올 중독을 겪고 있다고 추정했다. 그것이 바로 유병률이다. 이 지점에서 기억할 것은, 거의 모든 어린이와 젊은 성인들이 비디오게임을 플레이하고 있다는 점이다. 만약 비디오게임이 정말로 알코올이나 메스암페타민 정도로 중독적이라면, 이 세상은 제대로 기능하지 못하는 청소년들을 양산하는 엄청난 유행병과 치열한 전투를 벌이고 있어야 한다! 그렇지만 교실을 들여다보면, 대부분의 아이들이 꽤나 열심히 수업을 잘 받고 있다.

비디오게임 중독의 유병률 도출이 까다로운 이유 중 하나는 비디오게임 중독 증상에 대해 완전한 합의가 이루어지지 못하고 있기 때문이다. 정신과 의사들은 명확한 증상리스트를 갖고 싶어한다. 미 정신의학회에서 만드는 정신 질환 진단 및 통계 매뉴얼DSM-5 [184]에 따르면 정신과 질환은 기본적으로 증상 체크리스트로 요약된다. 예를 들어 다중인격장애(전문 용어로는 해리성 정체감 장애라고 한다)의 경우 DSM-5에 따르면 단일 인물의 정신 속에 두 개 이상의 인격의 존재하는 상태나, 각 인격들이 각기 다른 시간대에 이 사람의 행동을 통제한다거나, 다른 인격이 통제할 동안에 벌어진 일에 대해서 기억을 하지 못하는 등과 같은 증상이 관찰되어야 한다. 정신 질환을 규정하고 이해하는 이런 방식에 논란의 여지는 있지만, 임상의들이 어느 정도 통일된 방식으로 진단할 수 있게 해준다.

비디오게임 중독 진단을 위한 체크리스트에 정확히 어떤 내용이 담겨야 하는지는 아직 모호한 상황이다. 현재 가장 큰 어려움은 비디오게임 중독의 증상을 규정하는 인력 가운데 게임 경험이 별로 없는 고령의 정신과 의사들의 비중이 높다는 점이다. 이들은 대개 비디오게임과의 건강한 관계가 어떤 것인지를 이해하지 못하며, 그래서 비디오게임 플레이를 중독과 제대로 구별하지 못한다. 예를 들어 어떤 학자들은 비디오게임 중독자를 식별하기 위한 지표로 "좋아하는 게임을 플레이하면 흥분됩니까"와 같은 질문을 던진다[192]. 이런 분류체계는 허위 양성false positive 같은 문제를 야기할 수 있다. 허위 양성은 누군가가 정신 질환 – 예컨대 비디오게임 중독 같은 – 에 걸렸다고 진단받지만 사실은 완전히 정상인 상황에 발생한다. 어떤 행위를 잘 이해하지 못한 사람이 그것을 비정상이라고 간주할 때 이런 오진이 종종 발생한다. 비디오게임을 거의 플레이 해본 적 없는 사람은 가상의 캐릭터를 컨트롤하는 것이 바깥에 나가 놀거나, 축구경기를 보거나, 숙제하는 것보다 더 신나는 이유를 이해하지 못하며, 따라서 그러한 흥분에 부적응 행동이라는 잘못된 낙인을 찍는 것이다. 물론 사람들의 행동에 "정신적으로 비정상"이라는 낙인을 찍어 사람들을 차별하는 양상은 새롭지 않다. 예를 들어 지난 수십 년 간 동성애는 정신질환으로 여겨져왔으며, 여성들은 종종 "히스테리"("돌아다니는 자궁"으로 해석된다)라는 진단을 받아왔다. 오늘날까지도 ADHD에 대해서는 논란이 있는데, 증상의 범주가 지나치게 방대한 나머지 많은 "정상" 아이들과 성인까지 포함될 수 있다는 의견이 있기 때문이다. 이처럼 정상 행동과 장애 행동 간의 구분은 복잡한 일이며, 돈 문제가 끼어들 경우 인센티브가 생기기 때문에, 선의를 따랐더라도 과도한 진단이 이루어질 가능성을 무시할 수 없다.

과거에 학자들이 비디오게임 중독 진단에 사용했던 체크리스트가 꽤나 다양했기 때문에, 유병률 또한 0에서부터 20%에 육박하는 등 다양하게 나타난다. 그런데 정말로 인구의 20%에 달하는 사람들이 무엇인가에 중독됐다고 생각할 수 있을까? 그렇다면 사회는 정상적인 기능이 불가능할 것이다! 제대로 측정한 연구들은 대체로 비디오게임을 플레이하는 인구 중 중독 증상을 보이는 비율이 1~3% 정도인 것으로 보고하고 있다[193, 194, 195]. 이 수치는 알코올 중독의 유병률과 비슷한 수준이다. 하지만 게임 중독의 대다수 사례가 다른 중독 장애에 비해 상대적으로 미약한 증상을 보인다는 사실을 유념할 필요가 있다. 알코올에 의존하는 사람들은 판단력 저하, 감정통제 불능, 심장 문제, 간 문제, 뇌 손상, 고혈압, 궤양, 성기능 장애, 그리고 사망까지 위험한 상황에 노출될 가능성이 높다. 그러나 비디오게임에 중독된 사람들이 직면하는 문제는 컴퓨터와 떨어질 수 없어서 숙제를 소홀히 하거나 출근 시간에 지각을 하는 등에 그칠 뿐이다.

최근 미 정신의학회는 증상 체크리스트를 만들었는데, 이것이 향후 비디오게임 중독 진단에 표준으로 사용될 가능성이 높다. (아래 표 참조). DSM-5에서 "인터넷

게임 장애"는 "향후 연구가 더 필요"한 상태인 것으로 나타나 있는데, 이는 정신의 학계가 추가적인 연구가 필요하다고 판단했다는 뜻이다. 연구 결과에 따라 DSM의 차기 버전에 인터넷게임 장애가 공식적으로 등록될지 여부가 결정된다(역주: 앞서 언급한 ICD가 국제적으로 활용되는 질병코드를 의미한다면, DSM은 미 정신의학회에서 편찬하는 정신질환진단 및 통제에 대한 편람을 의미한다).

인터넷게임 장애 증상 체크리스트(안)

✔ 집착: 게임에 대해 생각하느라 많은 시간을 소모합니까?

✔ 금단: 게임을 플레이할 수 없으면 초조해집니까?

✔ 내성: 이전과 같은 즐거움을 얻기 위해 더 많이 플레이하거나 더 강력한 장비를 써야겠다고 느낍니까?

✔ 감축: 플레이하는 시간을 줄여야겠다고 느끼지만 그것이 불가능합니까?

✔ 다른 행동의 포기: 다른 여가활동의 참여를 줄였습니까?

✔ 문제가 있음에도 지속: 비디오게임으로 인한 부정적인 효과를 느끼면서도 게임을 계속합니까?

✔ 거짓말: 게임을 얼마나 많이 하고 있는지에 대해 거짓말합니까?

✔ 회피: 불안이나 스트레스를 줄이기 위해 게임을 합니까?

✔ 위험성: 게임 때문에 중요한 인간관계나 직업을 잃을 위험을 무릅쓰고 있습니까?

이 체크리스트를 지지하는 학자들은 이 중 최소한 5개 항목을 경험해보았다면 비디오게임 중독이라고 주장한다.

그러나 이 체크리스트는 일부 합리적인 부분도 있지만 조금 문제가 있다. 예를 들어 배우자가 떠난다거나, 직장에서 잘릴 지경에 몰렸는데도 〈그랜드 테프트 오토〉를 놓을 수 없다면 당신은 분명 게임으로 인한 문제를 겪고 있는 것이다. 그러나 퇴근 후에 스트레스를 풀기 위해 〈테트리스Tetris〉나 〈슈퍼 마리오브라더스〉를 플레이하는 것이 잘못인가? 물론 스트레스를 해소하기 위해 헤로인을 투약하거나 도박을 하는 것은 잘못된 행동이다. 심각한 결과를 초래할 수 있는 위험도 높은 행위이기 때문이다. 그러나 본래 취미활동이란 우리의 기분을 풀어주고 보다 즐겁게 해주고 스트레스를 해소해주는 것이 아니던가? 책을 읽거나 운동을 하거나 TV로 스포츠 경기를 시청함으로써 긴장을 푼다면 어떨까? 이 또한 중독의 신호인가? 이와 같은 접근은 전형적으로 고연령층의 비게이머들이 정상적인 행동을 문제로 간주하고 있음을 보여주는 사례다. 수많은 건강한 사람들이 비디오 게임을 플레이하며 스트레스를 해소한다. 체크리스트를 개발한 당사자들도 게임이 아닌 다른 활동, 예컨대 체스를 두거나 음악을 감상하는 등 자기들에게 익숙하고 이해도가 높은 활동을 통해 스트레스를 해소할 것이다.

DSM 체크리스트에서 눈에 띄는 또 다른 항목은 게임을 플레이하느라 다른 활동에 참여가 줄었는지 묻는 항목이다. 그러나 새로운 취미활동을 시작하면서 전에 하던 취미활동을 중단하는 것은 일반적인 일이다. 이전에 열정적으로 뜨개질을 하던 사람이 코카인이나 도박에 더 많은 시간을 할애하기 위해 뜨개질을 그만뒀다면, 이는 명백히 좋지 않은 일일 것이다. 그러나 〈어쌔신 크리드Assassin's Creed〉를 플레이하느라 뜨개질을 중단했다면, 무엇이 문제인가? 나이 든 사람들은 취미를 게임으로 바꾸는 것이 옳지 못하다고 생각하는데, 이는 그들이 보통 게임에 별 가치를 부여하지 않기 때문이다.

미 정신의학회가 제안한 체크리스트에 나오는 많은 증상들은 상대적으로 정상적인 행동들로, 이로 인해 실제로는 아무런 문제가 없는 게이머가 중독자로 진단될 위험성이 있다. 학자들 사이에서 인터넷게임 장애를 진단하기 위한 증상에 대한 논쟁[196, 197]이 끊이지 않는 이유도 바로 여기에 있다.

비디오게임 중독에 초점을 맞추면서 생기는 진짜 위험은 강박적인 게임플레이 내면에 깔린 문제들을 간과하게 된다는 것이다. 덴마크의 학자 룬 닐슨 박사Rune Nielsen가 설명한 14살 소녀 마리아의 사례는 그러한 문제점을 잘 보여준다(익명성 보장을 위해 일부 설정을 바꾸었다). 마리아는 학교에 가는 대신 집에서 하루종일 〈월드 오브 워크래프트〉를 플레이하면서 보냈다. 부모가 이에 대해 학교의 상담교사에게 상의하자, 상담교사는 이 문제를 비디오게임 중독이라고 규정했다. 그래서 마리아의 부모는 그녀에게서 컴퓨터를 빼앗아 버렸다. 마리아가 학교에 돌아갔을까? 아니, 그녀는 하루종일 집에서 아무 것도 하지 않은 채 지루하게 앉아만 있었다. 그녀는 심지어 게임할 컴퓨터를 빼앗긴 것에 대해서도 별 반응을 보이지 않았다. 그럼에도 불구하고 진짜 문제는 비디오게임이 문제가 아니었음을 깨닫기까지 수개월이 걸렸다. 나중에 마리아가 학교에 가는 것을 두려워했다는 사실이 밝혀졌다. 어떤 선생님이 자신을 괴롭힌다고 생각했던 것인데, 아무도 마리아에게 물어봐주지 않았고 그녀 자신 또한 이 문제에 대한 언급을 망설였던 것이다. 다행스럽게도 반을 바꿔주자 마리아는 다시 학교에 갈 의욕이 생겼다. 물론 비디오게임이 절대 범인이 아니라는 이야기를 하기 위해 이 사례를 든 것은 아니다. 이 사례가 보여주는 것은 강박적인 비디오게임 플레이가 다른 내면의 문제를 드러내는 증상일 때도 많다는 점이다.

비디오게임 중독 식별하기

아마도 여러분의 자녀나 가까운 사람 중에 비디오게임을 많이 플레이하는 사람들이 있을 것이다. 그에 대해 우려해야 할 시점은 언제쯤일까? 앞서 살펴본 DSM 체크리스트의 문제점을 떠올릴 때, 그 시점을 알아차리기가 쉽지 않아 보인다.

일단 여러분이 그 사람의 게임 플레이에 대해 우려하는 이유가 자신이 그 사람의 입장이었다면 그렇게까지 많이 플레이하지 않았을 것 같아서가 아닌지 스스로에게 물어볼 필요가 있다. 단순히 나의 생각보다 많이 플레이한다는 것은 그다지 설득력 있는 중독의 증거가 되지 못하기 때문이다. 특히 그 사람의 인생이 제대로 돌아가고 있다면 – 즉, 학교생활, 직장생활, 사회적 책임 등에 문제가 없다면 비디오게임 중독을 의심할 이유가 없다. 문제의 그 사람이 고강도로 게임에 빠져있을 순 있지만, 앞서 언급한대로, 게임플레이에 소모된 시간량은 중독 여부에 대한 좋은 지표가 아니다[198]. 마리아의 사례에서도 보았지만 새로운 테크놀로지와 맞닥뜨린 경우 우리는 종종 성급하게 결론짓는 경향이 있다. 게다가 젊은 층의 정상적 행동을 정신 질환의 신호로 간주하는 경향도 있다. 나이 든 사람들은 늘 청소년들이 정신나갔다고 생각한다(피차 마찬가지다!).

나아가, 게임 때문에 해야 할 일에 방해받는 걸로 보일지라도 비디오게임 중독에 해당하지 않을 수 있다. 인간 행태는 복잡하기 때문이다. 어떤 사람이 비디오게임을 너무 많이 하는 바람에 일상에서 어떤 문제를 겪고 있다고 할 때, 이 두 가지 사안이 서로 연결되어 있을 수도 있고 그렇지 않을 수도 있다. 즉 비디오게임이 반드시 문제의 원인이 아니라는 뜻이다. 실제로 비디오게임이 문제가 된 경우일지라도, 대개 그 상황은 더 큰 퍼즐의 일부에 해당한다. 비디오게임은 크랙 코카인 같은 화학적 힘을 가지고 있지 않다. 비디오게임을 거의 하지 않던 사람이 어쩌다 게임을 시작했다고 해서, 기능 수행 및 적응력에 있어 아무 문제 없던 사람이 갑자기 통제가 불가능한 중독자로 변하는 경우는 거의 없다. 비디오게임 중독에 이르렀다는 것은 대부분의 경우 그 사람이 가진 내면의 문제를 보여주는 신호다.

만약 아직도 비디오게임 중독이 걱정된다면 앞서 언급했던 마크 그리피스 박사[199]가 만든 유용한 모델을 살펴볼 것을 제안한다. 다음은 그리피스 박사의 안에 따라 게임 중독으로 인한 문제를 겪는 이들을 식별할 때 찾아 볼 만한 특성들을 정리한 것이다.

현저성(Salience)

현저성이란 어떤 것에 대한 중독 증상이 한 사람의 정신적 삶에서 차지하는 비중에 관한 것이다. 게임을 하고 있지 않은 때에도 늘 비디오게임만 생각하고 있는가? 게임을 플레이하지 못하면 불만스러운가? 게임을 하지 않을 때에도 언제 다시 플레이할 것인지의 생각에 사로잡혀 다른 일에 집중할 수 없는가? 정확히 말해서, 새 게임을 학수고대하거나, 친구들과 비디오게임에 관해 대화를 나누거나, 가끔 비디오게임에 대해 생각하는 것은 중독의 신호가 아니다. 골퍼나 사냥꾼, 또는 열정적인 스포츠팬들을 한번 생각해보자. 그들 또한 틈만 나면 자신의 흥미거리에 대해 수다를 떤다. 그러나 현저성이란 게임에 대한 생각이 너무나 강력해져서 다른 것에 대해서는 생각할 수 없는 상황을 뜻한다.

기분 전환

앞서 논의한 대로 비디오게임을 기분 전환을 위해 사용하는 것은 전혀 나쁜 일이 아니다. 이는 우리 모두가 취미활동을 하는 이유다. 그러나 비디오게임이 행복감을 느낄 수 있는 유일한 수단이라면 문제가 있는 것이다. 게임 외에 다른 것으로는 스트레스를 해소할 수 없는가? 기분이 나아질 수 있는 유일한 활동이 비디오게임인가? 기분 전환이 완전히 비디오게임에만 의존적이라면, 이는 중독의 신호일 수 있다.

내성

내성은 약물 남용에 따른 전형적인 증상으로, 동일한 효과를 얻기 위해 그 약물을 갈수록 더 많이 복용해야하는 상황을 의미한다. 예를 들어 어떤 알콜중독자들은 일반인보다 곯아떨어질 만큼 많이 술을 마시면서, 자신은 아무리 마셔도 취하지 않을 수 있다고 떠벌이기도 한다. 행위 중독의 경우 이 문제는 좀 더 까다로워진다. 비디오게임에 있어 내성은 한 때 즐겼던 유형의 게임에 대해 갈수록 만족감이 떨어질 때 나타난다. 게임의 각 세션들은 갈수록 재미가 줄어든다. 더 오래 플레이하거나 더 강도 높은 세션을 플레이하더라도 결코 만족하지 못한다. 더 많은 게임과 더 많은 장비들을 구매하더라도 만족스럽지 않고 심지어 즐겁지도 않다.

다시 한 번 말하지만, 단순히 게임을 많이 플레이한다고 해서 내성이 생겼다고 볼 수 없다. 특히 그 사람이 만족하면서 즐거워한다면 말이다. 일부 열혈 게이머들은 최고의 장비를 사는 것을 즐긴다. 예를 들어 오큘러스 리프트Oculus Rift VR장비와 컴퓨터 하드웨어는 (글을 쓰고 있는 현 시점에서) 2천 달러를 쉽게 넘길 정도로 고가이다. 비게이머들에게 이는 엄청난 지출로 느껴지겠지만, 요트나 자전거, 스쿠버다이빙, 스포츠 굿즈 수집, 스키, 우표 수집, 등산, 심지어는 사교댄스 경연대회(진짜로 어떤 사람들은 경연 참가비와 의상비, 댄스 레슨 등에 연간 1만 달러를 쏟아붓는다) 등 여타 취미활동을 위해 비싼 장비를 구매하는 것과 다르지 않다. 요는 사람들이 자신의 취미를 뒷받침할만한 능력이 되고 그것을 즐기는 한, 돈을 많이 쓰는 것은 중독의 신호가 아니라는 것이다. 만약 어떤 게이머가 오큘러스 리프트 장비를 갖출 능력이 있고 그것을 사용하면서 즐거워한다면, 걱정할 이유는 없다. 그러나 만약 자기 능력 이상으로 계속해서 구매하거나, 그렇게 구매한 것으로도 만족하지 못한다면, 이는 또 다른 문제다.

금단

내성과 마찬가지로 금단 현상 또한 약물 중독에 있어 일반적으로 나타나는 현상이다. 만약 커피의 카페인에 중독되었다면 며칠동안 커피를 못 마실 경우 두통과 피곤함을 느낄 것이다. 이것이 금단 현상으로, 카페인에 중독되었음을 의미한다. 당연히 헤로인이나 술 같은 물질에 대한 금단 현상은 훨씬 힘들다.

비디오게임 플레이 같은 행위 중독의 금단현상은 정신적 증상을 일으키기 쉽다. 게임 플레이를 멈췄을 때, 스트레스를 받거나 짜증이 나거나 우울해지는가? 혹은 복통, 두통, 불면이 생기거나 식욕을 잃는 등의 신체적 증상이 나타나는가? 금단은 단순히 게임을 플레이하지 못해 짜증나는 것 이상의 현상이다. 어떤 십 대 청소년이 비디오게임 사용을 제한당해서 시무룩해져 있다면 그것은 정상이다. 그러나 남은 인생을 전혀 즐길 수 없다든가 배가 아프거나 잠들 수 없다면, 정상이 아니다.

갈등

갈등은 그리피스 박사의 모델에서 우리가 앞서 논의했던 "간섭interference"의 문제와 가장 유사한 것이다. 어떤 사람이 게임을 하고자 하는 욕구 때문에 해야 할 일들을 멈추면 다른 이들과 갈등을 겪게 된다. 게임에 너무 많은 시간을 소모함에 따른 부정적인 결과를, 그것이 아주 명백히 예상되는데도 무시하고 있는가? 기대에 부응하지 못하여 친구나 가족, 직장 상사나 학교 선생님 등과 갈등을 겪고 있는가?

자기 스스로도 게임을 너무 많이 하고 있다는 것을 알고 갈등하면서도 게임하기를 멈출 수 없는가?

재발

재발은 바꾸고자 하는 노력에도 불구하고 문제적 행동을 다시 시작할 때 발생한다. 금연했던 흡연자가 다시 흡연하기 시작하는 것을 재발이라고 한다. 비디오게임의 경우 재발은 게임하는 시간을 줄이려고 하지만 그럴 수 없을 때 발생한다. 게임을 덜하려고 진지하게 노력하는데도 줄일 수 없는가?

여기서 중요한 점은 상기의 항목 중 한두 개 정도만 겪고 있다면 비디오게임 중독이 아니라는 점이다. 비디오게임에 대한 많이 생각하는 것(현저성)이나 갈수록 더 많이 플레이하고 싶어하는 것(내성)만으로는 비디오게임에 중독되었다고 할 수 없다. 그러나 만약 이 문제들 대부분을 겪고 있다면 이는 분명 문제가 있는 것이다. 달리 말하자면, 비디오게임과 건강한 관계를 맺은 사람들은 이 취미가 일상에 가치를 더한다는 것을 알게 된다. 반대로 건강하지 못한 중독적 관계를 맺은 사람들은 필연적으로 게임이 일상적 삶의 가치를 저하시키는 것을 발견하게 된다. 게임하기에 익숙하지 않은 사람들은 그 차이를 인식하기 어려울 수 있다. 이런 사람들에게는 게임이 개인의 삶에 무언가 더한다는 것이 상상하기 힘든 일이기 때문이다. 그들은 그 게이머가 무언가를 "놓치고 있다"고 여기며, 밖으로 나가거나 보다 건설적인 활동을 해야 한다 생각할 것이다. 그러나 그 활동의 매력이 안 보인다고 해서 유해하다고 판단할 수는 없다.

비디오게임을 중독적이라 볼 수 있을까

좋은 소식은 대부분의 아동과 젊은 성인들에게 있어 비디오게임하기는 정상적인 성장과정에 해당한다는 것이다. 게임을 플레이하는 절대다수의 사람들은 생산적인 작업이나 학교 일정, 능동적인 사교생활과 균형을 맞춰가며 즐기고 있다. 그 균형을 맞추는데 어려움을 겪는 사람들도 있다. 우리는 마지막 판을 통해 부모와 자녀를 위한 명확하고 일관된 규칙과 관여 방식을 제안할 것이다. 일부 사람들이 비디오게임에 중독될 수 있지만, 행위 중독이 대개 그렇듯 비디오게임은 크고 복잡한 문제의 일부에 불과하다. 좋지 못한 게임 습관은 대개 내면 깊숙히 깔린 문제의 증상이지, 그 원인이 아니다.

비디오게임 중독이 실제로 존재한다고 해도 어떤 이들이 주장하듯 새롭게 떠오르는 신종 유행병은 아니다. 또한 비디오게임에 중독된 사람들은 상대적으로 가벼운 증상을 보이며, 그 중독의 정도는 알코올이나 메스암페타민, 심지어 도박과도 비교가 될 수 없는 수준에 그친다. 그럼에도 도덕적 공황의 시대에 "비디오게임은 헤로인과 같다"와 같은 헤드라인은 진실보다 훨씬 많은 주목을 받는다.

진실은, 쾌락을 주는 다른 모든 것처럼 게임하기도 지나칠 수 있다는 것이다. 뭐든지 적당해야 한다! 패스트푸드나 사탕, 감자칩, 운동 등이 그렇듯, 이 적당함의 원칙은 비디오게임에도 적용된다. 다음 장에서는 놀랍게도 비디오게임이 적당히 하는 방법을 가르쳐주며, 체력을 유지하도록 도와줄 수 있을 뿐만 아니라, 심지어는 정교한 윤리적 기준을 구축하는 데에도 도움이 될 수 있다는 점을 살펴보겠다.

일곱 번째 판:
견고한 도덕심에 건강한 신체

나는 나의 명예를 걸고 다음의 조목을 굳게 지키겠습니다.

하느님과 나라를 위하여 나의 의무를 다하겠습니다.

항상 다른 사람들을 도와주겠습니다. 스카우트의 규율을 잘 지키겠습니다.

신체적으로 건강하고 정신적으로 깨어있으며

도덕적으로 바르게 행동하겠습니다.

스카우트 선서, 미국 보이스카우트 연맹

1910년에 시작된 보이스카우트는 남자 청소년들에게 독립심을 심어주고 신체적 능력을 키워 도덕적인 판단을 할 수 있는 사람으로 키우기 위해서 시작되었다. 미국 소년들의 "남성성"을 우려했던 루즈벨트 대통령은 이 신생 조직이 창설되자

마자 지원을 아끼지 않았고 나중에는 자신이 부연맹장을 맡기도 했다. 보이스카우트는 신체 활동이 도덕성을 키운다는 루즈벨트의 오랜 신념에 완벽하게 들어맞았다. 루즈벨트 본인도 인성 단련을 위해 테니스와 폴로, 노젓기, 승마, 복싱, 주짓수, 흰코뿔소 사냥 등을 정기적으로 했고, 한겨울에 포토맥강에서 알몸으로 수영하기도 했다. 이내 미국의 수많은 아이들이 (아마도 흰코뿔소 사냥과 한겨울의 알몸수영은 제외하고) 루즈벨트의 방식을 따랐고, 보이스카우트에 가입해 신체를 단련하고 도덕심을 기르는 활동을 열심히 했다. 이는 저자 중 한 명인 마키에게 스스로의 인성에 대한 의문을 가지게 만들었는데, 왜냐하면 그는 길 건너기가 싫어 집 바로 건너편에 있는 피자집에 굳이 배달 주문을 하는 사람이었기 때문이다(그래서 배달부와 눈 마주치기를 피하곤 했다).

보이스카우트가 도덕심과 신체적 능력 개발을 장려하기 위해 활용한 방법 중 하나는 특정한 목표를 달성하면 배지를 수여하는 것이다. 수상스키로 보트의 물결을 4번 가로지르는 것을 보여주면 수상스포츠 배지를 얻을 수 있다. 바위산을 3가지 코스를 통해 오른 후 레펠 하강을 하면 클라이밍 배지를 얻을 수 있다. 현재 보이스카우트에는 백여 개가 넘는 배지가 있으며, 노젓기, 양궁, 카약, 승마 등에서 목표를 달성하면 얻을 수 있다. 그런데 2013년에 보이스카우트는 여기에 새로운 항목을 추가했다. 바로 비디오게임이다!

도덕심의 고양과 신체적 건강을 강조하는 보이스카우트의 전통을 생각하면, 비디오게임 배지가 추가되었을 때 일부 사람들이 보인 분노는 놀랍지 않다. 부모들은 대개 비디오게임을 하는 청소년들을 숙제는 등한시하고 손에 감자칩 봉지 하나씩 든 칠칠맞지 못한 얼간이 정도로 간주한다. 교육자들과 정책 입안자들은 폭력적 게임이 도덕심을 약화시킬 뿐만 아니라 우리를 게으르고 뚱뚱하게 만든다고 우려한다. 이와 같은 우려는 언론에 의해 강화되었는데,[200, 201] 어떤 저명한 게임 연구자는 폭력적인 비디오게임을 플레이하면 "거짓말을 더 많이 하고", "더 많이 먹게" 된다는 주장을 펴기도 했다[202].

비디오게임이 우리의 도덕심과 신체에 부정적인 영향을 끼친다는 믿음은 들불처럼 퍼져나간 듯하다. 이러한 가정이 참이라면, 보이스카우트는 이 도덕적으로 타락하고 건강에 해로운 활동에 배지를 수여해서는 안 될 것이다. 그렇다면 과학은 어떻게 말하고 있을까? 비디오게임, 특히 폭력적인 비디오게임을 플레이하는 사람은 도덕적으로 둔감해질까? 이 디지털 매체가 신체 활동을 감소시키면서 비만을 일으키는 것일까?

현실의 도덕 vs. 가상의 도덕

1961년, 예일대학이 위치한 코네티컷 뉴헤이븐은 유례없이 더운 여름을 겪고 있었다. 6월 기온이 거의 33도에 달하는 가운데 예일대 학생들의 관심은 학교 공부가 아닌 나치에 복무했던 예루살렘의 아이히만Adolf Eichmann 판결에 쏠렸다. 일 년 전 아르헨티나에서 이스라엘 요원이 아돌프 히틀러의 "최종 해결책"을 만든 아이히만을 체포했는데, 이제 그가 저지른 전쟁 범죄에 대한 판결이 내려질 참이었다. 아이히만은 자신의 끔찍한 행동에 대해 그저 "명령을 수행"했을 뿐이라고 변호했다. 재판을 담당한 세 명의 판사는 이 대답이 충분한 사유가 되지 못한다고 판단했고, 수백만 명을 죽게 한 책임이 있다며 아이히만에게 교수형을 선고했다. 이 재판이 진행되던 즈음에 스탠리 밀그램Stanley Milgram 은 박사과정을 막 마치고 예일대학교에서 심리학 연구자로 자리를 잡았다. 아이히만의 변론은 사람들이 권위

있는 인물에 어느 정도까지 통제를 받고 "명령을 따를" 수 있을지에 대한 젊은 학자의 호기심에 불을 당겼다[203]. 그리고 이 질문에 대한 연구를 위해 스탠리 밀그램은 역사상 가장 영향력있고 논쟁적인 실험에 착수한다.

밀그램은 우선 지역신문에 "1시간에 4달러를 드리겠습니다"라는 제목의 광고를 실어 실험에 참가할 20~50세 사이의 남성을 모집했다(당시 4달러는 합리적인 액수였으며, 오늘날 실험에 참가하는 학부생들에게 주는 금액보다도 높은 것이다). 실험에 참가한 지원자들은 콘크리트로 만들어진 지하 실험실에서 하얀 실험 가운을 입은 근엄한 연구자의 지시에 따르도록 했다. 지원자들이 자리에 앉으면 연구자는 15~450V라고 표시된 스위치가 달린 무시무시한 전기장치를 보여주고 사용법을 알려준다. 이 장치는 옆방에 있는 불운한 "학생"의 기억력을 테스트하기 위한 것으로, 실험이 진행되면 지원자는 이 학생이 옆방으로 들어가 장치에 묶이는 것까지만 볼 수 있고 이후에는 소리만 듣게 된다.

지원자가 단어를 몇 개 읽어주면 옆방의 학생이 그 단어들을 반복하는 방식으로 기억력 테스트가 진행된다. 만약 학생이 틀릴 경우 지원자는 15V라고 쓰여진 첫 번째 버튼을 누르도록 지시를 받는다. 그러면 학생은 고통스러워서 눈물을 흘리고 실험은 계속 된다. 학생이 틀릴수록 지원자가 가하는 전기충격이 강화된다. 150V에 이르면 학생이 "아악!! 여기서 나가게 해줘요!! 심장에 문제가 있다고 말씀드렸잖아요!! 심장 박동이 이상해요!! 내보내 주세요! 제발!!"하고 소리지른다. 300V 충격을 받게 되면 학생은 "더 이상 질문에 답하지 않겠어요. 여기서 나가게 해줘요!! 날 여기 가둬둘 수 없어요!! 내보내 주세요!!"라고 소리지른다. 330V에 다다르면 지원자는 "나가게 해줘!! 심장이 이상해!! 나가게 해줘!! 나가게 해줘!!"라는 길고도 고통스러운 학생의 비명을 듣게 된다. 지원자가 실험가운을 입은 감독관에게 학생에 대한 전기충격을 멈추겠다고 말하면, 감독관은 450V에 이를 때까지 실험을 계속해야 한다고 말한다.

지원자 중에 사이코패스나 부도덕한 사람이 있었다면? 그랬더라도 들킬 걱정은 없었는데, 대부분의 지원자가 감독관의 권위에 복종하고 계속해서 학생에게 전기충격을 가했기 때문이다. 다행히 그 학생이 정말로 전기충격을 받은 것은 아니었다. 지원자들이 들었던 고통스러운 비명은 녹음된 것이었다. 밀그램의 관심은 사람들이 받는 고통이 아니라, 지원자들이 실험가운을 입은 권위있는 인물의 명령을 따르는지 여부였고, 대부분이 지시를 따른다는 사실을 알게 되었다. 지원자들에게 그나마 다행스러운 소식은 그들이 했던 행동이 끔찍해 보일지라도 사이코패스거나 부도덕하다는 증거가 아니라, 그저 인간의 본성이었다는 점이다.

지원자들이 같은 인간을 아무 감정 없이 대했던 것은 아니었다. 실험 내내 모든 지원자들은 감독관이 지시를 내릴 때마다 심란해하고 불안해했으며 심지어 분노하기도 했다. 식은 땀을 흘리면서 울음을 터뜨리거나 덜덜 떨었고, 신경질적으로 웃거나 손톱으로 자기 살갗을 찍어눌러 상처를 내기도 했다. 일부는 통제할 수 없는 발작을 일으키기까지 했다[204]. 지원자들이 이처럼 극도의 스트레스를 받았기 때문에, 밀그램의 연구는 과학이라는 미명 하에 사람을 스트레스가 가득한 환경에 몰아넣는 것에 대한 윤리적 문제를 일으켰다. 결국 이후부터 인간에 대한 그와 같은 실험은 허용되지 않고 있다.

그러나 연구자들이 실제 인간에게 전기충격을 가하는 척하는 실험은 금지되었을지라도, 가상의 인간에게 전기충격을 가하는 것은 미처 막지 못했다. 얼마 전, 유니버시티 칼리지 런던University College London 의 몰입적 가상환경 연구실Immersive

Virtual Environment Laboratory에서 가상의 인간에게 전기충격을 가하는 실험이 수행되었다. 밀그램의 연구를 그대로 수행하되 전기충격을 가하는 대상을 진짜 인간에서 가상현실의 캐릭터로 대체한 것이다[205]. 밀그램 연구에서 실험 지원자들이 전기충격을 가할 때마다 "학생"의 비명을 들었던 것처럼, 이 연구에서도 컴퓨터 속 가상인물이 공격을 받을 때마다 격하게 괴로움을 표현하도록 설계했다. 이 가상의 인물은 비명을 지르면서 "이런 조치에 결코 동의한 적 없다"며 멈춰달라고 애걸하고 저항한다. 끝에 가면 가상의 인물이 기절해서 의자 위에 축 쳐진 채 아무런 반응을 하지 않는데, 이를 실험 지원자에게 보여주었다. 실험하는 내내 인간 참여자들은 이 캐릭터가 실제의 인물이 아님을 인식하고 있었다. 이 연구에서 흥미로운 점은 대부분의 지원자들이 지시에 따라 가상의 인물에게 450V의 전기충격을 가했다는 사실이 아니라, 그렇게 지시를 따르면서 엄청난 스트레스를 받았다는 사실이다. 실험 지원자들은 전기 충격을 가하는 대상이 컴퓨터 속 캐릭터였는데도, 실제 사람에게 충격을 가한다고 생각했던 밀그램의 실험과 동일한 신체적 스트레스를

불쌍한 가상의 학생이 실험 중 "전기충격"을 받고 있다

나타냈다. 몇몇 지원자들은 심적으로 너무나 불편한 나머지 연구 참여 의사를 철회하기까지 했다! 분명히 실제로 다친 사람이 아무도 없음에도 그들은 가상인물의 가상적 고통에 대해 매우 강한 감정적 반응을 보였다.

허구 인물의 고통에 감정적으로 반응하는 것이 분명 새로운 사실은 아니다. 허구적 영화, 책, 텔레비전 프로그램에 등장하는 인물들은 실제 사람이 아니지만 우리에게 슬픔과 기쁨, 공포 등의 감정을 불러 일으킨다. 비디오게임 또한 이와 같은 감정적 반응을 불러 일으키는데, 특히 오늘날 그래픽 기술의 발전으로 게임에 영화적 내러티브가 도입되고 "컷신Cut-scene" – 게임 스토리의 전개를 돕는 영화 같은 동영상 장면 – 이 많이 삽입되면서 더욱 그렇다. 예를 들어 플레이스테이션 게임 〈라스트 오브 어스The Last of Us〉에서 많은 플레이어들은 (스포일러 주의!) 주인공의 딸 사라가 보안경비대의 총에 맞았을 때 심적 고통을 호소했다. 죽어가는 딸을 안아 든 아버지의 감정이 무너져 내리는 가슴 아픈 장면을 목격하기 때문이다. 〈레드 데드 리뎀션Red Dead Redemption〉, 〈바이오쇼크3Bioshock3)〉, 〈파이널판타지 VIIFinal Fantasy VII〉, 〈콜 오브 듀티: 모던워페어2〉, 〈저니Journey〉, 〈워킹데드The Walking Dead〉, 〈완다와 거상Shadow of the Colossus〉 같은 여러 게임들 또한 닳고 닳은 게이머에게서도 감정을 끌어낼 수 있는 장면들이 담겨 있다.

게이머들은 비디오게임이 "실제가 아니라는 것"을 잘 알고 있기에 가상인물의 고통이나 그에 대한 폭력에 영향을 받지 않는다고 여겨져 왔다[206]. 그러나 가상의 밀그램 실험에서 지원자들이 컴퓨터 속 인물에게 전기충격을 가하면서 받은 극심한 괴로움에서 보듯, 게임 속 인물이 허구임을 안다고 해서 그 인물들과 감정적 유대감이 형성되지 않는 것은 아니다. 아마 비디오게임 초창기에는 달랐을 것이다. 팩맨을 제어해 불쌍한 유령 블링키, 잉키, 핑키, 클라이드를 잡아먹는다고 해서 윤리적 문제로 괴로워하지는 않았을 테니까. 〈슈퍼 마리오브라더스〉에서 분노한 이탈리아계 배관공이 되어 버섯왕국의 수많은 굼바와 쿠파 군단의 생명을 빼앗았다고 잠 못 이루지는 않았을 것이다. 그러나 진짜 인간처럼 보이고 움직이는 가상 캐릭터들과 호소력 있는 스토리가 있는 오늘날의 비디오게임에서 윤리적이고 적절한 행동을 취하는 것은 노란색 원형 도트가 픽셀로 그려진 고스트들을 잡아먹던 시절에 비해 훨씬 복잡해졌다.

〈그랜드 테프트 오토 V〉의 "규정에 따르면By the Book" 미션에서 플레이어는 정보를 얻기 위해 테러리스트로 생각되는 인물을 고문해야 한다. 대형 해머, 전기케이블, 심지어 물고문 기구에 이르는 도구들이 제시되면, 플레이어가 이 중에서 선호하는 고문 도구를 선택하도록 되어있다. 많은 게이머들은 이 장면이 부적절하고, 비도덕적이며, 역겹다고 여겼고, 여러 인권단체들(고문생존자를 위한 의료재단이나 국제 앰네스티 등)은 이 시나리오의 폭력성을 공식적으로 비난했다[207]. 플레이어가 테러 조직에 침투하는 위장잠입 요원 역할을 하는 〈콜 오브 듀티: 모던워페어2〉에서도 비슷한 도덕적 딜레마와 마주하게 된다. 위장 잠입 중 공항에서 무고한 시민 수백 명을 학살해야 하는 상황에 놓이기 때문이다. 정치가들과 언론이 재빠르게 시나리오의 도덕성 비판에 뛰어들어 이 게임은 그 해 가장 논쟁적인 게임으로 낙인 찍혔으며 요제프 괴벨스가 만든 나치 선전에 비교되기까지 했다[208]. 물론 대다수의 비판은 게임을 직접 플레이해보지도 않고 해당 장면의 맥락(게임에서 플레이어는 위장 잠입한 반-테러리스트로, 문제의 장면에서 민간인을 쏘는 것이 강제되지는 않는다)도 모른 채 그저 플레이어가 테러 조직의 일원으로 공항 총기 난사 사건에 참여한다는 이야기만 들은 사람들로부터 나온 것이었다.

비디오게임 내용의 도덕성에 대한 우려는 과장된 경우가 많다. 하지만 동시에 이러한 사례는 오늘날 게임이 우리의 감정과 도덕성에 영향을 미칠 수 있음을 분명하게 보여주는 것이기도 하다.

모럴 컴뱃!

게임에 대해 판단할 때는 그 스토리의 도덕성을 기준으로 삼을 수도 있다. 하지만 게임 내에서 우리가 하는 가상 행동은 "현실"의 도덕적 감수성이 반영되기도 한다. 바이오웨어Bioware 의 엄청난 성공작 〈매스이펙트〉에서는 플레이어가 우주를 구하려고 노력하는 과정에서 수많은 도덕적 결정에 직면한다. "프로젝트 오버로드Project Overload " 미션의 경우 플레이어는 이상한 실험에 동원되어 감금당한 남자를 만나게 된다. 플레이어는 그를 풀어줄 수도 있고, 이 인간 기니피그가 받는 고통을 외면하고 계속 진행할 수도 있다. 게임 내내 이러한 상황들을 마주칠 때마다, 플레이어는 선택에 따라 도덕적으로 행동한 경우 "파라곤 포인트Paragon Point "를, 비도덕적으로 행동한 경우 "레니게이드 포인트Renegade Point "를 얻게 된다. 게임 끝부분에 이 점수가 집계되어 플레이어가 얻은 도덕성 레벨을 보여준다. 통계적으로 대개의 플레이어(65% 정도)가 도덕적인 패러곤의 길을 선택했고 나머지 35% 정도의 플레이어가 레니게이드의 길을 선택한 것으로 나타났다[209]. 일부 증거에 따르면 올바른 영웅이 되느냐 끔찍한 악당이 되느냐는, 되는 대로 선택하는 것이 아니라 플레이어가 현실에서 타인의 고통에 대해 어느 정도 도덕적 감수성을 지니고 있는지에 따라 좌우된다고 한다. 즉 현실에서 다른 이들의 안녕에 관심이 적은 사람들은 〈매스이펙트〉에서도 도덕적으로 타락한 레니게이드로서 플레이하게 될 가능성이 높다는 것이다[210](**이스터에그** 1번 참조). 물론 어떤 사람들은 현실과 다른 역할을 경험해보고 싶어서 일부러 "비도덕적"으로 게임을 플레이할 수도 있다. 그러나 중요한 사실은, 〈그랜드 테프트 오토〉나 〈매스이펙트〉 같은 열린 게임에서 자유로운 행동이 가능한데도 불구하고, 플레이어가 의도적이든 아니든 자신의 신념에 따라 플레이하는 경향이 있다는 것이다.

게임 안에서 현실 세계의 윤리 원칙이 반영되는 것처럼 그 속에서 우리가 취하는 행동도 도덕성에 영향을 미칠 수 있다. 그리 놀라운 사실은 아니다. 언론은 언제나 폭력적 비디오게임이 도덕성 발전에 부정적인 영향을 끼친다고 경고해왔기 때문이다. 이러한 우려에는 게임하는 사람이 바깥세계와 유리되어, 폭력이 난무하고 폭력만이 유일한 해결책인 가상 세계에 몰입하게 된다는 논리가 깔려있다. 이러한 논리를 계속 밀고 나가면 비디오게임이 게이머에게 옳고 그름을 구별하고 배우는 것을 방해한다는 데에까지 이르게 된다[211]. 그러나 최신 연구에 따르면 이러한 우려는 가당치 않을 뿐만 아니라 심지어는 상황을 거꾸로 이해한 것이다! 폭력적 비디오게임은 영향을 미칠 수 있다 – 바람직한 방향으로 말이다.

더욱 놀라운 사실은, 우리의 도덕적 감수성에 가장 큰 영향을 미치는 게임이 〈그랜드 테프트 오토〉, 〈맨헌트〉, 〈포스탈Postal〉 같은 잔인하고 반사회적인 게임들이라는 것이다. 최근의 한 연구에서는 모든 참여자들에게 FPS를 플레이하도록 하면서, 절반은 무고한 사람들을 향해 총을 쏘는 테러리스트로 플레이(부당한 폭력)를, 나머지 절반은 그러한 테러리스트들을 쏘는 UN군인으로 플레이(정당한 폭력)하도록 했다. 정확히 동일한 폭력 행위를 수행했지만 테러리스트 역할을 했던 게이머들은 자신의 가상 행위에 훨씬 큰 죄책감을 느꼈으며, 이 감정은 더욱 강력한 도덕적 반성으로 이어졌다[212]. 다시 말해 가상에서 반사회적 폭력 행위에 참여한 것이 타인의 고통에 도덕적으로 더 민감해지도록 만들었다는 것이다. 이러한 죄책감이 놀랍게 느껴질 수도 있지만, 가상세계에서 수행한 밀그램의 실험에서 본 것처럼, 진짜 사람을 해치는 것이 아니라고 알고 있어도 가상의 폭력을 행할 때 실제의 감정을 겪게 된다.

잘못된 행동이라는 것을 인식할 때 느끼는 죄책감은 비디오게임에서든 현실에서든 간에 도덕적 감정이다[213]. 시험에서 컨닝을 해보았는가? 다른 사람의 마음을 다치게 한 적이 있는가? 거짓말은? 만약 해본 적이 있다면 죄책감을 느꼈을 것이다. 어머니의 생신날 전화드리는 걸 깜빡했다는 것을 깨달았을 때의 강력한 감정적 동요만큼 자신의 잘못을 느끼게 하는 것은 없다.(엄마, 지난번에 죄송했어요!)

죄책감은 우리의 행동이 받아들여질 만한 것인지에 대해 빠르게 반응하게 해주는 강력한 수단이다. 이 불편한 감정은 우리가 같은 실수를 반복하지 않게 해준다. 어머니의 생신을 수첩에 적어두거나, 친구들이 부모님 생신 이야기를 할 때마다 어머니 생신을 떠올리거나, 특별한 날이 다가올 때마다 알람을 설정하거나 하면서 어머니 생신을 잊어버린 죄책감에 반응할 것이다. 죄책감을 느낄 때면 우리는 무슨 짓을 했는지(또는 하지 않았는지)에 대해 곰곰이 생각하고 성찰하며, 그러한 감정이 발생하게 되는 상황에 민감해진다[213]. 마찬가지로 비디오게임 안에서 부당한 폭력 행위를 저질러 발생하는 죄책감은 우리가 타인을 해치는 것에 대해 도덕적으로 더 민감해지도록 만든다[212].

부당한 가상 폭력행위에 가담하는 것이 도덕적 감수성을 강화한다니 언뜻 이해하기 어려울 수 있다. 그러나 이는 폭력적인 영화와 텔레비전을 연구한 수년 간의 연구 결과와 일치한다. 1990년대에 이루어진 전국 텔레비전 폭력성 연구National Television Violence Study 가 바로 이 문제를 탐색했다. 1만 시간이 넘는 텔레비전 프로그램과 1,600명에 달하는 참여자들을 기록하고 분석한 끝에, 텔레비전 프로그램이나 영화를 볼 때 "부당하거나 악독한 폭력이 공격성의 학습 및 모방 위험을 줄인다"는 사실을 밝히게 되었다[214]. 하지만 대중은 여전히 폭력적인 유형의 미디어에 공포를 표한다. 2005년에 개봉한 호러영화〈호스텔Hostel〉은 여행자들을 납치해 고문하여 죽이는 내용을 담고 있다. 무고한 사람들에게 끔찍한 폭력을 가하는 영화를 보고 나면 이 영화가 "고문 포르노"라 불리는 이유를 알 수 있다. 많은 사람들이 이런 영화가 사람들에게 미칠 영향에 대해 도덕적 분노와 공포의 반응을 동시에 보였다.〈데일리 메일Daily Mail〉의 영화 평론은〈호스텔〉을 "주류 영화를 오염시킨 사상 최악의 혐오스러운 폭력 포르노그래피"라고 혹평하면서 "역겹고 저급하며 위험"하다고 주장했다[215]. 그러나 이러한 우려와는 정반대로,〈호스텔〉같은 영화야말로 우리를 타인의 고통에 대해 민감해지도록 만든다.

정당하지 않은 폭력 행위를 묘사하는 모든 매체가 우리를 도덕적으로 더 예민하게 만드는 가운데 우리가 비디오게임 캐릭터와 맺는 관계는 그 효과를 더 강화한다. 관객은 영화〈호스텔〉에서 납치된 인물의 가슴과 다리에 드릴 구멍이 뚫리는 장면을 볼 때 분노와 공포, 역겨움 등의 반응을 보인다. 이때의 감정 반응은 강력하기는 하지만, 관객이 죄책감을 느끼게 하지는 않는다. 관객 자신이 가해한 것은 아니기 때문이다. 그러나〈콜 오브 듀티: 모던워페어〉에서 지극히 현실적으로 묘사된 공항에서 민간인 대량 학살에 관여하게 되는 수많은 플레이어는 죄책감을 느낀다. 자신이 플레이하는 캐릭터가 가상이긴 하지만 무고한 사람들의 사망에 책임이 있기 때문이다. 이처럼 비디오게임에서는 플레이어들이 직접 저지른 행동에 감정적인 반응을 겪게 된다. 이것이 게임이 사람들의 도덕적 감수성에 긍정적인 영향을 미칠 가능성이 가장 큰 매체인 이유다[212].

둔감화

폭력적 비디오게임, 특히 부당한 폭력을 담은 비디오게임이 도덕적 감수성을 증대시킬 수 있다는 사실은, 비디오게임이 우리를 폭력에 무감각하게 만든다는 많은 사람들의 우려와 정반대다. 이러한 우려는 가상의 폭력을 반복적으로 시청하면 사람들, 특히 아동이 현실에서의 폭력에 별 감정을 느끼지 못하게 될 것이라는 믿음에서 나온다. 이는 병사들이 전장의 가혹함과 혼란, 죽음에 무감각해지는 것을 본 경험에서 나온 듯하다. 폭력을 정상화하는 〈그랜드 테프트 오토〉를 플레이하는 사람들은 마치 전장의 병사들처럼 폭력에 따르는 현실의 결과에 무감각해지고, 그 희생자들에 대한 공감력이 저하된다는 주장이다[216].

둔감화desensitization 는 실재하는 심리학적 증상이다. 실제로 체계적 둔감화 systematic desensitization 는 특정 공포증에 대한 가장 강력한 치유기법이다[217]. 예를 들어 지독한 고소공포증이 있지만 하와이 여행이 너무나 가고 싶다고 하자. 이 상황에서 취할 수 있는 가장 두려운 동시에 가장 비효과적인 행동은 가방에 꽃무늬 셔츠를 쑤셔넣고 하와이행 비행기에 오르는 것이다. 이보다 더 나은 방법이 있다. 두려워하는 것에 스스로를 조금씩 노출시키는 것이다. 우선 비행기에 대한 책을 읽는 것과 같은 간단한 행동으로 시작할 수 있다. 첫 단계를 성공하면 공항에 가서 비행기의 이착륙 모습을 보는 등 다음 단계로 나아간다. 만약 불안해진다면 다음 단계로 나아갈 수 있을만큼 충분히 안정될 때까지 깊은 숨 들이마시기 같은 안정화 기법을 활용할 수도 있다. 다음 단계는 공항에 직접 들어가는 것이고, 그 다음으로는 비행기에 잠시 앉아보는 것, 그 다음은 짧은 비행을 해보는 것, 마지막으로는 하와이를 향해 날아가는 것이다! 이것이 바로 추락해 죽을 수도 있다는 두려움을 둔감화하고 비행에 대한 생각을 정상화하는 과정이다.

학자들은 위와 같은 둔감화 기법을 활용해서, 폭력적 매체에 대한 노출이 사람들을 폭력에 무감각해지도록 하는지 확인해 보았다. 한 연구자는 〈시계태엽 오렌지A Clockwork Orange〉나 〈비질란테Vigilante〉, 〈소일렌트 그린Soylent Green〉등의 폭력적인 영화를 많이 본 사람일수록 영화 속 인물들에 대한 공감도가 떨어진다는 것을 알아냈다[218]. 다른 연구자들도 이와 유사하게 폭력적 매체에 대한 노출이 많을수록 사람들이 덜 감정적으로 반응한다는 것을 발견했다[219]. 우리가 폭력적 매체를 소비하면 할수록 그러한 매체에서 묘사되는 폭력에 무감각해진다는 것은 의심할 여지가 없어보인다.

그러나 이러한 연구들은 폭력적인 매체가 다른 폭력적 매체에 대해 무감각하게 만든다는 것을 연구했을 뿐, 그로 인해 현실에서의 폭력 행위에 대한 감수성이 어떤 영향을 받는지 연구한 것은 아니다. 이는 상당히 중요한 차이다. 많은 사람이 우려하는 바는 폭력적 매체가 실제 인간이 겪는 고통에 대해 무감각하게 만든다는 것이지, 폭력적 영화나 게임에 대해 갈수록 무감각해진다는 것이 아니기 때문이다. 한 연구는 아무리 폭력적 매체를 많이 접했을지라도 실제로 폭력 행위를 목격하게 되면 – 예를 들어 전쟁에서 사람들이 죽어가는 모습 같은 – 사람들이 매우 분노한다는 사실을 밝혀냈다[220]. 〈콜 오브 듀티〉에서 얼마나 많은 헤드샷을 날렸는지 또는 〈그랜드 테프트 오토〉에서 유혈사태를 일으키며 얼마나 많은 시간을 보냈는지와는 무관하게, 모든 사람이 현실에서 살인이나 폭력을 보았을 때 불편한 감정을 느낀다는 것이다. 폭력적인 프로그램의 시청자이든 아니든 우리는 실제 인간이 다치거나 사망하는 것을 보게 되면 비슷한 수준으로 분노한다.

대중은 지난 40여 년 간 갈수록 폭력적으로 변해온 비디오게임에 대해 우려했지만, 게이머들은 실제 사람이 겪는 고통에 무감각해지지 않았다. 또한 우리가 지금 확인했듯, 가장 많은 비판이 쏟아졌던 비디오게임 내의 부당한 폭력은 게이머들을 타인의 고통에 도덕적으로 더 민감해지도록 이끌었다.

비만과 게임

지금까지 우리는 비디오게임에 대한 일반적인 믿음이 단순히 틀린 것이 아니라 사실과 반대임을 확인했다. 비디오게임은 학교 총기 난사 사건과 연관이 없으며, 오히려 총기 난사범들은 또래 평균에 비해 폭력적 비디오게임을 덜 플레이하는 경향이 있었다. 폭력적 비디오게임이 현실의 폭력 행위와 연관은 있는데, 현실의 폭력성을 감소시키는 경향이지, 증가시키는 경향은 아니었다. 폭력적 비디오게임을 플레이하면 냉혈한이 되는 것이 아니라, 실질적으로 도덕적 감수성이 고양되는 것으로 밝혀졌다.

비디오게임은 우리의 정신에 해롭지 않다. 하지만 비디오 게임이 신체 건강에 좋지 않다는 우려도 널리 퍼져있다. 부모들을 비롯한 여러 사람들은 게이머들이 소파에 앉아 꼼짝도 하지 않으면서 화면 속의 파란 고슴도치만 정신없이 달리고 점프하도록 콘트롤한다며 우려하고 있다. 최근 조사에 따르면 부모의 75% 이상이 비디오게임과 텔레비전을 아동과 청소년 비만의 주요 원인으로 여기는 것으로 나타났다. 이들은 인스턴트 식품, 패스트푸드사의 마케팅, 운동부족보다 비디오게임이 비만에 더 큰 영향을 미친다고 생각했다[221].

하지만 진실은, 성인과 아동 모두 살이 찌고 있다는 것이다! 질병통제예방센터

자료에도 나와있는 것처럼 미국 내 모든 주의 비만율은 20%가 넘으며, 거의 절반에 달하는 주에서 30%를 넘는 비만율을 보인다[222]. 현대 사회에 가장 심각한 건강 문제가 비만이라는 점에는 의심의 여지가 없다. 비만은 당뇨병, 심장질환, 뇌졸중, 심지어는 일부 암과도 연관성이 확인된다. 세계적으로 거의 300만 명에 달하는 사람들이 매년 과체중이나 비만 또는 그로 인해 악화된 질환으로 사망한다[223]. 비만 문제가 커지면서 미국의학협회American Medical Association는 2013년 6월 ,비만 그 자체를 질병으로 공식 선언하기에 이른다[224].

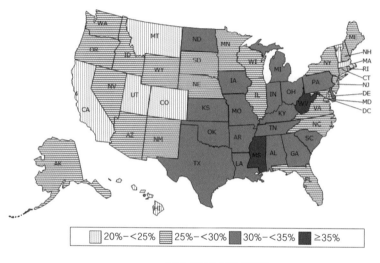

| 20%-<25% | 25%-<30% | 30%-<35% | ≥35% |

미국 성인의 주별 비만율

비만이 증가하는 주 요인은 명확하다. 많이 먹고 덜 움직이기 때문이다. 불행히도 현대 사회는 이 두 경향을 모두 촉진한다. 우리는 직장까지 차를 타고 출근해서 오후 5시까지 책상에 앉아있다가 다시 운전해서 집으로 돌아온다. 이후 많은 양의 식사를 해치우고는 소파에 앉아 몇 시간씩 텔레비전을 본다. 부족한 움직임을 운동으로 보완할 수는 있지만, 자료에 따르면 우리 중 80%는 이러한 생활방식에 전혀 신경 쓰지 않는 것으로 나타난다[225]. 손쉽게 접할 수 있는 가공식품은 이 문제를 더욱 악화시킨다. 패스트푸드는 저렴하고 접근성이 좋기 때문에 맥도날드나 버거

킹 같은 곳에서 식사하는 아이들의 비중은 1977년 이래 거의 300%나 증가했다[226]. 코카콜라나 마운틴듀 같은 탄산음료 또한 엄청나게 대중화되어 십 대의 식생활에 고칼로리를 제공하는 주요 원인이 되고 있다[227]. 슬프게도 저자들은 나이 역시 전혀 도움이 되지 않음을 확인했다. 한때 아무 걱정 없이 도넛을 먹어댔던 우리는 중년에 접어들면서 스스로 도넛을 닮아가는 중이다.

간단히 말해서 미국인들이 그토록 살이 찌고 있는 이유는 우리 사회가 건강하지 않은 소비 방식을 쉽게 취하게 만들고, 편안하게 앉아서 사는 라이프스타일을 규범화했기 때문이다. 대중과 언론은 사람들을 살찌게 만드는 현대 사회 전반을 비판하지만, 어쩐 일인지 비디오게임에 대한 비판이 두드러지고 있다.

픽셀 덩어리들

많은 경우 게이머는 손에 닿는 거리에 마운틴듀를 놓은 채 튀어나온 배 위에 과자 부스러기를 흘리면서 몇 시간이고 혼자 어두컴컴한 방에 앉아있는 뚱뚱한 십 대로 그려져 왔다. 많은 부모들은 자녀가 뚱뚱한 게임 좀비로 변할까 봐 아이들이 게임하는 시간을 최소화하려 한다. 어떤 부모는 자녀방에 텔레비전을 두지 못하게 하거나 게임을 플레이할 수 있는 시간을 정하기도 한다. 이러한 규칙을 시행하기 어려운 부모들은 콘솔이나 텔레비전에 타이머를 연결해서 시간이 다 되면 자동으로 기계가 꺼지게 하는 방법을 택하기도 한다. 저자들이 어렸을 땐 부모들이 훨씬 직접적인 조치를 취했다. 우리의 게임 컨트롤러를 숨겼던 것이다(과연 효과가 있는 조치였는지는 여전히 의문스럽다). 처음에는 정말로 게임 시간이 줄었지만, 궁극적으로 우리는 감춰둔 콘트롤러를 찾아내는 특수 능력을 발전시키기에 이르렀다. 우리 부모님들의 전략은 절제력을 길러주지는 못했지만, 집 안에서 잃어버린 열쇠나 전화기 찾는 데에 매우 뛰어난 능력을 발휘하게 해주었다!

이 모든 전략들은 부모가 자녀들이 비디오게임을 멈추고 소파에서 내려와 비만의 문제에서 벗어날 수 있도록 장려하려는 선의의 시도다. 텔레비전을 너무 많이 시청하거나 게임을 장시간 플레이하면 활동이 줄어들어 살이 찐다는 것은 상식처럼 여겨진다. 그러나 이는 상식이 잘못된 사례 중 하나다. 아동 44,000명의 시청 습관을 조사한 대형 연구 결과에 따르면 텔레비전 시청은 아동의 체중에 별 영향을 끼치지 않는 것으로 나타났다. 아동의 체중에서 텔레비전 시청이 차지하는 비중은 단 1%에 불과했다! 아마도 가장 놀라운 부분은 아동의 비디오게임 플레이시간과 신체 사이즈 사이에 아무런 연관성이 없었다는 사실일 것이다[228]. 다시 말해 과체중의 게이머라는 스테레오타입은 완전히 잘못된 것이다. 게이머들도 여타의 사람들과 마찬가지로 다양한 체형과 신체사이즈를 가지고 있는 것이다!

화면에 쏟는 시간이 우리의 허리둘레에 별 영향을 끼치지 않는다는 것이 확인되었으니, 화면을 접하는 시간을 줄여도 아이의 체중에 별 영향을 미치지 않는다는 사실도 그다지 놀랍지 않다. 이러한 사실은 1996년에 캘리포니아의 한 학교가 수행한 실험을 통해서 알려졌다. 이 학교는 텔레비전 시청시간을 줄여 어린이의 비만에 대처할 수 있을지를 확인하기 위해 실험을 했다[229]. 실험에 참여한 어린이들은 TV보는 시간을 줄이는 것의 중요성을 다룬 수업을 다양하게 듣고 스스로 TV를 끄도록 유도하는 여러 요령을 배웠다. 부모에게는 아이들의 참여를 독려해달라는 뉴스레터를 발송했고, 타이머까지 보내 아이들의 TV 시청시간을 제한할 수 있도록 했다. 학년이 끝날 즈음 프로그램은 나름의 성공을 거둔다. 놀랍게도 학생들의 TV 시청시간이 43%가 줄어든 것이다! 그러나 이 극적인 미디어 소비 시간의 변화는 아동의 체중에는 별 영향을 미치지 않았는데, 평균 0.5kg 감소하는 것에 그쳤다(**이스터에그** 2번 참조). 물론 전혀 줄지 않는 것보다야 0.5kg이라도 감소한 것이 나았지만, 아동의 미디어 소비 행태를 바꾸기 위해 들인 집중적인 노력에 비하면 사소한 결과인 것은 분명하다. 학생들에게 탄산음료나 주스 대신 물을 마시게 했더라면, 같은 기간 동안 6~7kg은 족히 뺐을 것이다[230]. 이는 시청시간을 줄이는 것보다 다른 습관을 바꾸는 것 – 예를 들어 음식을 바꾸는 것 – 이 체중 감소에 있어 1,400%는 더 효과적이라는 사실을 분명하게 보여주는 사례라 할 수 있다.

활동적인 생활

시청시간이 감소해도 체중에 별 영향이 없는 이유는 꽤 명백하다. 게임하고 있는 사람에게서 컨트롤러를 빼앗는다고 운동을 시작하는 게 아니기 때문이다. 하루 동안 텔레비전 앞에서 보낸 시간과 신체 활동을 하는 시간 사이에 아무런 연관성이 없다는 사실은 여러 연구를 통해 밝혀진 바 있다[231]. 다시 말해 TV를 보든지 게임을 하든지와 무관하게 사람들이 집 안에서 앉아서 보내는 시간은 대체적으로 같다는 뜻이다. 즉 집에서 자녀를 텔레비전으로부터 떼어놓더라도, 아이들이 바깥에 나가 뛰어노는 시간이 더 많아지지는 않는다[229, 232]. 맨날 앉아있는 청소년들이 미디어 이용을 제한하거나 또는 아예 미디어를 없앤다고 해서 갑자기 활동적으로 움직이는 것이 아니라는 뜻이다. 실제로 저자들은 자녀에게 〈마인크래프트〉나 〈매든 NFLMadden NFL〉 말고 다른 활동을 하라고 종용해보았는데, 그럴 때마다 아이들은 주로 레고나 보드게임 같은 비활동적인 놀이를 선택했다. 밖에 나가보라고 꼬드기거나 지시하면, 아이들은 벌이 날아다닌다, 햇빛이 너무 세다, 진흙탕이다, 옷을 입어야 한다는 것부터 풀이 지나치게 푸르다(이는 실제로 저자들의 자녀 중 한 아이가 2살이었을 때 말했던 구실이다)는 것에 이르기까지 다양한 비합리적인 평계를 댔다. 여름에는 그저 "밖에 나가기"에 너무 덥다는 반응 뿐이었다. 이쯤 되면 이 나라의 비만이 증가하는 원인으로 중앙냉방 시스템이 지목되지 않는 이유가 무엇인지 궁금해진다.

사람들이 TV 화면을 들여다보는 것을 제한한다고 해서 신체적 활동이 증가하거나 체중이 감소하지 않는다는 사실이 비디오게임 역시 비만에 아무런 영향을 미치지 않는다는 것을 의미하지는 않는다. 신체 활동을 촉진할 수 있는 효과적인 방법으로서, 일반적인 비디오게임에 "엑서게이밍Exergaming"을 보충한 게임이 있다. 엑서게이밍은 비디오게임과 신체활동을 통합한 것으로, 게임을 플레이하면서 운동도 할 수 있게 해준다. 게임과 운동을 결합시키는 아이디어 자체는 아타리가 조이보드Joyboard를 출시한 1982년으로 거슬러 올라간다. 조이보드는 아타리 2600에 간단한 밸런스 보드를 연결한 것으로, 플레이어가 그 위에 올라가 균형을 잡으면서 마치 산 위에서 활강하듯 가상 스키를 탈 수 있도록 한 장치였다. 1980년대 중반에 여러 업체들이 이 아이디어를 확장시켰는데, 콘솔에 운동용 사이클을 연결시켜 가상 자전거 경주를 가능케 해주는 장치 등이 등장했다. 1988년 닌텐도에서 출시한 파워패드Power Pad는 12개의 커다란 센서가 달린 바닥매트형 컨트롤러로, 플레이어들은 이 매트 위에서 센서를 밟으며 〈월드클래스 트랙 미트World Class Track Meet〉이나 〈댄스 에어로빅Dance Aerobics〉 같은 게임을 플레이할 수 있었다.

이와 같은 제품들은 어느 정도 성공했지만, 높은 가격(닌텐도의 엑서사이즈 바이크Exercise Bike는 무려 3,500달러였다)과 몰입도가 떨어지는 게임 플레이로 인해 대중화되지는 못했다. 이러한 상황을 뒤집은 것은 2006년 발매된 닌텐도의 위Wii였다. 캐주얼 게이머들 사이에서 많은 인기를 모은 위의 성공과 더불어 엑서게이밍은 게임시스템 내 모션 컨트롤러와 엑스박스 키넥트 같은 적극적인 카메라 도입으로 최근 몇 년에 걸쳐 크게 번성하고 있다. 동네 비디오게임 상점에는 즐겁게 움직이면서 살을 뺄 수 있도록 해주는 게임들이 수도 없이 쌓여있다. 다음의 표는 가장 인기가 많은 엑서게임들을 삼십 분간 플레이할 때 소모하게 되는 칼로리 수치를 함께 적은 것이다.

게임별 칼로리 소모량

게임		게임 내용	30분간 플레이할 때 소모되는 칼로리
댄스댄스 레볼루션		음악의 리듬에 맞춰 발을 구르며 플레이하는 초기 리듬게임	243
위 스포츠 골프		가상의 골프채를 휘둘러 최소 타수로 골프공을 홀에 넣는 게임	98
위 스포츠 볼링		최대한 많은 핀을 쓰러뜨리는 가상 볼링 게임	117
위 스포츠 베이스볼		야구공을 치고 던지는 게임	125
위 스포츠 테니스		단식이나 복식으로 가상의 테니스공을 주고 받는 게임	159
위 스포츠 복싱		친구나 컴퓨터를 상대로 양팔을 이용해 복싱을 하는 게임	216
줌바 피트니스		줌바 피트니스에 기반한 게임	250
저스트댄스		화면상 캐릭터의 춤동작을 흉내내는 리듬 게임	200

이 리스트에서 눈에 띄는 것은 게임을 하면서 소비할 수 있는 칼로리가 매우 다양하게 나타난다는 점이다. 〈위 스포츠 골프Wii Sports Golf〉에서 나인 홀을 돌면 겨우 98칼로리가 소모되지만, 〈줌바 피트니스Zumba Fitness〉에서는 최대 250 칼로리를 태울 수 있다. 이 점을 염두에 두고 엑서 게임들이 전통적인 운동형식들과는 어떻게 비교되는지 살펴보자. 〈위 스포츠 테니스Wii Sports Tennis〉에서 삼십 분간 가상 테니스공을 주고 받을 경우 159 칼로리 정도를 소모하게 되는데, 이는 현실에서 조깅을 할 때의 2배에 해당하는 수치다. 하지만 자전거타기(239 칼로리)나 스키 머신 타기(353 칼로리), 로잉 머신Row machine (316 칼로리), 에어로빅(270 칼로리)과 같은 다른 현실의 운동은 대체로 엑서게임보다 더 많은 칼로리를 태운다.

모든 조건을 동일하게 놓고 보았을 때, 〈저스트 댄스Just Dance〉를 따라 춤추는 것보단 전통적인 운동이 체중을 줄이는 데 더 효과적이다[233]. 그러나 실제로 헬스장에 가거나 동네 한바퀴를 뛸 마음이 들지 않는다면 전통적인 운동의 효과는 아무 소용이 없다. 결국 가장 효과적인 운동이란, 칼로리 소모가 큰 운동이 아니라 실제로 할 수 있는 운동이다! 대부분의 운동 프로그램이 실패하는 이유는 우선 사람들이 운동을 즐기지 않고, 그리고 운동을 지속할 동기가 - 특히 한 번 지루해진 뒤에는 - 유발되지 않기 때문이다. 운동을 하는 동기와 재미의 결핍은 청소년기에 두드러지는데, 아이들은 지루하거나 혹은 흥미가 바뀌어서, 또 시간이 모자라서 신체 활동 참여를 관두는 일이 잦기 때문이다[234]. 다행스럽게도 비디오게임은 내재적으로 흥미를 유발하도록 설계되어 있어서 사람들이 엑서게이밍을 하도록 유도하기가 전통적인 운동에 비해 훨씬 수월하다.

이러한 게임들은 재미있을 뿐만 아니라, 운동에 자신이 없는 사람들의 스트레스를 감소시켜준다. 많은 사람들, 특히 젊은 사람들은 운동에 능한 주변 사람들로부터 놀림을 받거나 비판받는 것을 우려해서 운동을 꺼려한다[235]. 농구할 때 꼴찌로 뽑히거나 피구할 때 맨 처음 얼굴로 공을 받는 선수가 되고 싶은 사람은 아무도 없다(저자들을 보면 안다. 우리는 늘 맨 꼴찌로 뽑히던 아이들이었고, 지금도 피구하는 것만 보면 몸이 움츠러든다). 엑서게임은 운동실력에 대한 평가가 없는 안전한 집 안에서 자신의 신체나 신체적 능력에 신경쓰지 않고 화면에서 벌어지는 활동에만 오롯이 주목할 수 있도록 해준다[236]. 더군다나 엑서게임은 성취에 대한 보상도 제공한다. 엑서게임의 보상은 건강이나 날씬함이라는 모호한 보상보다 훨씬 직접적인 것으로, 점수를 얻고 승리하며 가상 관객의 환호성을 들을 수 있다. 상호적이고 도전적이며 보상을 제공하는 엑서게임은 전통적 비디오게임처럼 내재적 동기를 유발하면서 동시에 칼로리까지 태우는 혜택을 주는 것이다.

성공적으로 체중을 줄이고 유지하는 비결은 건강한 활동에 지속적으로 참여하는 것이다[230]. 5km 마라톤을 달린다고 했을 때 400 칼로리를 태울 수 있다. 굉장하다! 그러나 일주일 동안 매일 30분씩 〈위 피트Wii Fit〉의 달리기 게임을 플레이한다면 이보다 3배 가까운 칼로리를 태울 수 있다. 짧은 시간일지라도 지속적으로 엑서

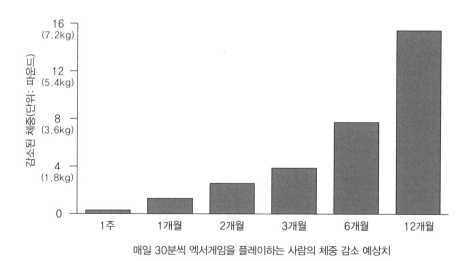

매일 30분씩 엑서게임을 플레이하는 사람의 체중 감소 예상치

게임을 플레이하면 장기적으로 볼 때 살을 빼는 것에 도움이 되는 것이다. 다음의 그림은 매일 150 칼로리를 태울 수 있는 엑서게임을 플레이할 경우(예를 들어 〈저스트 댄스〉, 〈위 스포츠 테니스〉, 〈댄스댄스레볼루션〉, 〈위 스포츠 복싱〉 같은 게임을 매일 30분 정도 플레이) 평균적으로 체중이 얼마나 줄어드는지를 보여준다. 첫 주에는 거의 빠지지 않겠지만 한 달 안에 0.5kg을 뺄 수 있다. 1년이면 6kg 이상이 빠진다. 게임을 플레이한 대가 치고 나쁘지 않다! 물론 갑자기 아침마다 도넛을 먹기 시작했다거나 전에 하던 운동을 그만두는 등의 행동을 하지 않는다는 전제하에서다. 요점은 꾸준히 플레이한다면 엑서게임이 우리의 신체에 극적인 효과를 미칠 수 있다는 것이다. 그리고 솔직히 인정하자. 아이들을 날아다니는 벌에 맞서게 하거나 너무 푸르른 저 잔디밭으로 끌어내는 것보다는 〈댄스댄스레볼루션〉을 플레이하도록 하는 편이 훨씬 승산이 있는 일이다.

보이스카우트와 루즈벨트는 옳았다

보이스카우트 선서에 이미 답이 나와있다. 보이스카우트의 두 가지 목표는 "신체적인 강인함"과 "도덕적 올바름"을 키우는 것이다. 그런데 비디오게임은 이 두 가지 모두를 도울 수 있다. 표면상 비디오게임 배지가 야외활동에 적합하지 않아 보이지만 사실은 그 반대다. 우리가 지금까지 살펴본 것처럼 비디오게임 이면의 과학적 진실은 많은 사람들의 생각과 자주 어긋난다. 그러니 망설이지 말고 비디오게임 배지를 달아 도덕적 우월성과 신체적 탁월함을 뽐내보라! 비디오게임이 우리를 뚱뚱하고 비도덕적인 게으름뱅이로 만들 것이라 두려워할 이유는 없다. 이제부터 보게 되겠지만, 심지어 비디오게임에는 눈-손 협응hand-eye coordination 에서부터 우울증 회복에 이르기까지 또 다른 혜택이 엄청나게 많다.

이스터 에그

1. 마키는 〈매스이펙트〉를 두 번째 플레이할 때, 할 수 있는 모든 악행을 다 수행해서 레니게이드 점수를 최고점으로 올렸다. 그 캐릭터를 위해서라면 마키는 길을 건너 직접 피자를 사러가는 것도 마다하지 않았을 것 같다.

2. 이와 같은 체중의 변화는 통제집단 내에서 벌어지는 변화와 아이들이 자연스럽게 키가 크는 것을 고려해서 계산한 것이다. 최근 〈소아과학Pediatrics〉 학술지에 실린 연구에서도 스크린을 보는 시간을 줄이도록 해주는 프로그램이 신체 사이즈에 아무런 영향을 미치지 못하더라는 결론을 내렸다.[237]

여덟 번째 판:
도전과제 달성

19세기 미국은 환자에게 그리 좋지 못한 곳이었다. 의사 수도 적었고 진료 비용 또한 무척 비쌌다. 그러나 비싸서 진료를 못 받은 게 그리 큰 손해도 아닌 것이, 의사들의 의학 지식이 매우 제한적이었기 때문이다! 1861년 루이 파스퇴르Louis Pasteur가 발견하기 전까지 세균에 의해 병에 걸린다는 개념조차 거의 알려지지 않았다.

사람들은 의사 대신 동네 시장에서나 우편 주문으로 입증되지 않은 치료약을 구매하곤 했다. 이러한 "약물" 대부분은 한 가지 질병의 치료제가 아니라 상상가능한 모든 문제를 치료하는 기적의 약으로 판매되었다. 한 예로, 파커 토닉Parker's Tonic은 소화불량, 신경통, 복통, 불면, 황달, 통증, 배탈, 간 질환, 기침, 폐결핵, 천식, 감기, 기관지염, 설사, 이질, 류마티즘, 오한, 말라리아, 산통, 경련 등에 효과가 있을 뿐만 아니라 하얗게 세어가는 머리카락에 아름다움을 되찾아준다고 광고했다. 한 병에 50센트(오늘날로 치면 11달러)라는 가격을 고려하면 꽤나 경이로운 제품이 아닐 수 없다. 놀랍지도 않겠지만, 대부분의 "만병통치약"들이 그렇듯 파커 토닉 또한 아무런 치료 효과가 없었다. 사실 그 성분의 비밀은 알코올, 그것도 아주 많은 양의 알코올이었다! 파커 토닉 한 병에는 보드카나 위스키에 버금가는 41.6%의 알코올이 들어있었다. 알코올도수를 생각하면 파커 토닉은 "불면"에 실제로 특효였을 것이다. 마시면 바로 기절할 수밖에 없었을 테니까.

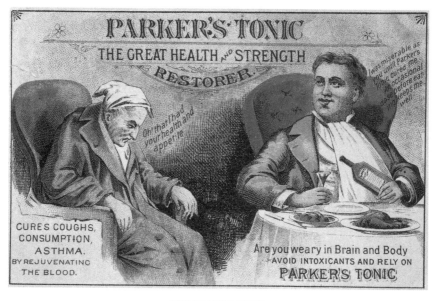

파커 토닉 광고 이미지

요즘 사람들은 다양한 문제를 해결한다고 주장하는 제품에 대부분 의심을 품는다. 물론 놀라운 제품도 있다. 예를 들어 페니실린은 박테리아 제거의 단 한 가지 작용만을 하지만, 이를 통해 폐렴, 요로감염, 기관지염, 임질, 매독, 편도염, 괴저를 비롯한 여러 질환을 치료할 수 있다. 최근 몇몇 학자들과 테크놀로지 옹호자들은 비디오게임이 다양한 범주에 걸쳐 이로움을 제공하고 우리 삶의 여러 측면을 개선할 수 있다고 주장한다. 기분전환을 쉽게 해주고, 사교 기술과 눈-손 협응을 향상시키며, 정신도 단련시켜준다는 것이다. 이번 판에서는 이러한 주장에 회의적인 입장을 견지하면서, 비디오게임이 정말로 만병통치하는 전자 페니실린인지, 아니면 문제를 일시적으로 망각하게 할 뿐 실제로는 문제 해결에 도움이 거의 안 되는 현대판 파커 토닉인지를 확인해보려고 한다.

우리의 기분을 풀어주는 비디오게임

고등학교 2학년인 제트Jett는 청춘의 가장 어두운 시기를 지나고 있었다. 학교에서는 끊임없이 친구들에게 괴롭힘을 당했고, 집에서는 알코올 중독자인 아버지와 점점 소원해지고 있었다. 위험할 정도로 우울해진 제트는 자살을 진지하게 고민하기 시작했다. 다행스럽게도 예상치 못한 곳에서 위안을 찾을 수 있었는데, 그것은 바로 폭력적인 게임 〈폴아웃3Fallout 3)〉였다. 핵전쟁으로 파괴된 세계에서 살아가는 한 인물을 컨트롤하는 롤플레잉 게임인데, 플레이어는 인물의 생존을 걸고 전쟁을 벌이면서 파괴된 문명을 재건하는 다양한 선택을 하게 된다. 제트는 〈폴아웃3〉 스토리에 푹 빠져들었고, 그가 무언가를 성취하고 다른 이들에게 영향을 미치면서 세상을 바꿀 수 있다는 특별한 느낌 – 비록 가상의 세계라 할지라도 – 을 받았다. 제트에게 게임은 하나의 도피처였지만, 그 이상이기도 했다. 제트는 자신의 경험을 블로그에 다음과 같이 썼다. "나는 사람들을 구하고, 삶을 바꾸고, 악을 처단했다. 나 스스로가 살 만한 가치가 있는 사람처럼 느껴졌고, 이것이 현실의 삶에도 영향을 미쳐 내가 보다 낙관적으로 미래를 바라볼 수 있게 해주었다."[238] 〈폴아웃3〉는 제트의 기분을 개선시켰고, 목적을 제공함으로써 힘든 시기를 지나 "현실의 삶"이 나아질 때까지 버틸 수 있도록 해주었던 것이다.

이러한 이야기는 제트 한 명에 국한되지 않는다. 수많은 십 대와 성인들이 비디오게임이 힘든 시간 극복에 도움이 된다는 것을 깨닫고 있다. 누군가가 〈식물 대 좀비Plants versus Zombies〉의 세계를 휘젓고 다닐 때마다 세상이 더 행복해질 것이라는 얘기를 하려는 게 아니다(네 번째 판에서 봤듯이 세상을 좀 더 안전하게 만들어 줄 수는 있겠다!). 하지만 수많은 사람들이 스트레스를 완화하고 기분을 전환하기 위해 비디오게임, 심지어 폭력적인 게임을 플레이하고 있는데, 효과가 있는 것일까? 다른 캐릭터나 플레이어를 날려버리면 기분이 나아질까? 간단히 말해 답은 '그렇다'지만, 늘 그렇듯 여기에는 몇 가지 단서가 달려있다. 앞서 검토했던 것처럼 비디오게임은 다른 취미활동과 비슷한 측면이 많다. 여러분이 그 활동을 즐긴다면 스트레스가 완화되고 기분이 나아질 것이다. 그러나 즐기지 않는다면, 당연히 효과가 없다. 뜨개질을 좋아하지 않는 사람에게는 뜨개질이 휴식을 주거나 기분을 풀어주는 효과가 없을 것이다. 하지만 바늘과 실로 깔개나 숄, 담요, 속옷 어떤 것이라도 만드는 활동이 매력적으로 느껴진다면, 뜨개질이 훌륭한 스트레스 해소법이 될 것이다! 네 번째 판에서 언급했듯 이 책의 저자들에게 바느질은 대개 응급실행으로 이어질 뿐이다. 취미활동은 그 사람과 잘 맞아 떨어져야 한다.

사람들이 기분 전환에 비디오게임을 어떻게 활용하는지 설명하는 데에는 기분 관리 이론mood management theory [239], 이용과 충족 이론use and gratification theory [240], 자기결정 이론self-determination theory [241] 등 다양한 이론들이 사용되었다. 이 모든 이론에서 공통적으로 강조한 한 가지는, 사람들이 긍정적인 기분이 되는 데 도움이 된다고 믿는 특정한 매체를 찾는다는 것이다. 예를 들면 저자 중 한 명(마키)은 기분이 가라앉거나 울적해지면 어렸을 적에 즐겨보던 텔레비전 드라마 〈풀하우스

Full House〉를 찾아본다. 등장인물들의 재기발랄함을 보고 있노라면 기분이 나아지기 때문이다. 그러나 또 다른 저자인 퍼거슨은 〈풀하우스〉를 보면 불편해진다. 퍼거슨에게 이 프로그램은 지구상 가장 형편없는 프로그램이다. 이처럼 〈풀하우스〉는 우리들의 기분에 각기 다른 영향을 끼친다. 따라서 우리 중 한 명은 〈풀하우스〉전체 시리즈 DVD를 소장하고 자랑스러워하는 반면 다른 한 명은 그 DVD를 보느니 차라리 씹어먹어 버리는 편이 낫다고 여기는 것도 당연해 보인다. 매체의 이용 Media use 이란 매체가 우리에게 무엇을 하는 수동적인 과정이 아니라, 우리가 매체를 선택해서 해석하는 능동적인 과정이다. 매체 이용 과정에서 선택은 특히 중요한 부분인데, 왜냐하면 다른 취미들이 그렇듯 매체 또한 취향에 부합할 때에만 기분을 풀어줄 수 있기 때문이다. 중요한 것, 그러니까 내용보다도 더 중요한 것은 바로 취향에 부합하는지 여부다. 어떤 사람에게는 스트레스를 주는 폭력적 비디오게임이 다른 사람에게는 기분을 좋게 만들어주는 이유도 바로 여기에 있다. 하지만 모든 매체가 스트레스의 감소 및 기분 향상에 동등한 효과를 갖는 것은 아니다. 소파에 앉아서 좋아하는 TV프로그램을 시청하는 것처럼 수동적으로 매체를 이용하는 것도 분명 기분이 좋아지거나 차분해지는 데 도움이 된다. 그러나 비디오게임의 경우 능동적으로 관여해야 하고 완전히 집중하게 되기 때문에, 엑스박스나 플레이스테이션으로 게임을 하는 것이 대개 넷플릭스를 보며 빈둥거리는 것보다 기분 전환에 더 효과적이다[242].

물론 어떤 취미활동이든 잘 안 풀리면 짜증이 난다. 아무리 뜨개질을 사랑하는 사람일지라도 몇 달 동안 뜬 담요의 코가 풀리거나 스웨터 소매가 3개가 되었다는 걸 발견하면 전혀 즐겁지 못할 것이다. 여러분이 응원하는 팀이 플레이오프에서 패하거나 카드게임을 할 때 지면 화가 나는 것과 그리 다르지 않다. 게임 자체를 싫어하지 않는다면 비디오게임을 하면서 가상의 외계인들을 처치하는 걸 즐길 수 있다. 게임에서는 어느 정도 난이도가 있는 도전과제가 나오기 마련인데, 어떨 때는 도전과제가 너무 어려운 나머지 게임 개발자들이 플레이어를 괴롭히는 것 같이 느껴질 때도 있다. 비디오 게임과 관련해 최근 몇 년 사이에 이루어진 가장 흥미로운 연구 중 하나로 우리가 세 번째 판에서 참고했던 옥스포드 대학의 심리학자 앤드류 쉬빌스키의 연구를 들 수 있다. 기존의 일부 연구들이 폭력적 비디오게임을 한 세션 플레이하고 나면 공격성이 가벼운 정도로 증가한다는 - 요청하지 않은 핫소스를 뿌리는 식으로 - 결론을 냈던 것을 여러분도 기억할 것이다. 쉬빌스키 박사는 연속 실험을 통해 짜증의 정도와 실험실에서 사용되는 게임내 폭력적 내용의 수준을 체계화했다[241]. 그가 찾아낸 사실은 공격성의 가벼운 증가를 유도한 원인이 게임의 폭력적인 내용이 아니라 좌절하면서 느끼는 짜증이라는 사실을 찾아냈다. 게임의 내용이 폭력적인지 아닌지는 아무 상관이 없었으며, 게임의 목표 달성이 불가능해지자 사람들이 화를 냈던 것이다.

지나치게 좌절시키지만 않는다면 비디오게임은 극심한 스트레스를 매우 효과적으로 완화시킬 수 있다. 실험참여자들이 스트레스를 받는 상황을 만들기 위해 일부 연구에서는 PASAT(Paced Auditory Serial Addition Task(청각 등속연속덧셈과제)의 줄임말 - 심리학자들은 줄임말을 선호하는데 아마도 유능해 보여서 일 것이다)라 불리는 테스트를 활용한다. 본래 신경학적 장애를 시험하기 위해 만들어진 테스트였지만, 너무나 큰 불쾌감을 유발하는 탓에 연구 목적상 극심한 스트레스를 유도해야 할 때 사용되고 있다. 이 테스트는 연속해서 제시되는 숫자를 듣고 앞의 수와 그 다음의 수를 더해서 답을 써내는 것이다. 즉 "4"를 듣고 나서 "8"이 들리면 "12"라고 재빨리 입력해야 한다. 쉬울 것 같지만 계속해서 새로운 숫자를 앞 숫자에 더해야 한다. 즉 "12"라고 타이핑하는 순간 이미 다음에 더할 숫자가 제시된다. "3"이 제시되었다면, 그 앞에 제시된 "8"에 이어 "3"을 더해야 한다. 그러나 우리의 불쌍한 두뇌는 지금 타이핑하고 있는 "12"를 생각하고 있다. 악! 모두가

PASAT를 싫어할 수 밖에 없다… 실험실의 심리학자들 빼고. 이 작업은 정상적으로 기능하는 사람들에게도 스트레스를 준다. 물론 사람이 직장을 잃거나 배우자와 다퉜을 때 느끼는 유형의 스트레스를 유발하는 것은 아니지만, 이 테스트는 사람들을 괴롭혀서 우리가 경험하는 낮은 수준의 스트레스를 재현할 수 있는 좋은 방법이다. 연구자들은 PASAT와 같은 작업에 의해 발생한 스트레스로부터 회복하는 한 가지 방법이 비디오게임을 플레이하는 것임을 밝혀냈다. 그렇다. 비디오게임을 플레이하는 것만으로 - 게임이 폭력적이든 아니든 간에 - 스트레스와 적개심이 낮아지고 기분이 좋아지는 것이다[243, 244, 245]. 다시 한번 비디오게임이 여느 취미활동과 다를 바 없는 효과를 낸다는 것을 알게 되었다. 게이머들이 1점 얻었다!

가상의 세계에서 친구 사귀기

비디오게임을 플레이하는 많은 사람들은 게임을 하면서 친구를 사귈 수 있다는 데에 매력을 느낀다. 그러나 기성세대들은 여전히 게임 때문에 친구들과 보내는 시간이나 다른 사회적 활동을 할 시간이 줄어든다고 불평한다. 물론 모든 게임이 여러 사람이 어울려 플레이하는 방식의 게임은 아니다. 그러나 반사회적이고 외골수라는 게이머의 스테레오타입과 소셜네트워크상에서 활발하게 플레이되는 게임들이 사실상 사회적 소통 창구가 되고 있다는 현실 사이에는 상당한 간극이 있다[246]. 갈수록 더 많은 게임이 혼자서는 플레이하기 어려운 멀티플레이 포맷으로만 출시되고 있다. 예를 들어 일렉트로닉 아츠Electronic Arts 는 블록버스터 영화〈스타워즈: 깨어난 포스Star Wars: The Force Awakens 〉의 출시와 동시에 멀티플레이 게임인〈스타워즈: 배틀프론트Star Wars: Battle Front 〉를 출시했다. 이 게임은 혼자 플레이하는 대신, 전세계의 친구들이나 자신의 친구들과 함께 사악한 제국과 맞서 전투를 벌인다. 사람들이 얼마나 다른 이들과의 게임 플레이를 즐겼는지는, 이 게임이 출시 후 1년 동안 1,200만 카피나 팔렸다는 사실에서 확인할 수 있다. 물론 사교적인 게임플레이 자체는 새로운 것이 아니다. 그 옛날의 아타리 2600조차 콘트롤러가 2개 장착되어 있었고, 비디오게임의 시작 또한 -여러분도 기억하듯 - 붐비는 아케이드에서 이루어졌기 때문이다.

연구자들은 이미 사람들, 특히 젊은이들이 우정을 발전시키고 유지하는데 비디오게임을 활용한다는 것을 알고 있었다[247]. 이는 〈월드 오브 워크래프트〉나 〈이브 온라인EVE Online〉, 〈스타워즈: 구공화국Star Wars: The Old Republic〉 같은 MMORPGMassive Multi Online Role-playing Games 를 플레이하는 사람들에게서 가장 분명하게 나타난다. 이러한 게임에서는 "길드guild"나 "클랜clan"을 만들어 전 세계 어디에 거주하든 정기적으로 온라인상에서 함께 플레이하는 것이 가능하다. 길드나 클랜 같은 집단은 짧게는 몇 주, 길게는 십 년 넘게 지속되기도 한다. 많은 사람이 길드 멤버를 현실에서 만난 친구와 다를 바 없는 가까운 친구로 여긴다. 멤버들과 서로 정기적으로 상호작용을 하며, 이는 전투 전략을 짜는데 한정되지 않는다. 서로의 사생활에 대해 이야기하면서 비밀과 걱정, 희망, 꿈 등을 공유하는데, 일부는 심지어 현실 세계에서 연애와 결혼으로 이어지기도[248] 한다! 이러한 게임류의 정기결제 이용자 수(현재 1,200만 명이 넘는 것으로 집계된다)를 고려하면, 〈월드 오브 워크래프트〉의 아제로스 대륙에서 만남이 이루어져 연애에 성공할 가능성은 대표적인 온라인 데이트 사이트 Match.com과 OKCupid를 합친 것보다 높다!

무례한 이메일이나 저속한 글로 인해 인터넷의 익명성에 대한 회의적인 시선이 있다. 그러나 이 익명성은 디지털 환경을 덜 위협적으로 만들어 현실에서 사회적 소통이 불편한 사람들이 사회적 관계를 구축할 수 있도록 해준다. 비디오게임이 제공하는 가상세계는 오프라인에서의 인간관계 구축에 어려움이 있는 사람들을 실제로 도와줄 가능성을 가지고 있다. 독일의 한 연구[249]는 내성적인 십 대들이 현실에서는 구축하기 어려웠던 사회적 관계를 게임을 이용해서 구축한다는 사실을 밝혀냈다. 내성적인 십 대들에게 있어 게임이, 명백히 삶의 질을 향상시키는 사회적 창구가 되어있는 것이다. 다른 연구에서도 동일한 결과가 나왔는데, 내성적인 사람들이 학교나 직장 또는 기타 사회적 상황들보다 가상세계에서 상호작용을 할 때 불안을 훨씬 덜 느낀다는 것이다[250]. 따라서 내성적인 사람들이 사회적 상호작용에 대한 욕망을 가상세계에서 해소하려는 것이나 게임 등 온라인 상호작용으로 형성된 인간관계가 오프라인에서 만들어진 인간관계만큼 의미있는 우정으로 발전할 수 있다는 사실은 놀랄 만한 일이 아니다.

비디오게임은 내성적인 아이들 - 과 성인들 - 이 친구를 사귈 수 있도록 돕는데 그치지 않는다. 자폐와 같은 발달장애를 겪고 있는 아동의 치료도 보조할 수 있다. 수년 간 발달장애아를 연구해온 스코틀랜드의 심리학자 케빈 더킨Kevin Durkin 박사는 게임이 이러한 아동에게 인간관계를 형성하고 사교적 기술을 연습할 수 있는 덜 위협적인 환경을 제공한다는 것을 발견했다[252]. 그들과의 인간관계 형성을 거부한 사람들이 계속 주변에 머무는 교실이나 작업환경보다는, 가상세계가 계속해서 인간관계 형성을 시도하기에 더 수월하기 때문이다.

두뇌 단련하기

데이비드 케터스David Cathers 는 대공황 시대를 지나 제2차 세계대전과 냉전의 20세기를 겪은 인물이다. 그는 세탁소 배달부로 열심히 일했고 첫사랑과 결혼해서 가정을 꾸리고 손주를 보았다. 데이비드는 60대에 은퇴해서 고향인 로드아일랜드 Rhode Island에 정착해 황혼기를 보냈다. 그러나 70대 초반 몇 번의 일과성 뇌허혈 발작(이른바 뇌졸중)을 겪었다. 이로 인해 갑작스러운 인지능력의 저하가 나타났고 데이비드는 병원에 입원해서 몇 주를 보내야 했다. 회복 후에는 일상생활로 돌아왔으나 몇 년 후 뇌졸중이 재발했고, 그의 인지능력은 영구 손상을 입었다. 데이비드는 치매 환자들에게 흔히 나타나는 이상한 행동을 하기 시작했다. 낯선 사람이 아파트 지하의 세탁실에 들어오는 것에 과민반응을 보이거나 별 이유 없이 운전하던 차에서 내려 한참을 그 앞에 서 있기도 했다.

하루는 딸의 집을 방문한 데이비드가 혼란스러워하며 문 밖으로 달려나갔고, 주변을 걸어다니는 그를 이웃이 경찰에 신고하는 소동이 벌어졌다. 경찰에 체포된 데이비드는 범죄 경력이 없어 정신과 병원으로 인도되었는데, 뇌졸중으로 인한 또 다른 질환인 뇌위축Brain atrophy 진단을 받았다. 그의 치매는 자신을 챙기는 것은 물론 가족들의 얼굴도 알아볼 수 없게 만들었다.

슬픈 이야기지만, 그리 드문 일은 아니다. 치매는 노령층에 장애를 일으키는 주요 원인이며 치매로 고통받는 인구 비율은 75세 이후 20%이상으로 크게 치솟는다. 정상적인 노화과정에도 부분적인 기억이나 정신력 손실이 동반된다.

하지만 비디오게임 플레이가 인지능력 저하를 방지할 수 있다는 증거들이 발견되고 있다. 예를 들어 3D 드라이빙 시뮬레이션 게임을 플레이했더니 노령층의 기억력 및 주의력이 향상되었고 그 효과가 최소 6개월간 지속되었다는 연구 결과가 최근에 발표된바 있다[253]. 다른 연구들에서도 컴퓨터게임이 고연령층의 인지활동을 향상시켰다는 결과가 나왔다. 의사결정능력을 개선할뿐만 아니라 심지어 알츠

하이머병 예방까지도 돕는다는 것이다[254, 255, 256]. 크로스워드 퍼즐 및 스도쿠의 인기에 비추어 미개척 시장의 가능성을 인지한 일부 게임 제조업체들은, 운동이 우리의 신체를 단련해주듯이 비디오게임이 우리를 똑똑하게 만들어줄 수 있다는 암묵적인 메시지를 만들어 내기 시작했다. 예를 들어 닌텐도의 〈매일매일 DS 두뇌트레이닝Brain Age: Train Your Brain in Minutes a Day! 〉는 정신적 근육을 "풀어주고" "두뇌를 잘 유지"해준다고 주장한다. 닌텐도는 이러한 주장이 과학적으로 입증된 것처럼 보이지 않기 위해 매우 주의를 기울였지만(닌텐도는 이 게임을 "엔터테인먼트 제품"으로 광고했다), 소비자들이 이러한 게임을 플레이하면 정신 건강 유지에 도움이 될 것이라 믿은 것은 분명해 보인다.

〈매일매일 두뇌트레이닝〉이 인지능력을 향상시킬 것이라는 암묵적인 약속은 효과적인 것이었다. 세계적으로 400만 카피 이상 팔려나갔고 여러 속편으로 이어졌기 때문이다. 그 엄청난 인기에 힘입어 여러 회사들은 빠르게 유사한 게임들(〈말랑말랑 두뇌교실Big Brain Academy 〉, 〈브레인 챌린지Brain Challenge 〉, 〈브레인 엑서사이즈Brain Exercise 〉 등)을 내놓았고, "두뇌 게임Brain Games "이라 불리는 새로운 장르가 생겨났다. 그러나 모든 학자들이 두뇌 게임의 효과에 동의하는 것은 아니다. 심지어 75명의 학자들이 "두뇌게임이 인지능력의 쇠퇴를 감소시키거나 뒤집을 수 있다는 근거는 오늘날까지 과학적으로 증명된 적이 없다"는 성명을 발표하기도 했다[257]. 이 연구자들은 일부 연구에서 두뇌 게임의 효과가 입증되었다는 사실은 인정하면서도, 또 다른 다수의 연구에서는 그러한 증거가 발견되지 않았다고 주장했다. 다시 말해 이들은 두뇌 게임의 긍정적인 효과가 다른 과학자들과 언론, 그리고 비디오게임 업계에 의해 과장되고 있음을 우려했던 것이다(**이스터에그 1번 참조**).

비디오게임의 폭력성 문제에서도 보았듯, 게임의 효과가 과학계나 언론에 의해 과장되는 것은 그리 드문 일이 아니다. 그리고 게임업계가 자신들이 내놓은 제품을 지지하는 연구들을 선별해서 광고하는 경향이 있다는 것(그런데 그렇지 않은 업계가 있을지도 의문이다)에 대해서도 전혀 의심할 여지가 없다. 그러나 위의 성명에 참여한 학자들은 두뇌 게임이 인지 저하를 방지하는데 효과가 없다고 주장하는 것에 그치지 않고, 오히려 유해할 수 있다고 경고했다! 예를 들어 "게임을 플레이하는데 소비된 시간이 고령 인구가 인지 건강과 신체 건강에 도움을 주는 독서나 사교활동, 정원 가꾸기, 운동, 기타 여러 활동을 하면서 보낼 수 있었던 시간"이라는 식이다. 비디오게임이 대체로 사교적 활동이라는 사실에 대해서는 앞서 논의했는데 여기서 다시 한 번 반사회적인 활동으로 간주되고 있다. 하지만 비디오게임이 독서보다 인지적으로 충분치 못한 활동이라고 누가 말할 수 있나? 정원 가꾸기는 또 얼마나 대단한 활동이라는 것인가? 이 학자들은 두뇌 게임이 도움을 주려 한 바로 그 능력 - 인지능력 - 을 해칠 수 있다는 결론을 뒷받침하기 위해 어떤 증거를 댔을까? 전혀 없었다! 이 성명에는 고령자들에게 적합한 활동에 대한 (노년층 대상의 골다공증 치료제 광고에서나 볼 수 있을 법한) 협소한 정의, 그리고 게임을 전혀 이해하지 못하는 고령층의 세대적 편견이 담겨있을 뿐이었다. 게임의 플레이를 통한 두뇌 단련 효과가 어느 정도인지는 아직 불분명하지만, 효과가 없다고 하더라도 그로 인해 인지장애가 발생할 수 있다는 증거도 없다[258].

제품의 효능을 과장하는 업계를 꾸짖는 학자들이 제품의 위해 가능성을 과장하는 일은 생소하지 않다. 90년대 후반 미국 전역의 부모들은 〈베이비 아인슈타인 Baby Einstein 〉과 같은 유아용 비디오가 주는 즐거움을 발견했다. 에너지가 넘치는 영유아 자녀에게 이 영상을 틀어주면 20분 정도 양치질을 하거나 신문을 읽는 등 휴식을 취할 수 있음을 깨달았던 것이다. 두뇌 게임류가 그랬던 것처럼, 일부 회사들은 자신의 제품으로 아이의 지능을 발달시킬 수 있다고 암시했다. 몇몇 연구자들은 제대로 된 과학적 증거가 없고 이 업체들이 영상의 효능을 과장하고 있다며 비판했다. 그러던 2017년, 영유아용 동영상이 아이들을 똑똑하게 만들어주지 않을뿐더러 반대로 멍청하게 만든다는 일부 소아과 의사들의 주장[259]이 헤드라인에 크게 실렸다! 문제는 이 소아과 의사들이, 영유아용 동영상 제작 업계가 그랬던 것과 마찬가지로 – 자료에 기반해 주장을 하지 않고 그냥 자기 말을 그대로 믿어주길 바랐다는 것이었다. 이 소아과 의사들이 소속되어 있던 워싱턴대학교University of Washington는 영유아용 동영상 제작자들이 연구 데이터를 요청하자 데이터 공개를 막기 위한 소송까지 걸었다[260]. 마침내 데이터가 공개되고(이 책의 저자들을 포함한) 독립 연구자들이 분석한 결과, 소아과 의사들이 연구를 엉망진창으로 수행했다는 사실이 밝혀졌다[261]. 기본적으로 동영상은 아이들의 지능을 발달시키지도 저하시키지도 않았다. 하버드 대학교Harvard University 와 보스턴 아동병원Boston Children's Hospital 이 공동으로 수행한 후속 연구에서도 결과를 재확인했는데, 텔레비전 시청은 아동의 인지 및 언어 발달에 – 좋은 쪽으로든 나쁜 쪽으로든 – 아무런 효과가 없었다[262]. 두뇌 게임 사례와 마찬가지로, 연구자들이 영유아용 교육 영상이 인지적 효능이 있다는 주장에 대해 문제를 제기한 것은 올바른 행동이다. 그러나 이들은 이 매체가 지닌 위해의 가능성을 과장하는 잘못 또한 저질렀다. 두뇌 게임 사례에서와 마찬가지로.

영유아 교육 영상이 자녀를 더 똑똑하게 만들어주지 않는 것처럼, 두뇌 게임 또한 재미는 있을지언정 여러분이 멘사 회원이 되는데 도움이 되지는 않으리라 보는 편이 낫다. 그러나 고령층이 비디오게임을 플레이하는 것은 – 크로스워드 퍼즐 풀기나 독서 또는 친구들과 정치에 대해 수다 떠는 것과 같은 고도의 인지적 작업들과 비슷하게 – 일부 인지능력의 저하 속도를 늦출 수는 있어 보인다. 더 중요한 사실은 이러한 게임들이 유해하다는 증거가 없다는 것, 또는 〈매일매일 두뇌 트레이닝〉이 할머니를 독서나 정원 가꾸기로부터 떼어놓는 것이 특별히 비극이 될 이유는 없다는 것이다[263]. 그러니 여러분이나 할머니가 먼지를 뒤집어쓰며 돌아다니는 것보다 두뇌 게임류를 즐긴다면, 즐겨라! 그러나 그렇다고 해서 치매가 방지될 것이라고 기대하지는 말지어다.

눈-손 협응 개선

비디오게임 플레이의 효능에 대한 연구에서 가장 크고 흥미로운 분야는 사람들이 눈-손 협응이라 부르고 학자들이 "시공간 인지visuospatial cognition"라 부르는 분야다. 기본적으로 게임(특히 액션 게임)이 실제 생활에서 유용한 특정한 기술을 훈련하는데 활용될 수 있는지를 알아보는 연구분야라고 할 수 있다. 〈헤일로4 Halo 4〉를 반복적으로 플레이하면 좀 더 솜씨 좋은 엔지니어나 외과의사가 될 수 있을까? 만약 그렇다면 수술을 받을 일이 생겼을 때 담당 외과의가 어느 의과대학 출신인지 만큼이나 〈콜 오브 듀티〉의 데스매치를 즐기는 사람인지에 대해서도 고려해야 할 것이다.

이 분야의 연구들은 세 번째 판에서 논의했던 연구들과 비슷한 데가 있다. 사람들(특히 대학생들)을 실험실로 데려와서 특정한 작업을 수행하도록 하고 짧은 시간 동안 액션게임을 플레이하도록 하는 것이다. 실험 참여자들이 〈헤일로〉나 〈콜 오브 듀티〉에서 적을 처치하고 나면, 연구자들은 특정한 기술이 개선되었는지를 보기 위해 참여자들에게 게임 전 수행했던 작업을 다시 시켜본다. 이러한 실험의 대상이 되는 기술들은 대개 눈-손 협응력이나 컴퓨터 스크린의 여러 사물을 확인하고 알아맞추기 등이다. 예를 들면 참여자들에게 특정한 도형(예컨대 삼각형) 3~4개가 더 많은 다른 도형(예컨대 원)에 둘러싸여 있는 것을 보여주고, 그 삼각형이 어떻게 바뀌는지 관찰하라고 한다. 중간 정도 진행되면 모든 삼각형이 원으로 바뀌게 되는데, 참여자들은 계속해서 삼각형을 쫓아야 한다. 재미있는 실험이긴 하지만 스크린에 나타나는 형태들이 반복되면 난이도가 올라가면서 어려워진다. 이와 같은 실험을 통해 연구자들은 액션 게임을 플레이하는 사람들이 하나의 업무에서 다음 업무로 좀 더 빠르게 전환할 수 있다는 사실을 발견했다[264]. 다시 말해 게임이 멀티태스킹 능력을 향상하게 시켜 준다는 것이다.

게이머에 대해 안경 쓴 덕후라는 이미지가 있지만, 사실 게임플레이는 시력 증진에 도움이 되는 것으로 보인다. 특히 액션 게임 플레이어들은 비게이머에 비해 컴퓨터 스크린의 작은 사물을 더 잘 볼 수 있고 명암대비에 대한 감도도 뛰어난 것으로 나타난다[265, 266]. 액션 게임은 공간지각력 또한 증진시키는 것으로 나타나는데, 다시 말해 환경에 대한 정보를 취득하고 활용하는 능력이 좋아진다는 뜻이다. FPS 게임을 해본 사람이라면 그 이유를 잘 알고 있을 것이다. FPS 게임에서 플레이어는 자신의 총구 앞만이 아니라 자신을 둘러싼 환경 전체를 지속적으로 인지하고 있어야 하기 때문이다. 예를 들어 〈헤일로〉를 잘 플레이하려면 숨어있는 적군이나 자칼, 짐승 등을 탐지하기 위해 끊임없이 주변을 스캔해야 한다. 가상세계를 스캔하는 이 모든 "연습"이 현실에서 공간지각력을 향상시키는데 유효한 것으로 보인다. 몇몇 연구자들은 여성이 액션게임을 플레이하면 전통적으로 남성이 더 뛰어나다고 여겨지는 공간지각력에서 젠더 차를 극복할 수 있을 것이라고 주장하기도 한다[267].

이러한 연구와 관련해서 놀라운 사실은 공간지각력에 도움이 될 것이라 예측되는 게임들이 사실은 그렇지 않다는 점이다. 예를 들어 〈테트리스〉가 그렇다. 이 게임은 하강하는 여러 형태의 블록을 회전시켜 서로 맞물리도록 조정하여 바닥에 하나의 온전한 줄을 이루도록 하는 것이다. 블록이 온전한 줄을 이루게 되면 그 줄은 사라지고, 그렇지 않고 계속 쌓이면 블록이 화면 천장에 닿으면서 게임오버가 된다. 플레이를 하면서 마음 속에서 블록을 재빨리 회전시키기 때문에 시공간 지각력에 있어 명백히 훌륭한 훈련이 된다고 생각할 수 있지만, 실제로는 그렇지 않은 것으로[268] 나타났다! 〈테트리스〉를 열심히 하면 뛰어난 〈테트리스〉 플레이어가 될 수는 있지만, 그 외에는 별다른 발전이 나타나지 않았던 것이다. 여기서 두 가지 사실의 관찰이 가능한데, 첫째, 일반상식이 언제나 사실로 나타나지는 않는다는 점이고, 둘째, 비디오게임의 효과를 연구할 때는 "학습 전이transfer of learning"라 불리는 현상의 고려가 중요하다는 점이다.

학습 전이란 한 맥락 내에서 학습한 것이 유사한 타 맥락으로 전이될 수 있다는 개념이다. 전이의 가능성은 작업의 유사성에 달려있다. 예를 들어 한 신발의 끈을 묶는 방법은 다른 신발끈을 묶는 법으로 쉽게 전이될 수 있는데, 관련 작업이 서로 거의 동일하기 때문이다. 플로어 하키Floor Hockey를 배우면 직관적으로 축구에 도움이 되지만, 수영에는 별 도움이 되지 않을 것이다. 대부분의 학습 맥락에서 목표는 한 상황에서 어떤 기술을 학습하고 그렇게 배운 것을 다른 상황으로 전이하는 것이다. 그 상황들이 서로 유사할수록 전이의 발생을 예측하기 쉬운데, 예를 들어 수학을 학습하는 경우 더하기와 빼기를 하는 능력이 교실에서부터 물건값이나 잔돈을 계산하는 현실로 전이될 것을 예상할 수 있다. 그러나 좀 더 복잡한 경우도 있다. 예를 들어 한 아동 집단에게 총기류 안전에 대해 가르친다고 하자. 교실에서 아동들은 발견한 총을 집어들지 말아야 한다든가, 총을 발견했다면 반드시 어른들에게 알려야 한다든가, 다른 사람을 향해 총구를 겨누지 말아야 한다는 등의 중요한 안전 규칙을 배울 것이다. 수업을 들은 아이들에게 배운 규칙을 숙지하도록 반복적으로 교육한다. 그러나 아이들이 교실을 떠나 집으로, 또는 친구네 집으로 간다면 어떻게 될까? 우리는 이미 그 끔찍한 답을 알고 있다. 성인이 부재한 상황에서 아이들이 실제 총과 총알을 보게 되면, 아이들은 갑자기 잘 알고 있던 모든 규칙을 잊어버릴 것이다! 관련 연구에 따르면 교실에서 총기류 안전규칙에 대해 배운 아이들도 두려움 없이 진짜 총을 가지고 놀면서 총알을 장전하고 심지어 서로를 향해 겨누기까지 한다[269]. 교실에서 아이들이 배웠던 것이 새로운 환경으로 제대로 전이되지 않은 것이다. 물론 아이들은 아이들이어서 그렇다고 여길 수도 있겠지만, 사실 성인도 크게 다르지 않다. 학습의 전이가 다양한 환경 사이에서 쉽게 이루어지지만은 않는 것이다. 따라서 비디오게임에서 학습한 시공간 지각력 또한 현실의 환경이 비디오게임 내의 환경과 유사할 때 가장 전이가 잘 일어날 것임을 알 수 있다.

비디오게임에서 현실 세계로 기술이 전이될 때 환경의 중요성이 가장 잘 드러나는 사례는 외과수술의 영역에서 찾을 수 있다. 액션게임 플레이로 워밍업을 한 외과의가 특정한 수술에서 더 나은 실력을 보인다는 사실이 밝혀졌기 때문이다. 학습 전이의 작동 방식을 고려하면, 복강경 수술처럼 컴퓨터를 활용하는 수술에서 이런 현상이 나타난다는 것이 그리 놀라운 일은 아니다. 이 발견은 다양한 연구를 통해 신빙성이 뒷받침[270]되고 있다. 다음의 그래프는 비디오게임을 플레이하는 외과의들이 그렇지 않은 의사들에 비해 실수를 덜 하고 보다 빠르게 시술하며 수술 실력 또한 뛰어남을 보여준다[271]. 심지어 액션 비디오게임이 복강경 수술의 훈련을 위해 특별히 디자인된 시뮬레이터보다 더 효과가 뛰어난 것으로 나타난 연구도 있다[272].

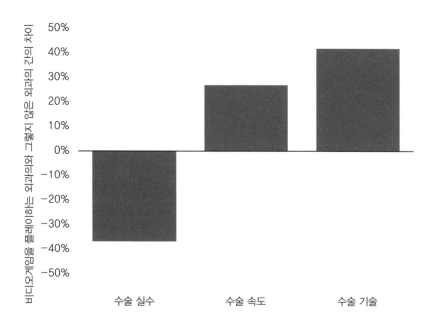

이러한 논의에 공정을 기하자면, 모든 연구자들이 시각적 주의집중 훈련과 관련된 이와 같은 연구 결과들에 납득하는 것은 아님은[273] 언급할 필요가 있겠다. 플로리다 주립대학교Florida State University 의 심리학자 월리 부트Wally Boot 는 이러한 연구들 중 일부에 심각한 한계점(소규모의 선별적인 샘플링, 비디오게임 조건의 부족한 매칭 등)이 있으므로 의대에서 미래의 외과의들에게 〈헤일로〉를 플레이하도록 권하기 전에 좀 더 연구를 진행할 필요가 있다고 지적했다[274]. 실제로 일부 연구자들은 비디오게임 플레이의 효능이 전통적인 외과 수술 기술(예를 들면 메스 사용법)로 확장되지 않는다는 것을 발견하기도 했다[275]. 따라서 액션 게임의 플레이를 통한 학습이 복강경 수술로 전이될 수 있었던 이유는 우연하게도 양쪽 환경에서의 업무와 기술이 서로 유사했기 때문이었음을 알 수 있다. 전통적인 수술방식 또한 속성상 시공간 지각력이 필요하지만, 비디오게임이 도움이 될 만큼 충분히 유사하지는 못했던 것이다. 이와 같은 효능은 제한적이긴 하지만 여전히 매력적이어서, 일부 병원에서는 상기의 연구 결과를 토대로 외과의들을 위한 비디오게임을 라운지에 설치하기 시작했다[276]. 꽤 멋지지 않은가? 그토록 비방 받아온 FPS 게임이 이제는 사람의 목숨을 살리고 있으니 말이다!

이것은 "폭력적" 게임인가 "액션" 게임인가

우리 사회는 특정한 게임이 어느 정도로 폭력성 또는 공격적 행동을 유발할 수 있는지, 그리고 시공간 지각력 발달과 같은 긍정적인 효과를 어느 정도로 발휘할 수 있는지 양쪽 모두에 대해 관심을 가져왔다. 흥미로운 점은 각기 "효능"과 "유해성"에 초점을 맞춘 상이한 연구들이 동일한 장르 ─ 〈콜 오브 듀티〉나 〈그랜드 테프트 오토〉 같은 1인칭 슈팅이나 3인칭 슈팅 게임 ─ 에 주목해왔다는 점이다. 더 신기한 점은 그러한 연구에서 사용되는 용어다. 연구자들이 연구하는 주제가 (시공간 지각력 같은) 효능인지 아니면 (폭력범죄 같은) 유해성인지에 따라 용어들이 바뀌기 때문이다. 예를 들어 이 장에서 우리는 시공간 지각력을 연구하는 학자들과 동일하게 "액션 비디오게임"이라는 용어를 썼다. 그런데 이전 판에서는 폭력성과 공격성에 대해 연구한 학자들의 용어인 "폭력적 비디오게임"을 사용했다. 부정적인 효과에 대해 연구할 때는 대량 총기 난사 사건의 메커니즘에 부합하는 용어인 "폭력적 비디오게임"을 사용한다는 것이다[277]. 그러나 눈-손 협응의 효과와 같은 것을 연구할 때면, 같은 1인칭, 3인칭 슈팅게임들이 갑자기 "액션 게임"으로 변신한다. 같은 연구자가 하나의 논문에서 공격성에 초점을 맞출 때 "폭력적 비디오게임"이라고 부르다가, 시공간 지각력에 대해 쓸 때는 동일한 게임을 "액션게임"이라고 부르는 상황도 종종 있다. 학자들 자신이 독자들로 하여금 주목했으면 싶은 게임의 측면에 맞춰 표현을 바꾸는 것이다. 사람들이 그 게임에 호감을 갖도록 하고 싶으면 "액션게임"으로, 그렇지 않을 때 "폭력적 비디오게임"으로 부르는 것이다. 이는 특정한 화학물질을 연구하는 과학자들이 위험한 효과를 연구할 때면 "죽음의 약물"로, 건강에 도움되는 효과를 연구할 때면 "탁월한 영약"이라 부르는 것과 마찬가지다. 명백히 마케팅인 셈인데, 학자들이 자신들의 생산물을 브랜딩하는데 있어 이토록 유능할 줄이야 싶다.

이는 결코 사소한 문제가 아니다. 게임 연구 분야의 어설픔과 경직된 감정을 적나라하게 보여주기 때문이다. 아마도 이 분야 연구자들이 저지른 가장 큰 실수는 애초에 "폭력적 비디오게임"이라는 용어를 사용한 점일 것이다. 이 용어는 지나치게 감정적일 뿐만 아니라 개념적으로도 무의미하다. 게임이 "폭력적"이라는 것이 정확히 무슨 의미인가? 어떤 연구자들은 "캐릭터들이 다치지 않으려는 타 캐릭터에 대해 집중적으로 가해하는 것"을 다루는 게임이라면 전부 폭력적인 게임이라고 주장하기도 한다[278]. 이 정의에 따르면 대부분의 게임들, 그러니까 〈팩맨〉부터 〈그랜드 테프트 오토〉에 이르는 모든 게임들이 "폭력적 비디오게임"이 된다. 이는 만화책이나 성경, 스티븐 킹Stephen King 소설, 셰익스피어 문학, 낚시 교습책 등을 통 털어서 "폭력 문학"이라 칭하면서 마치 그러한 장르 구분이 논리적인 척하는 것과 같다.

비디오게임이 긍정적인 기술을 가르칠 수 있다면, 부정적인 기술도 마찬가지 아닐까?

코네티컷의 1학년생들을 학살한 잔혹하고 무자비하고 야만스러운 살인자는 자신의 역겨운 판타지를 우리의 비극적인 현실로 전이시킨 또다른 열혈 비디오게임 플레이어였다. 놀라운가?

… 폭력적 비디오게임은 아이들을 살인자로 훈련하는

"살인 시뮬레이터murder simulator"다.

– 예비역 중령 데이브 그로스먼[279]LT. Col. (Ret.) Dave Grossman

만약 건강 비디오게임이 건강한 행동을 성공적으로 가르칠 수 있다면,

그리고 비행 시뮬레이터 게임이 비행하는 법을 가르쳐줄 수 있다면,

그렇다면 폭력적이고 살인을 모사한 게임이 가르칠 수 있는 것이란

무엇이겠는가?

– 더글라스 젠틸과 크레이그 앤더슨[280]Drs. Douglas Gentile and Craig Anderson

"비디오게임이 예컨대 복강경 수술 학습에 도움이 된다면, 비디오게임이 아이들에게 총기 난사나 살인을 가르치는 것도 가능하지 않은가?"라는 질문은 비디오게임에 대해 자주 제기되는 질문 중 하나다. 이러한 유형의 질문은 표면상 그럴싸하지만, 그 기저에는 기본적인 논리의 오류가 깔려있다. 비디오게임이 한 분야에서 학습에 영향을 미칠 수 있다고 해서 그것이 모든 영역에서의 학습에 적용되는 것은 아니기 때문이다! 무언가가 어떤 하나에 대해서 한 가지 종류의 효과를 미친다는 이유로(예를 들어 액션 게임이나 플라이트 시뮬레이터가 수술 기술이나 비행 능력을 향상시키는등), 그것이 다른 모든 것에 대해서도 같은 힘을 발휘할 것이라 생각하는 것은 터무니없는 일이다. (더불어 우리가 개인적으로 마이크로소프트의 〈플라이트 시뮬레이터〉로만 훈련받은 파일럿이 모는 비행기를 선호하지 않는다는 점도 강조하고 싶다.)

이 논리가 지닌 문제점은 무엇일까? 다음과 같은 질문을 던져보겠다. "페니실린이 성공적으로 감염을 치유한다면, 암을 고칠 수 없는 이유는 무엇인가?" 우선

질문자가 페니실린이나 암의 메커니즘에 대해 잘 모른다면, 이 질문은 나름의 합당한 이유를 지닌다. 살펴볼 만한 의문인 것이다. 그러나 일단 정보가 모이고 관련 연구가 진행되어 페니실린이 박테리아로 인한 감염증은 치료하지만 암에 대해서는 아무 효과가 없다는 사실이 증명되면, 이 질문은 더 이상 의미를 갖지 못한다. 두 가지 효과에 대해 연구한 결과 드러난 증거가 한 종류의 효과만 지지하고 다른 한쪽은 지지하지 않는다면, 원래 질문이 지녔던 합당함은 이제 별 의미가 없어진다. 바로 이 지점이 비디오게임 연구가 처한 상황이다. 액션/폭력적 비디오게임이 특정한 일부 시공간 지각력을 향상시킨다는 증거는 발견되었지만, 폭력성을 유발하더라는 주장을 뒷받침해주는 증거는 나오지 않았기 때문이다.

비디오게임이 아이들에게 살인하는 법을 가르치는 것이 아닌 이유는, 우리가 앞서 언급한 학습 전이에서 찾을 수 있다. 한 상황에서 학습한 것이 새로운 상황으로 전이되려면 그 학습이 이루어졌던 상황과 새로운 상황이 유사해야 한다는 사실 말이다. 예를 들어 빠르고 정확한 손의 움직임을 필요로 하는 컴퓨터게임은 컴퓨터를 이용한 수술을 수행하는 능력을 향상시킬 수 있는데, 수술 또한 빠르고 정확한 손놀림을 요하기 때문이다. 반대로 가라테 동작을 연속 버튼 누르기로 수행하는 〈스트리트 파이터〉를 마스터한 아이에게 실제 가라테 기술의 발전을 기대할 수는 없다. 마찬가지로 〈스트리트 파이터〉의 고수라할지라도 류의 용권선풍각이나 혼다의 백열장수, 켄의 승룡권를 날리는 법을 실제로 배우지는 못한다. 플레이스테이션이나 엑스박스의 컨트롤러를 조작하면서 〈콜 오브 듀티〉를 플레이하는 것이 실제로 총을 쏘는 법을 가르쳐 줄 수 없는 것도 마찬가지다. 다음의 표에서 볼 수 있듯, 전형적인 FPS 게임에서 배우게 되는 가상의 핸드건 사용 기술은 실제의 핸드건 사용 기술과 거의 무관하다.

권총 쏘는 법 – 현실의 경우

손잡이는 두 손으로 잡는 것이 제일 좋다.

평소 사용하지 않는 손의 네 손가락은 반드시 방아쇠울 아래에 위치해야 한다.

사용하는 손을 손잡이에 최대한 높이 위치시키면서 그 손의 엄지를 앞으로 향하도록 한다.

손가락이 슬라이드나 해머(총의 뒷부분에 있는 부위)에 닿지 않도록 한다.

다리를 어깨 너비 정도로 벌리고 선다.

무릎을 살짝 굽힌다.

겨냥하는 대상을 향해 총을 올린다.

주로 사용하는 눈을 이용해서 총의 시야를 정렬한다.

총을 겨눈 후 목표물에 초점을 맞추면서 조준 시야를 향상시킨다.

숨을 고르면서 신체를 안정시킨다.

방아쇠를 당기는 것이 아니라 지속적인 압력을 가하면서 누른다.

발사한 후에는 골퍼가 공을 치고 난 뒤처럼 "끝까지 팔로우"를 한다.

콘솔 FPS 게임에서 총을 쏘는 법

왼쪽 트리거를 당겨 총을 겨눈다.

오른쪽 트리거를 당겨 총을 발사한다.

다시 정리해보자면, 게임을 플레이하는 것에는 폭력적인 게임 – 또는 액션 게임 – 일지라도 일부 주목할 만한 효능이 있다는 것이다. 우선 감정적 측면에서의 효능이 가장 명백해 보인다. 여느 취미활동들과 마찬가지로 비디오게임이 스트레스를 완화하고 기분을 전환시키며 사교 기술을 가르쳐주고 나아가 비슷한 사람들끼리의 우정을 도모하게 해주기 때문이다. 물론 여가 활동도 스트레스를 유발할 수 있고 비디오게임 또한 모두에게 스트레스 완화 효과를 주지는 않는다. 비디오게임의 스트레스 완화 효과는 명확하지만, 그와 같은 감정적 효능을 얻으려 다른 취미활동처럼 스스로 비디오게임을 즐기는 사람이어야 하는 것이다. 결국 하나의 취미활동으로서 비디오게임 플레이에 효능만 있는 것도, 유해하기만 한 것도 아니라는 정도가 비디오게임에 대해 취할 수 있는 최선의 입장일 듯 하다. 전반적으로 볼 때 마음이 평온해질 수 있고 보다 행복할 수만 있다면 게임을 플레이하는 것은 아무런 문제가 없다.

인지적 효능은 감정적 효능에 비해서는 덜 명확하다. 게임으로 더 똑똑해지거나 할아버지의 알츠하이머가 치유되기 바란다면, 이는 아마 실현되기 어려울 것이다. 그러나 비디오게임은 일부 특정한 시공간 지각력 발달에 있어서는 유용한 도구가 될 수 있다. 또한 노화된 두뇌의 활동을 자극함으로써 노화에 따른 인지능력 저하를 늦추는데 조금이나마 도움이 될 수 있다. 다시 한 번 말하지만, 그 효능의 수준은 독서나 퍼즐풀기 등의 인지적 활동과 아마 유사한 - 그 이상도 그 이하도 아닌 - 정도일 것이다.

현재의 과학적 증거들이 의미하는 바는 비디오게임이 (마티니 정도의 알코올이 함유된 외에 아무런 이점이 없는) 파커 토닉도 아니고 페니실린도 아니라는 것 정도다. 그 사이 어딘가에 있는 것이다. 비디오게임이 세상을 구원해주지는 않지만, 일부 특정한 문제에 대한 대처는 어느 정도 가능케 해주는 것 같다. 스트레스 받거나, 외롭거나 혹은 애인을 찾는다면, 〈월드 오브 워크래프트〉에 접속해서 돌아다녀보라. 할아버지가 정신적 자극을 충분히 받지 못하고 계신다면 닌텐도 DS를 쥐어드려보라. 더 실력 있는 외과의가 되고 싶다면 어서 외계인들을 향해 총을 쏘아보아라! 최상의 시나리오는 이러한 활동들이 실제로 도움이 되는 것이고, 최악의 시나리오라 해도 이를 통해 약간의 즐거움을 맛보는 데 그칠 것이다.

지금까지 이 책을 읽은 여러분이 만약 게이머라면, 정치가를 비롯한 여러 사람들의 끔찍한 경고에도 불구하고 〈모탈 컴뱃〉 같은 게임이 우리의 문명을 파괴하지 않을 것임을 확신하고 있을 것이다. 솔직해지자 – 이 책의 첫 페이지를 넘기기 전부터 여러분은 이미 그렇게 확신하고 있었을 것이다! 만약 여러분이 게이머가 아니라면, 또는 걱정이 많은 부모라면, 여러분은 여전히 비디오게임이라는 상호작용 매체에 불편함을 느끼고 있을 것이다. 바라건대 우리의 작업이 정치가들과 언론으로부터 들었을 온갖 근거 없는 비판에 대응할 수 있도록 비디오게임에 대한 균형 잡힌 시각을 제공해주었길 빈다. 그러나 부모가 – 딱히 게임에 비우호적인 사람이 아닐지라도 – 자녀들이 비디오게임에 얼만큼의 시간을 할애해야 할지, 게임에 정확히 어떤 내용들이 포함되었는지를 우려하는 것은 이해할 수 있다. 테크놀로지가 빠르게 발전하고 매일같이 다수의 신작 게임이 출시되는 상황에서, 비디오게임은 부모들이 따라 잡기에 너무 버거운 상대가 되어가고 있기 때문이다.

그러한 어려움을 겪는 사람들에게 해줄 수 있는 이야기가 있다. 부모로서 여러분의 목표가 자녀와 테크놀로지 사이에 장벽을 세우는 것이라면 성공하기 어려울 것이다. 그 과정에서 자녀에게 이로움보다는 해로움을 끼칠 가능성이 높기 때문이다. 만약 새로운 테크놀로지와 매체를 조금 더 잘 이해하는 방향으로 목표를 전환한다면, 가족의 균형을 찾고 유지하기가 더 수월해질 것이다. 결국 부모에게 필요한 것은 가이드라인이다. 픽셀로 이루어진 비디오게임의 지뢰밭을 항해할 수 있도록 도와주는 공략집 말이다.

이스터 에그

1. 첫번째 성명에 반박이 있었다는 사실은 짚고 넘어갈 필요가 있다[281]. 첫번째 성명
   에 대한 합의가 없었다는 내용이 담긴 두번째 성명에는 더 많은 연구자들이 참
   여했다(희한하게도 몇몇 연구자들은 두 성명 모두에 참여했다).

아홉 번째 판:
부모를 위한 공략집

15세 소녀 베로니카는 매우 내성적이어서 친구를 많이 사귀지 못했고 취미나 관심사도 많지 않다. 최근 온라인게임 〈월드 오브 워크래프트〉를 플레이하기 시작했는데, 갈수록 게임에 더 많은 시간을 게임에 쏟으면서 원래도 그리 좋지 못했던 성적이 더 떨어져버렸다. 또한 게임에 모든 시간을 쏟아 부으면서 이전에 즐겼던 취미활동도 전부 그만두었다. 다른 한편으로 이 게임은 베로니카에게 전에 없던 행복감을 안겨주었는데, 게임을 통해 새로운 친구들을 사귀고 남자친구까지 만나게 되었기 때문이다. 베로니카의 어머니는 베로니카의 게임 습관에 대해 우려하면서도 무엇을 어떻게 해야 할지 몰라 우리에게 조언을 구하러 왔다.

베로니카의 어머니는 어떤 콘텐츠가 적절한지, 게임에 할애하는 시간은 어느 정도여야 하는지를 두고 둘이 자주 언쟁을 벌인다고 했다. 대부분의 아이들이 그렇듯 베로니카도 학교 숙제보다 비디오게임을 훨씬 재밌어한다. 하지만 베로니카는 괜찮은 학생이었고 별다른 이상행동을 보이지도 않았다. 엄마와 언쟁을 벌이긴 해도, 사실 베로니카의 나이를 고려하면 꽤 잘 지내는 편이었다. 문제는 베로니카가 학업보다 게임을 선호한다는 것이었다. 당연히 부모님의 우선 순위는 달랐다. 베로니카의 어머니는 비디오게임의 매력을 이해하지 못했고, 베로니카가 좋아하는 유형이 낭자한 롤플레잉 액션게임들로 인해 딸이 현실의 잔혹함에 무뎌질까봐 우려했다.

베로니카 어머니의 우려는 상호작용 매체가 넘쳐나는 요즘 세상에서 자녀를 키우는 부모라면 대부분 경험했을 법한 일이다.

1. 시간: 베로니카는 게임에 중독된 것일까? 아이가 게임을 플레이하는 시간을 제한하려면 어떻게 해야 할까?
2. 친구: 베로니카의 어머니가 집에서 게임플레이를 제한하더라도, 아이가 게임이 있는 다른 친구의 집에 간다면 어떻게 해야 하는가?
3. 정보: 베로니카의 어머니가 아이의 비디오게임에 대한 흥미를 이해하려면 어떻게 해야 할까? 게임 콘텐츠에 대한 믿을 만한 정보는 어떻게 구해야 할까?
4. 폭력: 베로니카가 폭력적인 롤플레잉 액션게임을 플레이해도 괜찮은 것일까? 게임이 혹시 아이에게 폭력성을 심어주거나 현실세계의 폭력에 대해 무디게 만드는 것은 아닐까?

시간: 게임을 줄이기

베로니카의 어머니는 게임이 딸에게 문제를 일으킬 수 있다고 생각한다. 하지만 〈월드 오브 워크래프트〉가 베로니카에게 매우 중요한 소통수단이자 감정적 창구라는 것을 알고 있어서, 게임 자체를 없애는 것은 위험하다고 생각한다. 여섯 번째 판에서 살펴 보았듯, 진짜 비디오게임 중독인 경우는 매우 드물다[282, 283, 284]. 전문적인 치료센터를 찾으려면 극도로 주의를 기울여야 한다. 대중의 주목을 받는 많은 것들처럼, 부모의 비디오게임 중독에 대한 두려움을 이용해 돈을 벌려 는 사람들이 있기 때문이다. 여러 시설들이 전혀 근거 없는 치료를 하고 있다. 이러한 치료 시설 중에는 매일 고강도의 치료를 진행한다며 비디오게임 "중독자"들을 실질적으로 감금하는 감옥처럼 운영되는 곳도 있다. 또 어떤 시설에서는 아이들을 몇 개월동안 숲이나 사막 같은 곳에 보내는데, 비용이 최대 3만 달러에 이르기도 한다! 이러한 야외 모험활동이 아이들을 비디오게임에서 떨어뜨려 놓을 것은 분명하다. 전기도 들어오지 않을 뿐더러 추위를 피해 체온을 유지하고, 식량을 챙기고, 곰에게 먹히지 않는데에 정신을 쏟아야하기 때문이다. 안타깝게도 이러한 모험활동이 이후 문명세계(와 자신의 컴퓨터)로 돌아온 아이들에게 효과가 지속된다는 증거는 거의 나오지 않았다. 부모들은 유언비어로 사람을 모집하는 치료센터들을 경계할 필요가 있다. 자신들의 치료 없이는 자녀가 끝장날 것이라고 주장하는 시설일수록 평판이 좋지 않은 경우가 대부분이다.

오해는 말자. 분명 이 문제로 고통스러워하는 사람들을 순수하게 돕고 싶어하는 훌륭한 의사들도 있다. 그러나 게임을 절제하기 위해 의사의 치료가 필요한 경우는 매우 소수의 아이들과 성인들에 국한된다. 베로니카를 포함해 많은 경우 비디오게임 문제는 부모가 직접 해결할 수 있다. 이를 염두하면서 자녀의 게임 습관을 우려하는 베로니카의 어머니와 다른 부모들에게 도움이 될 만한 몇 가지 힌트를 제공하고자 한다.

욕구 충족

우선 아이가 여러 활동 중에 왜 비디오게임에 시간을 쏟는지를 이해하면 많은 도움이 된다. 자기결정이론Self-determination theory[285]에 따르면 사람들이 비디오게임에 끌리는 이유는 현실에서는 해소하지 못한 심리적 욕구를 충족하는 데 도움이 되기 때문이다. 베로니카의 경우에 대입해보면, 베로니카가 〈월드 오브 워크래프트〉에 끌린 것은 우연이 아니다. 베로니카는 사회적으로 적응하는데 어려움이 있었지만 온라인 상에서는 훨씬 편안함을 느낄 수 있었다. 그래서 게임 상에서 친구는 물론 남자친구까지 사귈 수 있었던 것이다. 베로니카가 게임을 과하게 하긴 하지만, 게임이 베로니카에게는 매우 실제적이고 의미있는 목적을 실현해준다는 점은 이해할 필요가 있다.

이와 관련해서 과도한 게임 플레이가 자신에게 내재된 문제에서 비롯되는 경우가 많다는 점[286]을 생각해볼 필요가 있다. 베로니카의 경우 내재된 문제점은 내성적인 성격이었다. 비디오게임의 가상세계는 이러한 문제점을 극복할 수 있도록 도와주었고, 이는 베로니카에게 새로운 사회적 환경을 활짝 열어준 셈이었다. 그러니 베로니카가 게임시간을 조절하는 데 어려움을 겪는 것은 당연해 보인다. 게임이 이전까지 가져보지 못했던 사회적 소통의 창구가 되었기 때문이다. 이처럼 내재된 문제점을 이해하면 비디오게임 이용에 도움이 되는 관점이 생긴다. 게임은 종종 심리적 욕구 충족에 활용되기 때문에, 갑작스러운 이용 제한은 심각한 문제를 초래할 수 있다. 현실 세계이든 가상 세계이든 아이가 속한 사회적 인간관계망을 아이에게서 잘라내는 것은 매우 위험하다. 아이가 그 네트워크에 접근하는 테크놀로지를 남용하고 있을지라도 말이다. 베로니카가 비디오게임을 이용하는 데 균형을 잡을 필요가 없다는 뜻은 아니다. 애초에 비디오게임을 이용하게 만든 동기를 이해하고 이에 대해 합리적인 방식으로 개입이 이루어져야 한다는 뜻이다.

자녀와 수다 떨기

불행히도 테크놀로지에 관해서는 부모와 자녀가 매우 다르게 생각할 때가 많으며 서로의 관점을 이해하기 어렵다. 만약 자녀가 게임하느라 해야 하는 일을 제대로 하지 못하고 일상의 균형을 잡지 못한다면 부모로서 이를 걱정하는 것은 타당하다. 그러나 부모가 알지 못할 뿐 자녀 또한 그 매체의 이용에 나름의 타당한 관점을 지니고 있을 수 있다. 부모들, 특히 비디오게임을 잘 모르는 부모는 게임의 적절한 이용 시간을 알기 어렵고, 심지어는 아이가 비디오게임을 좋아하는 이유조차 이해하지 못한다.

테크놀로지를 두고 벌어지는 부모자식간의 갈등은 종종 기싸움으로 비화되곤 한다. 문제해결에 이르는 최선의 길은 부모가 자녀에게 왜 걱정을 하는지(그러한 걱정에 깔린 논리까지) 차분하게 설명하고, 자녀의 생각을 경청하는 시간을 갖는 것이다. 물론 아이들마다 상황은 다를 것이다. 그러나 부모와 자녀 사이에 친밀한 관계가 잘 성립되어 있다면, 대부분의 아이들이 부모와 함께 문제 해결에 참여할 것이다. 여기서 전제는 부모 또한 자녀의 말을 들어야 한다는 것이다. 커뮤니케이션이 핵심이기 때문이다. 부모와 자녀 모두 서로의 관점을 이해하는 시간을 가져야 한다. 실제로 한 연구에 따르면 자녀를 잘 이해하는 부모들이, 그저 "이해할 수 없다는" 부모들에 비해 자녀와의 관계가 더 좋을 뿐만 아니라, 그 자녀들 또한 심리적 적응력이 좋은 것으로 나타났다[287].

제한시간 설정하기

게임하는 시간을 제한하는 것은 아마도 가장 확실한 방법일 테지만, 그 실행은 쉽지 않다. 부모가 적절한 수준으로 제한을 걸지 못하거나 지나치게 엄격한 제한을 반복할 경우 문제가 발생하기 때문이다. 베로니카의 어머니는 딸의 〈월드 오브 워크래프트〉 계정을 닫아버리고 싶은 유혹을 강하게 느꼈을 것이다. 그러나 베로니카가 이 게임에 사회적 욕구 충족을 의존하고 있기 때문에, 계정을 닫아버리면 게임 문제를 해결하는 대신 다른 커다란 문제를 일으킬 수 있다.

이런 경우에는 베로니카의 게임 접속을 완전히 차단하는 것보다, 특정 요건을 충족하면 접속을 허용하는 프로그램을 실시하는 것이 더 나은 전략이다. 예를 들어 한 시간 동안 숙제를 하거나, 집안일을 한 시간 하고 나면 비디오게임 30분 정도로 보상하는 것이다. 중요한 것은 덜 즐거운 활동이 먼저고 그 다음에 게임이 와야 하며, 부모는 반드시 규칙을 명확하게 설명하고, 그것을 확실하게 강제해야 한다는 것이다. 매우 기본적인 상식처럼 들리지만 - 그리고 실제로 그렇기도 하지만 - 게임을 하기 전에 어떤 일이 완료되어있어야 함을 명확하게 제시하는 것은 매체의 이용과 다른 의무들 간의 균형을 맞추는 데 매우 효과적이다[288].

부모는 장기적으로 매일 특정한 기준에 맞춰 자녀의 게임 시간을 제한할 수 있다. 매일의 게임시간을 정확히 어떤 기준으로 설정할지는 자녀가 현재 얼마나 플레이하는지에 따라 달라진다. 베로니카의 어머니는 등교하는 날의 게임시간을 60분으로 제한했다. 베로니카가 성적을 잘 받아오면 게임시간을 90분으로 연장한다. 이런 식으로 조건을 충족시킴에 따라 게임하는 시간이 점진적으로 증가할 수 있다. 조건이 제대로 충족되지 않으면 게임하는 시간은 다시 줄어든다. 예를 들어 베로니카가 할당된 집안일을 완료하지 못하면 게임시간은 30분으로 줄어든다. 다시

한 번 말하지만, 가장 중요한 것은 부모가 목표로 하는 행동의 좋고 나쁜 결과가 분명해야 한다는 것이다. 그리고 그 결과를 결정할 때는 언제나 자녀가 게임할 수 있는 시간을 되돌려 받을 수 있는 길을 남겨둬야 한다. 두 번 다시 돌이킬 수 없게 문을 닫아버리면 아이들에게는 절망과 분노만이 남게 된다. 부모 자신이 게임에 대해 어떠한 감정을 가지고 있든지 간에, 목표는 게임하는 것을 막는 것이 아니라 다른 활동과 균형을 잡는 것임을 반드시 기억하자.

시간이 주는 선물

아마도 여러분은 마당에서 부모님과 야구공을 주고 받던 때나 상상의 티파티를 열거나, 음악 발표회에 참가했을 때 느꼈던 엄청난 즐거움을 기억할 것이다. 오늘날 비디오게임은 아이들이 부모님과 가상 세계에서 진짜 추억을 만들 수 있는 기회를 제공한다. 〈슈퍼 마리오브라더스〉 최신작에서 아버지와 아들이 협력해 쿠파를 퇴치하고, 어머니와 딸이 서로 도와 〈마인크래프트〉의 블록들을 조합할 수 있다. 어머니와 아들이 〈월드 오브 워크래프트〉의 가상세계에서 함께 레이드를 뛸 수도 있다. 퍼거슨의 아들 로만은 자기가 잘 하는 〈레고: 마블 슈퍼히어로즈Lego: Marvel Superheroes〉를 플레이하면서 아버지를 총으로 처치할 때마다 세상 신나게 웃어댄다. 이러한 추억이 전자 놀이터에서 만들어지는 것이긴 하지만, 현실에서 만들어지는 추억만큼 실재하는 경험이며 똑같이 중요하다. 비디오게임을 플레이하기 싫은 부모일지라도 아이들이 게임하는 모습을 보려는 노력을 통해 자녀와의 관계를 증진시킬 수 있다. 리틀야구단 경기에 부모님들이 오셔서 서 계시던 추억이 우리에게 주는 따뜻한 스릴이, 비디오게임을 좋아하는 아이에게는 부모님이 시간을 들여 관심을 갖고 게임하는 것을 지켜봐줄 때 똑같이 느껴질 수 있는 것이다. 아이들과 함께 노는 것은 즐거울 뿐만 아니라 부모님과 함께 게임을 하는 자녀들 – 특히 여자아이들의 경우 – 문제를 내면화하거나 공격적인 행동을 표출할 가능성이 적다는 연구 결과도 있다[289]. 또한 비디오게임과 연관된 긍정적인 감정은, 비디오게임과 창의성 간의 관계의 바탕이 되며, 자기효능감(문제를 해결해서 목표를 달성할 수 있다는 자신의 능력에 대한 믿음)을 증진킬 뿐만 아니라 기본적인 심리적 욕구까지 충족시키는 것으로 나타났다[290, 291, 292].

구조요청하기

만약 게임하는 자녀와 커뮤니케이션하며, 이해를 구하고 명확하고 지속적인 보상 체계를 시도해봤음에도 별 효과를 보지 못했다면, 이제는 외부의 도움을 찾아 봐야 할 때다. 학교 상담사를 찾는 것이 좋은 시작이 될 텐데, 필요한 추가 자료를 얻을 수 있을 것이다. 그러나 앞서 언급했듯, 아이의 안녕을 진심으로 챙기는 전문가를 찾는 것이 제일 중요하다. 최신 도덕적 공황을 기회 삼아 돈을 벌려는 사람들도 있기 때문이다.

친구들: 또래와 보조 맞추기

베로니카의 어머니는 불쾌한 내용의 게임으로부터 딸을 떨어뜨려 놓더라도, 딸이 친구네 집에 가서 그러한 게임에 접속할 수 있다고 우려한다. 물론 자녀가 집 밖에서 무슨 짓을 하는지 걱정하는 부모가 베로니카의 어머니만은 아닐 것이다. 가정에서 자녀의 미디어 이용에 제한을 걸어둔 많은 부모들이 직면하는 문제 중 하나는 친구네 집, 그리고 그 친구의 부모들이다. 자녀의 미디어 이용에 엄격한 부모라면 자신과 의견을 공유하지 않고 이용 제한을 두지 않는 다른 부모에게 화가 날 것이다. 양 극단의 부모들 - 자녀가 보고 싶어하면 무엇이든 보게 해주는 부모와 눈썹이 움찔하게 만드는 것이라면 무엇이든 제한하는 부모-은 모두 자녀의 미디어 소비에 대해 제대로 알아보고 결정해야 하는 책무를 다하지 못한 것이다. 하지만 자녀에게 어떤 유형의 매체가 적절한지 주의깊게 고려한 부모라 할지라도, 마찬가지로 주의깊게 관여하지만 완전히 다른 결정을 내린 부모들과 맞닥뜨리는 것을 피할 수는 없다. 그리고 이는 정상이다!

만약 어떤 부모가 R등급 영화나 M등급 게임의 콘텐츠에 조예가 깊고 자녀에게 그 매체를 17세 이전에 접할 수 있게 해주었다면, 이는 그 부모의 권리이지 다른 누가 참견할 일이 아니다. 하지만 가치관이 다른 가족을 둔 친구들과 함께 놀 경우, 상황은 좀 복잡해진다. 만약 X가족은 M등급 게임을 허용했지만 그런 게임을 허용하지 않는 Y가족의 자녀가 X가족의 아이와 놀고 싶어한다면? "지미는 집에서 〈콜 오브 듀티〉를 플레이할 수 있단 말이에요! 나만 〈콜 오브 듀티〉 못해!"라는 익숙한 레퍼토리를 듣게 될 것이다. 이해한다. 매우 기분이 나쁠 것이다. 그런데 아이들은 인류의 역사가 시작된 이래 늘 그래왔다. 부모들이 할 일은 나름의 판단 기준을 세우는 것이다. 이 문제의 매체가 어떤 대가를 치르더라도 자녀의 접근을 막아야 할 만큼 나쁜 것일까? 현실은, 하게 해주든 말든, 자녀의 인생은 망가지지 않는다는 것이다. 충분히 정보를 찾아 본 부모들은 스스로를 믿고 자신의 결정에 자신감을 가져야 한다. 자녀의 저항에 직면하면, 부모는 아이들을 존중하되 그 이유를 논리적으로 잘 설명해서 불만이 남지 않도록 해야 한다.

만약 부모가 보기에 불쾌한 매체에 자녀가 노출된 것을 발견했을 경우에 대처하는 한 가지 방법은 이 상황을 토론 기회로 삼는 것이다. 몇 년 전, 저자 중 한 명인 퍼거슨은 9살 아들 로만(앞서 언급했던 〈레고: 마블 슈퍼히어로즈〉의 고수)과 함께 라디오 방송을 들으면서 운전을 하고 있었다. 때마침 방송에서 래퍼 아이스 큐브Ice Cube의 "Gangsta Rap Made Me Do It"가 흘러나왔는데, 이 곡은 N으로 시작하는 단어(역주: 흑인을 비하하는 의미가 담긴 명칭)를 한 천 번쯤 쏟아낸다. 많은 부모들이 겪어본 딜레마이다. 타격을 입기 전에 재빨리 라디오 통제권을 발휘해 꺼버려야 하나? 아니면 노래를 끝까지 듣고 그 내용에 대해 논의해야 하나? 퍼거슨은 그냥 틀어두는 것이 최선이라는 결정을 내렸다. 노래가 끝나고, 로만과 그 아버지는 N으로 시작하는 그 단어에 대해 이야기를 나누었다. 그 단어에 담긴 인종차별적이고 혐오적인 기원 같은 것에 대한 내용이었다. 이 불쾌한 노래가 예상치 못하게 인종차별 및 공격적인, 또는 선정적인 언어의 사용에 대한 가족의 규칙을 논의할 수 있는 유용한 플랫폼이 되었던 것이다.

경우에 따라서는 통제권을 발휘해서 바로 꺼버리는 것이 옳은 결정일 수도 있다(포르노 이미지라든가, 고문 영상, 컨트리 음악 등등). 우리는 래퍼 투팍2Pac 의 앨범이 자녀양육에 필수 도구라는 이야기를 하려는 것은 아니다. 부모가 보기에 공격적이라 느껴지는 모든 것으로부터 아이들을 지키려 들면 역효과를 낳을 수 있다는 이야기를 하는 것이다. 아이들이 18살이 될 때까지 마치 유리인형처럼 과보호하면 자녀를 일방적으로 길들이게 될 뿐만 아니라, 정말로 중요한 문제들에 대해 부모와 진지한 대화를 나눌 수 있는 기회를 박탈하는 길이기도 하다. 물론 부모들이 자녀가 "문제적인" 매체에 노출되는 것을 막으려는 건 완전히 이해가능한 일이다. 그러나 그런 식의 "헬리콥터" 양육 방식은 아이들로 하여금 자아효능감을 떨어뜨리고 나르시시즘 정도를 강화해서 친구들과 잘 어울리지 못하게 만들며 상황 대처 능력의 발전을 저해하고 높은 수준의 스트레스를 겪게 한다는 연구 결과도 있다[293, 294].

물론 모든 아이가 똑같지는 않다. 따라서 실제 여러분의 자녀에 맞추어 양육에 관한 결정을 내리고, 자녀의 나이에 맞춰 접근법을 바꿀 필요가 있다. 〈그랜드 테프트 오토)를 여성혐오 및 여성에 대한 폭력에 대해 논의할 기회로 삼는 것은 5살 짜리에게는 부적절하지만, 자녀가 15살이라면 해볼 만할 것이다. 부모는 자녀가 섹스, 커뮤니케이션, 인종차별, 공격성 등에 대해 부모와 진지한 대화 한 번 나누지 못하고 성인이 되도록 꽁꽁 싸매어 보호할 것이 아니라, 아이의 교육을 염두에 두고 직관을 최대한 발휘해야 한다. 부모가 문제라고 여기는 매체들이, 자녀가 매체에서 접한 것들에 대해 대화하는 기회 또한 될 수 있다는 점을 잊어선 안 된다. 결국 상호적 대화는 거의 모든 경우에 일방적 제한보다 더 생산적이기 마련이다.

정보: 얻을수록 좋지만 그 출처를 항상 확인하라

이 책 전반에 걸쳐 우리는 비디오게임에 대한 정보를 접했다. 비디오게임 업계에서 얻은 것도 있고 게임반대론자들로부터 얻은 것도 있는데, 이러한 정보들이 다양한 아젠다에 의해 걸러진 채 제공된 경우도 많이 보았다. 부모들은 아젠다가 정보의 가치를 이해하는데 도움이 된다는 것을 알 필요가 있다. 베로니카의 어머니는 이를 잘 알고 있었고, 우리에게 비디오게임에 대한 객관적인 정보를 제공하는 과학자나 정부 기관, 또는 전문가 집단이 있는지 문의해왔다. 물론 그 대답은 완전히 객관적인 정보는 존재하지 않는다는 것이었다. 정보는 정치와 돈, 도덕적 성전, 개인적 자아, 편견과 가정 등에 의해 걸러지며, 그 결과 나오는 것은 거의 객관적이지도, 증명도 되지 않은 사실들이다. 하지만 이는 단지 인간의 본성일 뿐 비디오게임의 영역에만 한정된 것은 아니다.

그러한 가운데, 어떤 게임의 콘텐츠에 대한 정보를 얻고 싶은 부모라면 ESRB를 찾아볼 것을 제안한다. 첫 번째 판에서 살펴보았듯이, ESRB 시스템은 게임을 EC-

Early Childhood(유아용 콘텐츠)부터 AO-Adults Only(18세 이상의 성인용 콘텐츠)까지의 등급으로 분류하고 있다. 이 등급은 게임 포장의 왼쪽 하단에 나와 있으며 포장 뒷면의 왼쪽이나 오른쪽 하단에도 적혀있다. 사람들이 ESRB가 부여한 게임 등급에 적극 동의하고, 게임판매업자들은 이러한 등급 분류를 강력하게 준수하고 있다. 90%가 넘는 부모가 등급 분류 시스템이 유용하다고 여긴다는 사실이 여러 연구로 확인되었다[295, 296, 297]. 게임 등급 분류와 더불어 ESRB는 게임에 담겨 있는 내용을 묘사하는 "내용정보표시content descriptor"도 제공하고 있는데, 이 또한 관심을 가질 만한 정보다. 내용정보표시는 게임 포장에 등급분류와 함께 적혀 있으며, 부여된 등급에 논리적인 설명을 제공한다. 예를 들어 엄청나게 귀여운 게임인 〈마리오 카트 8Mario Kart 8)〉은 EEveryone 등급을 받았고 "장난스런 행위 COMIC MISCHIEF"라는 내용정보표시가 표기되어있다. 〈그랜드 테프트 오토 V〉는 MMature 17+등급으로, 그 옆에는 "유혈이나 선혈 BLOOD AND GORE", "강한 성적 내용 STRONG SEXUAL CONTENT", "음주와 약물 사용 USE OF DRUGS AND ALCOHOL"이라는 내용정보표시가 병기되어 있다. 부모가 내용정보표시를 확인하면 게임의 콘텐츠를 단순히 T나 M 같은 ESRB 등급만 확인하는 것보다 훨씬 정확하고 완전하게 평가할 수 있다. 가상의 폭력이 걱정 되는가? 그렇다면 "유혈이나 선혈 BLOOD AND GORE" 또는 "강한 폭력 INTENSE VIOLENCE"가 표기된 게임을 피하라. 청소년 자녀가 선정성에 노출되는 것을 피하고 싶다? 그렇다면 "성적 주제 SEXUAL THEMES"나 "노출 NUDITY"이 표기된 게임을 피하면 된다. 부모의 걱정이 무엇이든 간에, 그에 대해 설명하는 내용정보표시들이 다음과 같이 표기되어 있을 것이다.

ESRB 내용정보표시[298]

ALCOHOL REFERENCE – 음주와 관련된 언급이나 묘사

ANIMATED BLOOD – 선혈에 대한 비현실적인 묘사

BLOOD – 선혈의 묘사

BLOOD AND GORE – 선혈 또는 신체에 대한 훼손에 대한 묘사

CARTOON VIOLENCE – 만화적인 상황과 캐릭터가 관여된 폭력적인 행동.
　　행위가 이루어졌어도 캐릭터는 다치지 않는 폭력성을 포함할 수 있음

COMIC MISCHIEF – 슬랩스틱이나 유머가 섞인 대사나 묘사

CRUDE HUMOR – 화장실 유머 같은 외설적인 익살이 담긴 대화나 묘사

DRUG REFERENCE – 불법 약물에 대한 언급이나 이미지 포함

FANTASY VIOLENCE – 현실과 확실히 구별되는 판타지적 환경에
　　존재하는 인간 또는 비(非)인간 캐릭터들의 폭력적인 행위

INTENSE VIOLENCE – 물리적 충돌을 현실적으로 묘사. 실제같은 피와
　　유혈, 무기에 대한 묘사나 인간의 부상이나 죽음에 대한 묘사

LANGUAGE – 약한 정도에서 중간 정도의 비속어 사용

LYRICS – 음악에 비속어나 성적인 내용, 폭력성, 주류나 약물 사용을
　　중간 정도로 언급

MATURE HUMOR – 성적인 내용을 포함한 "성인"의 유머가 담긴
　　대화나 묘사

NUDITY – 사실적이거나 자세한 노출 묘사

PARTIAL NUDITY – 짧거나 약한 수준의 노출 묘사

REAL GAMBLING – 플레이어가 현금이나 돈을 걸어 도박을 할 수 있음

SEXUAL CONTENT - 부분적 노출을 포함할 수 있는 성적 행위에 대한
노골적이지 않은 묘사

SEXUAL THEMES - 성적 행위 또는 성생활에 대한 언급

SEXUAL VIOLENCE - 강간이나 기타 폭력적 성행위에 대한 묘사

SIMULATED GAMBLING - 플레이어가 현금이나 돈을 걸지 않고
도박할 수 있음

STRONG LANGUAGE - 비속어를 노골적으로 또는 자주 사용

STRONG LYRICS - 음악 내 비속어, 섹스, 폭력, 주류나 약물 사용에 대한
노골적이거나 잦은 언급

STRONG SEXUAL CONTENT - 노출을 포함한 성적 행위에 대한
노골적이거나 잦은 묘사

SUGGESTIVE THEMES - 가벼운 외설적인 언급이나 자료

TOBACCO REFERENCE - 담배에 대한 언급이나 이미지

USE OF ALCOHOL - 주류 음용

USE OF DRUGS - 불법적인 약물의 복용이나 이용

USE OF TOBACCO - 담배제품 이용

VIOLENCE - 공격적인 충돌이 담긴 장면들. 유혈이 없는 절단 장면을
포함할 수 있음

VIOLENT REFERENCES - 폭력 행위에 대한 언급

더 많은 정보를 원하는 사람들을 위해 ESRB는 "등급 분류 요약rating summaries"
을 제공하고 있다. 등급 분류 요약이란 게임 내용에 대한 짧지만 자세한 개요인데,
부모들은 ESRB 웹페이지www.esrb.org 나 ESRB 모바일앱에서 게임의 제목을 검색

해서 찾아볼 수 있다.

ESRB 등급 및 내용정보표시와 등급 분류 요약 사례

〈마리오 카트 8〉

E등급: 이 게임은 플레이어가 마리오 유니버스의 캐릭터들과 경주하는 카트 레이싱 게임이다. 플레이어는 다른 드라이버들과 경주를 벌이면서 상대방의 질주를 방해하기 위해 "만화적인" 파워업(예를 들어 폭탄이나 거북이 등딱지, 파이어볼 등)을 사용할 수 있다. 일부 공격들로 인해 자동차가 회전하면서 튕기거나 공기 중으로 튀어오르며, 유머러스한 비명이나 화려한 폭발 장면이 등장할 수도 있다.

〈낸시 드류: 씨 오브 다크니스 Nancy Drew: Sea of Darkness 〉

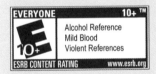

E등급: 이 게임은 포인트앤클릭 어드벤처 게임으로, 플레이어가 어린 탐정 낸시 드류가 되어 한 선원의 실종을 수사하는내용이다…(중략)…일부 텍스트에 폭력적인 표현이 있을 수 있다(예를 들어 "그녀의 혈통에는 무엇인가 있다… 고대의 유혈 낭자한 반목과 살인들…"이라든가 "그는 완전히 이상한 사람이지만, 연쇄살인마 같은 나쁜 이상함이 아니라 좋은 이상함이야" 라든가, "'당신을 사랑합니다'라는 의미를 새로운 살인 도구보다 더 잘 전달할 수 있는 건 없지" 등). 한 장면은 눈 속에 혈흔을 묘사하고 있다. 책에서 인용된 한 오행시는 술의 이름을 담고 있다.

〈그랜드 테프트 오토 V〉

M등급: 이 오픈월드 액션게임은 플레이어가 3명의 범죄자 역할을 수행하게 되는데, 이들은 로스 산토스라는 허구의 도시에서 각자의 스토리라인이 교차된다…(중략)…플레이어들은 적을 처치하기 위해 피스톨, 머신건, 스나이퍼 라이플, 다양한 폭탄류를 사용하게 되며… (중략)… 유혈이 낭자하는 효과가 자주 발생하고 드물게 신체 훼손에 대한 묘사가 등장한다. 한 시퀀스에서는 플레이어가 어떤 캐릭터로부터 정보를 얻기 위해 다양한 도구나 수단(예를 들어 파이프 렌치, 발치, 전기충격 등)을 사용하도록 되어있다…(중략)…게임에는 성적인 물건/활동에 대한 묘사가 담겨 있다: 플레이어의 캐릭터가 알선해 온 창녀와의 구강성교에 대한 암시, 다양한 성행위(때때로 클로즈업이 동반된다), 자위 등…(중략)…누드는 2개의 장면에서 중점적으로 등장한다. 하나는 스트립 클럽에서 토플리스 랩댄스를 추는 장면이고 다른 하나는 섹슈얼한 맥락이 아닌 상황에서 남성이 성기를 노출하는 장면이다…(중략)…게임 중 여러 시퀀스에서는 플레이어가 마약을 복용하는 것이 가능하며…(중략)…F로 시작하는 단어 C로 시작하는 단어, 그리고 N으로 시작하는 단어가 캐릭터들의 대화 중에 들릴 수 있다.

ESRB가 제공하는 정보와 더불어, 많은 게임 사이트들이 게임에 대한 확장된 리뷰와 콘텐츠에 대한 설명을 제공하고 있다. 리뷰를 읽어보면 부모들도 게임에 어떤 내용들이 나올지 더 잘 예측할 수 있다. 가장 대중적인 웹사이트로는,

GameSpotwww.gamespot.com, IGNwww.ign.com, Giant Bombwww.giantbomb.com, Polygonwww.polygon.com 등이 있다. 게임이 실제 실행되는 장면을 보고 싶다면 유튜브의 게임 영상을 찾으면 된다. 그러나 조심해야 할 것은 영상의 출처다. 언론 매체는 종종 최악의 영상만 콕 찝어 제공해 맥락을 없애고 사람들에게 공포를 준다. 아직도 자녀가 플레이하는 게임을 걱정하는 부모가 있다면 급진적인 제안을 하고자 한다. 아이와 직접 함께 게임을 플레이 해보라는 것이다! 게임을 구매하기 전에 빌려서 플레이해볼 수 있는 서비스 Game Fly www.gamefly.com, RedBox www.redbox.com 들이 여러 곳에서 운영 중이다. 게임을 직접 해보는 것은 그 콘텐츠에 대해 가장 명확하게 인식하는 최고의 방법일 뿐만 아니라 자녀가 실제로 게임에서 무엇을 하고 있는지 잘 이해할 수 있게 해준다. 심지어 부모들이 직접 게임이 실행되는 걸 보고 나면 그에 대한 우려를 내려놓는다는 연구 결과도 있다[298.] 직접 해보면 게임이 정말 재밌다는 걸 부모들도 깨닫게 될지도 모른다.(역주: 한국에서는 게임물관리위원회www.grac.or.kr 가 같은 역할을 한다. 해당 게임이 어떻게 등급분류 되었는지를 알 수 있다.)

게임의 폭력성

"공포는 팔린다"라는 오래된 격언은 사실이다. 공포와 두려움은 책 판매부수를 올려주고 조회수를 견인하며, 보조금을 당겨오고 정치가들의 지지율을 높여준다. 그 외에도 이 격언을 증명하는 사례는 매우 많다. 반-매체 감시단체와 정치가, 언론, 소수의 강성 연구자들이 적극적으로 부모들을 두렵게 만들고 죄책감을 느끼게 하여 비디오게임에 대한 공황 상태로 몰아가고 있다. 이는 과학도 아니고 제대로 된 의학적 조언도 아니다. 그냥 도덕적 공황이다. 미국 심리학회나 미국소아과학회는 기본적으로 전문가 집단이다. 그 구성원들이 뛰어들어 해결할 수 있는 문제를 파악하면 훌륭한 비즈니스 모델이 되며, 그 핵심은 바로 공포에 있다. 학부모 텔레비전 위원회Parent Television Council 나 커먼센스미디어Common Sense Media 같은 반-매체 감시단체 기부금으로 운영되는데, 기부를 하는 것은 폭력적 비디오게임의 위험성이라고 간주되는 것에 겁을 먹은 부모들이다. 학부모 텔레비전 위원회는 유언으로 자동차나 주식을 기부하거나 돈을 물려주는 방법까지 알려주는 도움말 페이지를 운영하고 있다[299]! 이러한 단체들의 재정적인 동기는 비디오게임 업계만큼이나 순수하지 못한 것이다.

여기까지 책을 읽었다면, 사회가 폭력적 비디오게임에 대해 두려워할 건 아무것도 없음을 확실히 알았을 것이다. 폭력적 비디오게임은 현실 세계의 폭력에 책임이 없으며, 베로니카의 어머니 또한 딸이 〈월드 오브 워크래프트〉를 플레이하다가 범죄자가 되거나 타인 고통에 무감각한 사람이 되지 않을까 걱정하지 않아

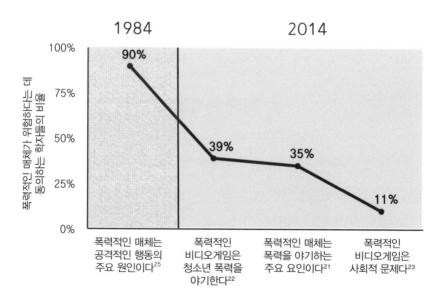

폭력적 매체의 효과에 대한 과학적 의견의 변화 추이

도 된다[300]. 이는, 이 책 말고도, 비디오게임이라는 매체의 효과를 연구한 다수의 연구자들이 다다른 결론이다. 최근 한 반-비디오게임 연구자가 통계 연구를 수행했는데, 매체의 폭력성이 위험성을 야기한다는 그의 믿음[301]에 동의하는 과학자들이 35%에 그친 것으로 나타났다[302, 303]. 학자들과 의사들을 대상으로 한 또 다른 조사에서도 비슷한 결과가 나왔는데, 비디오게임이 실제로 사회에 문제를 일으킨다고 믿는 학자는 11% 정도에 불과했다[304, 305].

대부분의 과학자들이 폭력적 매체가 현실의 폭력을 야기한다는 생각을 무시한다는 사실은 상대적으로 새로운 현상이다. 30여 년 전 시행된 매체 연구자들에 대한 조사에서는 90%에 달하는 심리학자들이 매체 폭력성이 행동적 공격성의 주요 원인이라고 여기는 것으로 나타났었기 때문이다[306]. 이와 같은 변화는 폭력적 비디오게임을 둘러싼 도덕적 공황이 – 최소한 과학자들 사이에서는 – 사라지고 있다는 것을 명확히 보여준다. 이러한 변화에는 단순명료한 한 가지 원인이 있다. 지난 30여 년 간 폭력적 매체 효과 연구가 더 많이 수행되면서 비디오게임의 폭력성이 지닌 위험을 믿는 연구자들의 수가 갈수록 줄어든 것이다.

여기서 주의할 사항은, 폭력적 비디오게임이 폭력 행위를 유발하지 않는다고 해서 유치원생이 〈그랜드 테프트 오토〉를 플레이해도 된다는 뜻은 아니라는 것이다. 부모가 자녀들을 그러한 게임으로부터 보호하려는 이유는 악몽 꾸는 것을 막거나, 부정적인 태도를 피하고 불안을 줄이기 위해서, 또는 아이들이 세상을 안전한 곳으로 여기도록 하기 위해서 등 여러가지가 있다. 성인들도 비슷한 이유로 폭력적 비디오게임을 피할 수 있다. 아동과 성인은 모두 개인이며, 따라서 각기 나름의 감수성과 개성을 지니고 있다. 특정한 게임을 아이가 몇 살에 플레이할 수 있어야 하는가를 결정하는 것은 모두에게 어려운 일이다. 부모들은 자신과 자녀에게 옳은 결정을 내려야 하는 궁극적인 책임을 가지고 있다.

다행스럽게도 그 결정이 생과 사를 결정하지 않(을 뿐만 아니라 그 근처에도 가지 않)는다. 매체의 적절한 이용을 결정하는 문제는 "백신을 맞아야 하나?(그렇다)"나 "애들과 시간을 더 보내야 하나, 아니면 회사의 거대 프로젝트 작업을 끝내는 데에 더 시간을 써야 하나?(아이를 선택하라)"와 같은 다른 결정보다 훨씬 아래에 위치한다. 매체 전반 그리고 비디오게임이라는 특정한 매체의 경우, 부모가 결정을 내린 뒤 상황이 어떻게 돌아가는지를 보고, 그 경험에 대해 아이들과 대화를 해서 재조정할 수 있다. 자녀가 따뜻하고 체계가 잘 잡혀있으면서 지적으로 도전할 거리가 많은 가정에서 지내고 있다면, 대부분의 일들은 잘 풀릴 것이다. 최악의 비디오게임일지라도 그러한 갑옷은 뚫을 수가 없다. 잘 느껴지지 않을 수도 있지만, 사실 부모가 매체보다 자녀에게 더 많은 영향을 끼친다[307, 308]. 부모는 자신의 결정에 자신을 가져야 하지만, 실수를 할 수 있다는 것도 받아들일 필요가 있다. 우리 모두 어쩔 수 없이 그럴 수 있기 때문이다.

진정하고 계속 게임하세요

자, 폭력적 비디오게임이 총기 난사나 집단 괴롭힘, 폭력 행위를 비롯한 기타 사회문제들(우울증이나 나쁜 성적 같은)에 기여한다는 생각은 – 최소한 과학적으로는 – 거의 사라진 듯하다. 헤비메탈이나 해리 포터, 팝음악, 만화책 등이 그렇다던 생각들처럼 말이다. 사실 폭력적 비디오게임은 폭력을 유발하기 보다는, 젊은 남성들을 잡아둠으로써 폭력을 방지하는 역할을 한다고 볼 수 있다. 이 글을 쓰고 있는 현재, 우리는 비디오게임을 둘러싼 도덕적 공황이 가라앉고 있는 신호를 목격하고 있다. 미 대법원은 비디오게임에 대해 특정한 헌법적 보호를 부여했고(폭력적 비디오게임이 "유해하지 않다"는 것도 지적했다), 스미소니언 박물관은 게임을 하나의 예술로서 인정하였으며, 정치가들도 이전에 비해 게임의 폭력성을 탓하는 걸 조금은 주저하는 것처럼 보인다. 게임이 인간의 행동에 그리 영향을 미치지 않는다는 연구결과 또한 갈수록 증가하고 있는데, 아마도 게이머 세대가 성장하면서 사회의 중추로 진입하고 있다는 사실 때문일 것이다.

하지만 아직 완전히 극복한 것은 아니다. 일부 사람들은 여전히 비디오게임에 대항하는 자신의 도덕적 성전을 홍보하기 위해 불행한 폭력 사건이 벌어질 때마다 달려든다. 도덕적 공황의 순환구조를 이해하는 것은 새로운 매체에 대해 자동적으로 제기되는 기우(와 극적인 효능에 대한 열광적인 주장)을 걸러내는 데 도움을 준다. 비디오게임에 대한 사회적 불신은 서서히 사그라드는 것으로 보이지만, 사람들은 두려워할 대상을 새롭게 찾아낼 것이다. 아마도 가상현실의 위험성이나 유튜브 스타의 부상, 또는 아직 상상도 못하는 새로운 테크놀로지 등이 그런 대상이 될 것이다(**이스터에그** 1번 참조). 우리는 이미 소셜미디어가 사회적인 소외를 만들어내고 있으며 "두뇌를 소모"시킨다는 우려[309] 속에서 도래한 새로운 도덕적 공황을 목격하고 있다. 소셜미디어에 대한 두려움이 총기 폭력과 엮이기도 했다. 2015년 8월, 41세의 전직 기자 베스터 리 플래내건Vester Lee Flanagan이 생방송 인터뷰 중에 다른 기자와 카메라맨을 죽이고 자신의 총격 장면이 녹화된 영상을 소셜미디어를 통해 퍼뜨린 사건이 발생했다. 이는 소셜미디어가 총기 난사의 동기를 부여할 수 있다는 우려로 이어졌으나 이들의 관계를 뒷받침해주는 증거는 없었다[310]. 이와 같은 논쟁이 다가올 것을 짐작한다면 부모와 대중은 그러한 공포를 넓은 시야에서 조망할 수 있을 것이다.

만화책과의 성전을 포기하지 않았던 프레드릭 웨덤이 그랬듯, 반-게임 활동가들과 과학자들 또한 비디오게임의 공포에 대해 자신들이 옳았다는 주장을 끝까지 이어갈 것이다.

그러나 그들은 결코 옳지 않다. 그러니 컨트롤러를 집어들고 게임을 계속 즐기시길!

이스터 에그

1. 가상현실이 초래할 수 있는 매우 현실적인 위험은 바보같이 보인다는 것이다. 〈콜 오브 듀티〉의 가상세계 속에 몰입하고 있는 자신을 상상해보자. 게임에서 여러분은 숙련된 군인처럼 총을 쏘고 수류탄을 던진다. 그러나 사실 여러분은 거실에서 거대한 고글을 쓴 채 허공에 팔을 휘두르고 있을 뿐이다. 결코 멋진 장면이라 할 순 없다. 하지만, 우리가 VR의 시대에 성장하지 않았다는 사실을 떠올리면 두 명의 늙은이가 신식 테크놀로지를 "이해하지 못하는" 사례인지도 모른다. 자… 우리 잔디밭에서 나가!

번역 후기

나보라

게임을 좋아하기 시작한 것은 아주 어릴 때부터였지만, 게임을 연구하는 학문을 접하게 된 것은 대학원에 입학했던 2000년대 초반의 일이었다. 당시 게임학Game Studies이라는 용어 자체가 낯설었던 시절, 대학원이라는 고등 교육기관에서 게임(이라는 불온한 오락)이 (고고한) 인문사회학적 연구의 대상이 된다는 것 자체가 놀랍고 또 신기했다. 십수 년이 지난 지금까지도 – 예전만큼 게임을 일상적으로 플레이하지 못하고 있음에도 – 내가 여전히 게임학 연구의 언저리를 맴돌고 있는 것은 그 때의 경험이 그만큼 강렬했기 때문일 것이다.

당시 막 유아기에 진입했던 게임학의 과제는 무엇보다도 이전까지 게임 관련 연구의 대다수를 차지하고 있었던 효과론에서 벗어나는 것이었다. 20세기 후반 부상하기 시작한 시각성을 지닌 이 신기한 오락장치(=비디오게임)에 열광했던 수많은 사람들 가운데 상당수는 어린이와 청소년을 비롯한 젊은 청년층이었고, 이 장치가 낯설어서 불편했던 기성세대가 이러한 현상에 대해 불안과 공포를 느끼면서 효과론이 게임 관련 담론의 의제를 점령해버렸던 것이다.

그러나, 저자들도 책에서 계속 언급하듯이, 기성세대의 새로운 것에 대한 무지와 불안으로 인해 그에 대한 부정적인 인식이 생겨나는 현상은 사실 그리 새롭지도, 유독 비디오게임에만 한정되어 발생한 것도 아니다. 역사적으로 수없이 발생해왔고 지금도 어디선가 발생하고 있는 이 현상이 바로 저자들이 말하는 '도덕적 공황'이다.

이러한 도덕적 공황은 대개 담론장의 주도로 발생하고 유지된다. 본문에서도 다뤄졌듯이, 게임을 둘러싼 담론의 장을 점령한 것은 중독과 폭력성 유발 같은 부정적인 효과에 대해 계속해서 발화하는 언론과 학계다. 물론 효과론 자체가 존재해서는 안 될 절대악과 같은 것은 아니다. 분명 게임이라는 매체가 우리 그리고 이 사회에 미치는 영향이 - 긍정적으로든 부정적으로든 - 존재하고 또 그에 대해 논의할 필요가 있기 때문이다. 게임 담론의 장이 효과론으로 점철됨에 따른 진짜 문제는 다른 의제들이 들어설 자리가 없다는 부분이다.

저자들의 설명대로 새로운 매체들 - 특히 아동과 청소년들(로 대표되는 사회적 취약계층)이 열광하는 - 이 처음 사회에 등장할 때마다 반복적으로 도덕적 공황이 발생해왔다면, 결국 도덕적 공황이란 그 매체가 사회에 유입되고 자리를 잡아가는 과정에서 발생하게 되는 일종의 '성장통' 같은 것이라 할 수 있다. 이 과정을 거치고 나면 한 때 진기하고 신기했던 (그래서 어떤 사람들에게는 불안과 공포를 조장했던) 새로운 매체는 이제 자연스러운 일상의 것으로서 향유되는 숙성의 시기가 도래한다.

예를 들어 멀지 않았던 과거에 TV는 바보상자라며 그 이용, 즉 TV를 시청하는 행위 자체에 대한 통제론이 관련 담론의 장을 점령한 적이 있었다. 우리나라에서도 이른바 테돌이 · 테순이론(?)이 제기되면서 TV가 아동과 청소년의 바람직한 성장을 저해하는 유해 매체로 몰린 적이 있다. 하지만 오늘날 개별적인 TV 프로그램을 두고 갑론을박은 벌어질지언정 TV 시청 자체를 죄악시(?)하는 발화는 찾아보기 어렵다. 쉽게 말해 '무조건 금지'로부터, '무엇을 어떻게' 볼 것인지 또는 '무엇이 왜' 볼만한 것인지를 논의하는 방향으로 초점이 전환됐다는 것이다. TV를 위한 리터러시 교육이나 프로그램 비평의 필요성이 제기되고 활성화되는 것도 바로 이 시점 즈음이다. 이 시점에 이르면 담론의 장에는 보다 다양한 의제들이 등장하고 사회의 다양한 집단과 주체들이 참여해서 활발한 발화와 논의가 이어지면서 이 사회의 대중적 매체로서 TV가 어떠한 가치와 방향성을 지녀야 할 것인지에 대한 사회적 인식을 형성해나가게 된다. 이렇게 성숙의 단계를 거친 TV는 현재 사회구성원의 다양한 욕구를 충족시킬 수 있고 다양한 취향을 수용할 수 있는 주류 매체의 위상을 지니고 있다(물론 그렇다고 해서 TV를 둘러싼 모든 문제가 해소된 상태라는 의미는 아니다. 여전히 매일같이 TV를 둘러싸고 시끄러운 논박이 벌어지고 있지만, 최소한 TV시청 자체를 통제하자는 수준은 지났다는 의미다).

이제 게임의 차례인 것은 분명해 보인다. 이미 십여 년 전부터 통계적으로 측정할 수 있는 거의 모든 수치에서 게임의 대중적 오락매체로서의 공고한 입지는 확인되어왔다. 특히 스마트폰이 보급됨에 따라 모바일게임이 대중화되면서 스스로를 굳이 '게이머'라고 구분짓지도 않는 게임이용자들이 연령과 성별을 넘어 확산되어 있는 현황은 더 이상 게임이 신생 매체가 아님을 보여준다(그렇다. 게임은 이제 더 이상 "젊은" 매체가 아닌 것이다!). 그렇다면 이제는 게임도 성숙의 단계로 넘어갈 때가 된 것이 아닐까?

그러나 여전히 게임에 대한 인식에 있어 세대간 격차가 크고, 이러한 인식의 격차에 기반한 여러 정책과 조치들이 혼선을 겪으면서 관련 주체간 상이한 입장을 대변할 수 있는 "과학적" 근거들을 생산하는 효과론이 여전히 게임 담론의 장을 지배하고 있는 상황이다. 이러한 상황을 어떻게 극복할 수 있을지는 쉽게 해답을 내놓을 수 있는 문제가 아니다. 학계-언론-정치 등 여러 주체들이 사회-경제-문화의 층위에서 복잡하게 얽혀있기 때문이다. 그렇다고 가만히 내버려두는 것으론 변화가 일어날 수 없다. 변화란 결국 누군가가 무엇이든 계속해서 시도해야 할 때 가능할 것이기 때문이다.

이 책의 의의는 이처럼 복잡하게 얽힌 상황의 주체 중 하나인 학계에서 변화를 위해 시도할 수 있는 한 가지 접근이라는 점에서 찾을 수 있을 것 같다. 저자들의 작업은 지난 수십년 간 반복되어온 도덕적 공황의 실체를 폭로하는 동시에, 그로 인해 벌어졌던 각종 논쟁과 혼란을 신뢰할 수 있는 과학적 데이터를 바탕으로 정리한 것이라 할 수 있다. 이 작업은 게임사 초기부터 지속되어온 '효과론 전성시대'를 마무리 짓고 다음 단계로 나아갈 수 있는 바탕을 마련했다는 점에서 중요한 의의가 있다고 생각한다. 다시 말해 지금까지 효과론을 지탱하는 "과학적" 근거의 생산지로서 작동해왔던 학계 – 특히 심리학 – 가 스스로에 대한 성찰을 통해 다음 단계로의 진전을 도모하고자 했다는 것이다.

사실 자신의 속한 집단에 대해 저자들처럼 과감하게 폭로하고 성찰을 요구하는 것은 상당히 용기가 필요한 일이라 생각한다. 아마도 오랜 세월 동안 게임을 둘러싸고 벌어져온 도덕적 공황을 이제는 끝내야겠다는 문제의식이 〈모럴 컴뱃〉이라는 결실로 이어질 수 있었던 중요한 원동력이었으리라 생각한다. 비록 한국이 아닌 미국에서 만들어진 책이라는 점이 한국의 게임연구자로서 아쉬운 부분이긴 하지만, 최소한 이 책의 한국어 버전 출간이 한국 내 게임담론의 지형이 변화하는데 일조했으면 하는 것이 역자로서의 바람이라 하겠다.

더불어 사적인 소감을 덧붙이자면 학계에서 인정받는 학자인 저자들이 학자로서의 고고한 위상을 내려놓고 유머를 섞어가며 친근하게 저술한 방식 또한 이 책의 중요한 미덕이라고 생각한다. 그래서 번역하면서 그러한 측면을 최대한 살리려고 노력했는데, 그럼에도 불구하고 이 책이 여전히 딱딱하고 어렵게 느껴졌다면 그 모든 책임은 이 역자에게 있음을 밝힌다.

참고 문헌

첫번째 판

1. Trufant, J. (2014). "32 years later, Marshfield lets Pac-Man return to Town." The Patriot Ledger. Retrieved from www.patriotledger.com/article/20140429/NEWS/140426585

2. Kent, S.L. (2000). The First Quarter: A 25-Year History of Video Games. Bothell, Wash: BWD Press.

3. Ebert, R. (1975). "Death Race 2000". Roger Ebert.com Retrieved from www.rogerebert.com/reviews/death-race-2000

4. Romao, T. (2003). "Engines of Transformation: an analytical History of the 1970s car chase cycle." New Review of Film and Television Studies, 1(1), 31-54.

5. Blumenthal, R. (1976). "Death Race's game gains favor, but not with the safety council." New York Times. Retrieved from http://query. nytimes.com/gst/abstract.html?res=9404E1D C133FE334BC4051DFB467838D669EDE

6. New York Times (1981). "100 protest against L.I. pinball arcade." New York Times. Retrieved from www.nytimes.com/1981/03/27/nyregion/the-region-100-protest-against-li-pinball-arcade.html

7. Kushner, D. (2003). Masters of Doom: How Two Guys Created an Empire and Transformed Pop Culture. New York: Random House.

8. Nuttycombe, D. (1994). "Pac-Man, Tetris - and Now It's Doom's Day." Washington Post. Retrieved from www.gamers.org/dhs/dmpblcty/wngtpost.html

9. Totilo, S. (2012). "Two video games. Two age ratings. What's the bloody difference?" kotaku.com. Retrieved from https://kotaku.com/590143/two-video-games-two-age-ratings-whats-the-bloody-difference

10. Totilo, S. (2007). "'Manhunt 2' developer finally talks about game, ratings controversy - much as it pains him." MTV.com. Retrieved from http://www.mtv.com/news/1572934/manhunt-2-developer-finally-talks-about-game-ratings-controversy-much-as-it-pains-him/

11. Vella, M. (2008). "Electronic Arts tries to snatch Take-Two." Bloomberg Business. Retrieved from www.bloomberg.com/news/articles/2008-02-25/electronic-arts-tries-to-snatch-take-twobusinessweek-business-news-stock-market-and-financial-advice

12. Ferguson, C. J. (2011). "Video games and youth violence: A prospective analysis in adolescents." Journal of Youth and Adolescence, 40, 377-391

13. Federal Trade Commission (2011). "FTC Undercover Shopper Survey on Enforcement of Entertainment Ratings Finds Compliance Worst for Retailers of Music CDs and the Highest Among Video Game Sellers." Retrieved from https://www.ftc.gov/news-events/press-releases/2011/04/ftc-undercover-shopper-survey-enforcement-entertainment-ratings

14. Kaiser Family Foundation (2002). "Rating Sex and Violence in the Media: Media Ratings and Proposal for Reform." Retrieved from www.academia.edu/2010783/Rating_Sex_and_Violence_in_the_Media_Media_Ratings_and_Proposals_for_Reform_Henry_J._Kaiser_

Family_Foundation

15. Schwartz S. A. (1994). Parents Guide to Video Games. Roseville, CA: Prima Lifestyles.

16. Moby Games (2014). "Grand Theft Auto Reviews." MobyGames.com. Retrieved from www.mobygames.com/game/grand_theft_auto/mobyrank

17. McWhertor. M. (2015). "Grand Theft Auto 5 sells 45M copies, boosted by PS4 and XBox One versions." Polygon.com. Retrieved from www.polygon.com/2015/2/3/7973035/grand-theft-auto-5-sales-45-million-s4-xbox-one

18. Fall, S., Ed. (2014). Guinness World Records 2015 Gamer's Edition. New York: St. Martin's Press.

19. ESRB. (2016). "Ratings category breakdown." Retrieved from www.esrb.com/about/categories/aspx

20. Ferguson, C. J. (2015). "Does media violence predict societal violence? It depends on what you look at and when." Journal of Communication, 65, E1-E22.

21. Ogas, O. & Gaddam, S. (2012). A Billion Wicked Thoughts: What the Internet Tells Us about Sexual Relationships. New York: Penguin Group.

22. McCormack, D. (2013). "Porn study had to be scrapped after researchers failed to find any 20-something males who hadn't watched it." Daily Mail. Retrieved from https://www.dailymail.co.uk/news/article-2261377/Porn-study-scrapped-researchers-failed-ANY-20-males-hadn-t-watched-it.html

23. Clasen, M. (2012). "Monsters evolve: A biocultural approach to horror stories." Review of General Psychology, 16, 222-229.

24. Vendel, C. & Goldberg, M. (2012). Atari Inc.: Business in Fun. Carmel, NY: Syzygy Company Press.

25. The International Arcade Museum (2015). "Shark JAWS." Arcade-Museum.com. Retrieved from www.arcade-museum.com/game_detail.php?game_id=9509

두번째 판

26. "Hillary Hates on Video Games." Youtube.com. Retrieved from https://www.youtube.com/watch?v=x1udjd2Aq3E

27. Bushman, B. & Anderson, C. (2001). "Media violence and the American public." American Psychologist, 56, 477-489.

28. Ferguson, C. J. (2009). "Is psychological research really as good as medical research? Effect size comparisons between psychology and medicine." Review of General Psychology, 13(2), 130-136.

29. Brown v EMA (2011). Retrieved 7/1/12 from www.supremecourt/gov/opinions/10pdf/08-1448.pdf

30. Reinhold, R. (1990). "The Longest Trial - A Post-Mortem; Collapse of Child-Abuse Case: So Much Agony for So Little." New York Times. Retrieved from https://www.nytimes.com/1990/01/24/us/longest-trial-post-mortem-collapse-child-abuse-case-so-much-agony-

for-so-little.html

31. Finkelhor, D. (2010). "The Internet, youth deviance and the problem of 'juvenoia.' Presented at the Justice Studies Colloquium (October, 22, 2010)." Retrieved from 10/2/11 from http://vimeo.com/16900027

32. Lewin, T. (2005). "Are These Parties for Real?" New York Times. Retrieved from https://www.nytimes.com/2005/06/30/fashion/thursdaystyles/are-these-parties-for-real.html

33. Kutner, L. & Olson, C. (2008). Grand Theft Childhood: The Surprising Truth About Violent Video Games and What Parents Can Do. New York: Simon & Schuster.

34. Kirschenbaum, M. (2007). "How reading is being reimagined." The Chronicle of Higher Education, 54(15), B20.

35. Trend, D. (2007). The Myth of Media Violence: A Critical Introduction. Malden, MA: Wiley-Blackwell.

36. Wertham, F. (1955). "Are they cleaning up comics?" New York State Education, 43, 176-180.

37. Tilley, C. (2012). "Seducing the Innocent: Fredric Wertham and the Falsifications that Helped Condemn Comics." Information & Culture, 47(4), 383-413. doi: 10.1353/lac.2012.0024.

38. Bushman, B. J. & Stack, A. D. (1996). "Forbidden fruit versus tainted fruit: Effects of warning labels on attraction to television violence." Journal of Experimental Psychology: Applied, 2(3), 207-226. doi: 10.1037/1076-898X.2.3.207

39. Gosselt, J. F., De Jong, M. T. & Van Hoof, J. J. (2012). "Effects of media ratings on children and adolescents: A litmus test of the forbidden fruit effect." Journal of Communication, 62(6), 1084-11-1. doi: 10.1111/j.1460-2466.2012.01597.x.

40. Wilkening, M. (2014). "30 Years Ago: An Ozzy Osbourne Fan Commits Suicide, Leading to 'Suicide Solution' Lawsuit." Retrieved from https://ultimateclassicrock.com/ozzy-osbourne-fan-suicide

41. Cooper, J & Mackie, D. (1986). "Video Games and aggression in children." Journal of Applied Social Psychology, 16, 726-744

42. Ivory, J. D., Oliver, M. B. & Maglalang, O. M. (2009, May). "He doesn't look like the games made him do it: Racial stereotype activation in estimates of violent video games' influence on violent crimes." Paper presented to the Game Studies Interest Group at the annual conference of the International Communication Association, Chicago, IL.

43. Cullen, D. (2004). "The Depressive and the Psychopath." Slate. Retrieved from www.slate.com/articles/news_andPolitics/assessment/2004/04/the_depressive_and_the_psychopath.html

44. Grossman, D. (1997). "Violent Video Games Are Mass-Murder Simulators." Executive Intelligence Review. Retrieved from https://larouchepub.com/other/2007/3417grossman_reprint.html

45. Fiore, F. (1999). "Media Violence Gets No Action from Congress." LA Times. Retrieved from http://articles.latimes.com/1999/nov/20/news/mn-35571

46. Anderson, C. (2000). "Violent Video Games Increase Aggression and Violence." Retrieved from http://public.psych.iastate.edu/caa/abstracts/2000-2004/00Senate/html

47. Gauntlett, D. (2005). Moving Experiences: Understanding Television's Influences and Effects. Luton: John Libbey.

48. Terkel, A. (2012, December 19). "Video Games Targeted by Senate in Wake of Sandy Hook Shooting." Huffington Post. Retrieved from www.huffingtonpost.com/2012/12/19/video-games-sandy-hook_n_2330741.html?utm_up_ref=technology&utm_hp_ref=technology

49. Sherry, J. (2001). "The effects of violent video games on aggression: A meta-analysis." Human Communication Research, 27, 409-431.

50. Fox News (2008). "Mass Effect Sex Debate." Retrieved from https://www.youtube.com/watch?t=218&v=PKzF173GqTU

51. Strasburger, V. C., Donnerstein, E. & Bushman, B. J. (2014). "Why is it so hard to believe that media influence children and adolescence?" Pediatrics, 133(4), 571-573.

52. Anderson, C. (2013). "Games, guns, and mass shootings in the US." The Bulletin of the International Society for Research on Aggression, 35(1), 15-19.

53. Rich, M. (2014). "Moving from Child advocacy to evidence-based care for digital natives." JAMA Pediatrics, 168, 404-406.

54. CBS Face the Nation. (2013). "Are video games, violence, and mental illness connected?" Retrieved from www.cbsnews.com/videos/are-video-games-violence-and-mental-illness-connected/

세번째 판

55. Rhodes, R. (2000). "Hollow Claims About Fantasy Violence." Retrieved from https://www.nytimes.com/2000/09/17/opinion/hollow-claims-about-fantasy-violence.html

56. Huesmann, L.R. & Eron, L. (2001). "Rhodes is Careening Down the Wrong Road." American Booksellers Association Foundation for Free Expression. Retrieved from http://web.archive.org/web/20101106190920/http://www/abffe.com/mythresponse.htm

57. Rhodes, R. (2000). Why They Kill: The Discovery of a Maverick Criminologist. New York: Vintage.

58. Rhodes, R. (2000). "The He Hormone." Retrieved from https://www.nytimes.com/2000/04/02/magazine/the-he-hormone.html

59. Cooper, J. & Mackie, D. (1986). "Video Games and Aggression in Children." Journal of Applied Social Psychology, 16, 726-744.

60. Elson, M., Mohseni, M. R., Breuer, J., Scharkow, M. & Quandt, T. (2014). "Press CRTT to measure aggressive behavior: The unstandardized use of the competitive reaction time task in aggression research." Psychological Assessment, 26, 419-432.

61. Furguson, C. J.(2013). "Violent video games and the Supreme Court: Lessons for the scientific community in the wake of Brown v EMA." American Psychologist, 68, 57-74.

62. Anderson, C. A., Shibuya, A., Ihori, N., Swing, E. L., Bushman, B. J., Sakamoto, A., Rothstein, H. R. & Saleem, M. (2010). "Violent video game effects on aggression, empathy, and prosocial behavior in Eastern and Western countries: A meta-analytic review."

Psychological Bulletin, 136, 151-173.

63. Ferguson, C. J. (in press). "Do angry birds make for angry children? A meta-analysis of video game influences on children's and adolescents' aggression, mental health, prosocial behavior, and academic performance." Perspectives on Psychological Science.

64. Gallup News Service (2001). "Americans Divided on Whether School Shootings Can Be Prevented. Gallup." Retrieved from https://news.gallup.com/poll/1867/americans-divided-whether-school-shootings-can-prevented.aspx

65. Anderson, C. A. & Dill, K. E. (2000). "Video games and aggressive thoughts, feelings, and behavior in the laboratory and in life." Journal of Personality and Social Psychology, 78, 772-790.

66. Krahé, B. & Möller, I. (2004). "Playing violent electronic games, hostile attributional style, and aggression-related norms in German adolescents." Journal of Adolescence, 27, 53-69.

67. Anderson, C. A. & Bushman, B. J. (2001). "Effects of violent video games on aggressive behavior, aggressive cognition, aggressive affect, psychological arousal, and prosocial behavior: A meta-analytic review of the scientific literature." Psychological Science, 12, 353-359.

68. Bushman, B. J. & Anderson, C. A. (2002). "Violent video games and Hostile expectations: A test of the general aggression model." Personality and Psychology Bulletin, 28, 1679-1686.

69. Strasburger, V. C.(2007). "Go ahead punk, make my day: it's time for pediatricians to take action against media violence." Pediatrics, 119, 1398-1399.

70. Strasburger, V. C., Jordan, A. B. & Donnerstein, E. (2010). "Health effects of media on children and adolescents." Pediatrics, 125, 756-767.

71. American Psychological Association. (2005). "Resolution on Violence in Video Games and Interactive Media." Retrieved from https://www.apa.org/about/policy/interactive-media.pdf

72. American Psychological Association. (2005). "APA Calls for Reduction of Violence in Interactive Media used by Children and Adolescents." Retrieved from www.apa.org/news/press/releases/2005/08/video-violence.aspx

73. American Psychological Association. (2015). "APA Task Force on Violence Media." Retrieved from www.apa.org/pi/families/violent-media.aspx

74. Ferguson, C. J. (2015). "Clinician's attitude toward video games vary as a function of age, gender and negative beliefs about youth: A sociology of media research approach." Computers in Human Behavior, 52, 379-386.

75. Risen, J. (2014). Pay Any Price. Boston: Houghton Mifflin Harcourt.

76. American Psychological Association. (2014). "Statement of APA Board of Directors: Outside Counsel to Conduct Independent Review of Allegations of Support for Torture." Retrieved from www.apa.org/news/press/releases/2014/11/risen-allegations.aspx

77. Consortium of Scholars (2013). "Scholar's Open Statement to the APA Task Force on Violent Media." Retrieved from www.scribd.com/doc/223284732/Scholars-Open-Letter-to-the-APA-Task-Force-On-Violent-Media-Opposing-APA-Policy-Statements-on-Violent-Media

78. Australian Government, Attorney General's Department (2010). "Literature Review on the

Impact of Playing Violent Video Games on Aggression." Commonwealth of Australia.

79. Swedish Media Council (2011). "Våldsamma datorspel och aggression - en översikt av forskningen 2000-2001." Retrieved 1/14/11 from https://statensmedierad.se/publikationer/produkter/Valdsamma-datorspel-och-aggression/

80. Cumberbatch, G. (2004). "Video Violence: Villain or victim?" Video Standards Council: United Kingdom.

81. Gun Violence Prevention Task Force (2013). "It's Time to Act: A Comprehensive Plan to Reduce Gun Violence and Respects the 2nd Amendment Rights of Law-Abiding Americans." US House of Representatives: Washington, DC.

82. Common Sense Media (2013). "Media and violence: An Analysis of Current research." San Francisco, CA. Retrieved from www.commonsensemedia.org/

83. Zimbardo, P. & Coulombe, N. (2015). Man (Dis)connected: How technology has sabotaged what it means to be male. London: Rider Books.

84. Andrew Przybylski/Philip Zimbardo (2015). "Debate on video game effects." Retrieved from https://www.youtube.com/watch?v=8voQHnfOq7w

85. Przybylski, A. K., Rigby, C. S. & Ryan, R. M. (2010). "A motivational model for video game engagement." Review of General Psychology, 14(2), 154-166.

86. Przybylski, A. K., Deci,E. L., Rigby, C. S. & Ryan, R. M. (2014). "Competence-impending electronic games and players' aggressive feelings, thoughts, and behaviors." Journal of Personality and Social Psychology, 106(3), 441-457.

87. Williams, D. & Skoric, M. (2005). "Internet fantasy violence: A test of aggression in an online game." Communication Monographs, 72, 217-233.

88. Durkin, K. & Barber, B. (2002). "Not so doomed: Computer game play and positive adolescent development." Journal of Applied Developmental Psychology, 23(4), 373-392.

89. Colwell, J. & Kato, M. (2005). "Video game play on Britain and Japanese adolescents." Simulation & Gaming, 36(4), 518-530.

90. Dominick, J. R. (1984). "Video Games, television violence, and aggression in teenagers." Journal of Communication, 34, 136-147.

91. Huesmann, L. R. (2007). "The Impact of electronic media violence: Scientific theory and research." Journal of Adolescent Health, 41(6, Suppl), S6-S13.

92. Adachi, P. C. & Willoughby, T. (2001). "The Effect of video game competition and violence on aggressive behavior: Which characteristic has the greatest influence?" Psychology of Violence, 1, 259-274.

93. Tear, M. & Nielson, M. (2013). "Failure to demonstrate that playing violent video games diminishes prosocial behavior." PLoS One, 8(7),e68382.

94. Engelhardt, C.R., Mazurek, M.O.,Hilgard, J., Rouder, J. N. & Bartholow, B. D. (in press). "Effects of violent video game exposure on aggressive behavior, aggressive thought accessibility, and aggressive affect among adults with and without autism spectrum disorder." Psychological Science.

95. Sauer, J. D., Drummond, A. & Nova, N. (2015). "Violent Video Games: The Effects of Narrative Context and Reward Structure on In-Game and Postgame Aggression." Journal of Experimental Psychology.

96. Tear, M. J. Nielsen, M. (2014). "Video games and prosocial behavior: A study of the effects of non-violent, violent and ultra-violent gameplay." Computers in Human Behavior, 41, 8-13.

97. Ballard, M., Visser, K. & Jocoy, K. (2012). "Social context and video game play: Impact on cardiovascular and affective responses." Mass Communication and Society, 15, 875-898.

98. Beuer, J., Kowert, R., Festl, R. & Quandt, T. (2015). "Sexist games - sexist games? A longitudinal study on the relationship between video game use and sexist attitudes." Cyberpsychology, Behavior, and Social Networking.

99. Charles, E. P., Baker, C. M., Hartman, K., Easton, B. P. & Kreuzberger, C. (2013). "Motion capture controls negate the violent video-game effect." Computers in Human Behavior, 29, 2519-2523.

100. Devilly, G. J., Brown, K., Pickert, I. & O'Donohue, R. (in press). "An evolutionary perspective on cooperative behavior in gamers." Psychology of Popular Media Culture.

네번째 판

101. Crowley, K. (2008). "Video Villains Come to Life." New York Post. Retrieved from https://nypost.com/2008/06/26/video-villains-come-to-life/

102. Rouen, E. (2008). "Six Long Island teens busted in 'Grand Theft'-style spree." New York Daily News. Retrieved from https://www.nydailynews.com/news/crime/long-island-teens-busted-grand-theft-style-spree-article-1.295664

103. Mercer, D. (2013). "Christopher Harris guilty of murder in beating deaths." Huffington Post. Retrieved from www.huffingtonpost.com/2013/05/31/christopher-harris-guilty-murder-beating-death_n_3367703.html

104. Cushing, T. (2013). "Researcher Tries to Connect Violence and Video Games During Murder Trial; Gets Destoryed During Cross Examination." TechDirt. Retrieved from https://www.techdirt.com/articles/20130531/19495123281/researcher-tries-to-connect-violence-video-games-during-murder-trial-gets-destroyed-during-cross-examination.shtml

105. Chapman, L. J. & Chapman, J. P. (1967). "Genesis of popular but erroneous psychodiagnostic observations." Journal of Abnormal Psychology, 72, 193-204.

106. Hamilton, D. L., Dugan, P. M. & Trolier, T K. (1985). "The formation of stereotypic beliefs: Further evidence for distinctiveness-based illusory correlations." Journal of Personality and Social Psychology, 48, 5-17.

107. Anderson, C. A. (2001). "Heat and violence." Current directions in psychological science, 10, 33-38.

108. Cohen, J., Cohen, P., West, S. G. & Aiken, L. S. (2002). Applied Multiple Regression/Correlation Analysis for Behavioral Science. Mahwah, NJ: Lawrence Erlbaum Associates.

109. Anderson, C. A., Bushman, B. J. & Groom, R. W. (1997). "Hot years and serious and deadly assault: empirical tests of the heat hypothesis." Journal of Personality and Social Psychology, 73, 1213-1223.

110. Bushman, B. J. (2013). "Global warming can also increase aggression and violence." Psychology Today. Retrieved from https://www.psychologytoday.com/us/blog/get-psyched/201307/global-warming-can-also-increase-aggression-and-violence

111. NewZoo (2015). "Top 100 Countries by Game Revenues." Newzoo Games Market Media. Retrieved from https://newzoo.com/free/rankings/top-10-countries-by-game-revenues/

112. IntelCenter (2015). "Top 10 Most Dangerous Countries: Country Threat Index (CIT) Based on Terrorist and Rebel Activity Over Past 30 Days as of 8 Mar. 2015." IntelCenter. Retrieved from http://intelcenter.com/reports/charts/cti/

113. United Nations Office on Drugs and Crime (2011). "Assault at the national level, number of police-recorded offences." Retrieved from www.unodc.org/unodc/data-and-analysis/statistics/crime.html

114. Gaudiosi, J. (2012). "New Reports Forecast Global Video Game Industry Will Reach $82 Billion By 2017." Forbes. Retrieved from https://www.forbes.com/sites/johngaudiosi/2012/07/18/new-reports-forecasts-global-video-game-industry-will-reach-82-billion-by-2017/

115. Markey, P. M., Markey, C. N. & French, J. E (2014). "Violent video games and real-world violence: Rhetoric versus data." Psychology of Popular Media Culture.

116. Donohue III, J. J. & Levitt, S. D. (2001). "The Impact of legalized abortion on crime." Quarterly Journal of Economics, 379-420.

117. Associated Press (2010). "Call of Duty breaks sales record." Retrieved from https://www.cbc.ca/news/technology/call-of-duty-breaks-sales-record-1.949952

118. Leung, R. (2005). "Can a Video Game Lead to Murder?" CBS: 60 Minutes. Retrieved from https://www.cbsnews.com/news/can-a-video-game-lead-to-murder-17-06-2005/

119. Hern, A. (2013). "Grand Theft Auto 5 under fire for graphic torture scene." The Guardian. Retrieved from https://www.theguardian.com/technology/2013/sep/18/grand-theft-auto-5-under-fire-for-graphic-torture-scene

120. Edwards, R. & Martin, N. (2008). "Grand Theft Auto IV:L Violence flares after launch." The Telegraph. Retrieved from https://www.telegraph.co.uk/news/1907172/Grand-Theft-Auto-IV-Violence-flares-after-launch.html

121. Murry, J. P., Stam, A. & Lastovicka, J. L. (1993). "Evaluating an anti-drinking and driving advertising campaign with a sample survey and time series intervention analysis." Journal of the American Statistical Association, 88, 50-56.

122. McCollister, K. E., French, M. T. & Fang, H. (2010). "The cost of crime to society: New crime-specific estimates for policy and program evaluation." Drug and alcohol dependence, 108, 98-109.

123. Messner, S. F. (1986). "Television violence and violent crime: An aggregate analysis." Social Problems, 33, 218-235.

124. Markey, P. M., French, J. E. & Markey, C. N. (2015). "Violent movies and severe acts of violence: Sensationalism versus science." Human Communication Research, 41, 155-173.

125. Dahl, G. & Della Vigna, S. (2009). "Does movie violence increase violent crime?" The Quarterly Journal of Economics, 124, 677-734.

126. Kutner, L. & Olson, C. (2008). Grand Theft Childhood: The Surprising Truth About Violent

Video Games and What Parents Can Do. New York: Simon and Schuster.

127. Wegman, C. (2013). Psychoanalysis and Cognitive Psychology: A Formalization of Freud's Earliest Theory. Orlando, FL: Academic Press.

128. Hawtree, C. (1998). "News of the Weird: Stories from around the world that didn't make the headlines." The Independent. Retrieved from www.independent.co.uk/arts-entertainment/news-of-the-weird-stories-from-around-the-world-that-didn't-make-the-headlines-1192419.html

129. Feshbach, S. (1984). "The Catharsis hypothesis, aggressive drive, and the reduction of aggression." Aggressive Behavior, 10, 91-101.

130. Mallick, S. K. & McCandless, B. R. (1966). "A study of catharsis of aggression." Journal of Personality and Social Psychology, 4, 591-596.

131. Feshbach, S. & SInger, R. (1971). Television and Aggression. San Francisco: Jossy-Boss.

132. Bushman, B. J. (2002). "Does venting anger feed or extinguish the flame? Catharsis, rumination, distraction, anger, and aggressive responding." Personality and Social Psychology Bulletin, 28, 724-731.

133. Busnman, B. J., Baumeister, R. F. & Stack, A. D. (1999). "Catharsis, aggression, and persuasive influence: Self-fulfilling or self-defeating prophecies?" Journal of Personality and Social Psychology, 76, 367.

134. Feshbach, S. & Tangney, J. (2008). "Television viewing and aggression: Some alternative perspectives." Perspectives on Psychological Science, 3, 387-389.

135. Manning, S. A. & Taylor, D. A. (1975). "Effects of viewed violence and aggression: Stimulation and catharsis." Journal of Personality and Social Psychology, 31, 180-188.

136. Doob, A. N. & Wood, L. E. (1972). "Catharsis and aggression: Effects of annoyance and retaliation on aggressive behavior." Journal of Personality and Social Psychology, 22, 156-162.

137. Bresin, K. & Gordon, K. H. (2013). "Aggression affects regulation: Extending catharsis theory to evaluate aggression and experiential anger in the laboratory and daily life." Journal of Social and Clinical Psychology, 32, 400-423.

138. US Department of Justice (1996). "Juvenile Offenders and Victims: 1996 Update on Violence." Office of Juvenile Justice and Delinquency Prevention. Retrieved from https://www.ncjrs.gov/pdffiles/90995.pdf

139. Levitt, S. D. (1995). "The effect of prison population size on crime rates: Evidence from prison overcrowding litigation." The Quarterly Journal of Economics, 111, 319-351.

140. Felson, M. (1994). Crime and Everyday Life: Insight and Implications for Society. Thousand Oaks, CA: Pine.

141. Snider, M. (2014). "Nielsen: People spending more time playing video games." USA Today. Retrieved from https://www.usatoday.com/story/tech/gaming/2014/05/27/nielsen-tablet-mobile-video-games/9618025/

142. McCord, J., Wisdom, C. S. & Crowell, N. A. (2001). Juvenile Crime, Juvenile Justice, Panel on Juvenile Crime: Prevention, Treatment, and Control. Washington, DC: National Academy Press.

143. Cunningham, S., Engelstätter, B. & Ward, M. R. (2011). "Understanding the effects of

violent video games on violent crime." ZEW-Centre for European Economic Research Discussion Paper, 11-042.

144. Ward, M. R. (2011). "Video games and Crime," Contemporary Economics Policy, 29. 261-273.

145. Ferguson, C. J. (2015). "Does media violence predict societal violence? It depends on what you look at and when." Journal of Communication, 65, E1-E22.

다섯번째 판

146. Lupica, M. (March, 2013). "Morbid find suggests murder-obsessed gunman Adam Lanza plotted Newton, Conn,'s Sandy Hook massacre for years." NewYork Daily News, Retrieved from https://www.nydailynews.com/news/national/lupica-lanza-plotted-massacre-years-article-1.1291408

147. Linkins, J. (2013). "Lamar Alexander says Videogames Are 'A Bigger Problems Than Gun's But No, They Aren't." Huffington Post. Retrieved from https://www.huffpost.com/2013/01/30/lamar-alexander-video-games-guns_n_2584837.html

148. Jaccarino, M. (September, 2013). "Training simulation:' Mass killers often share obsession with violent video games." Fox News. Retrieved from https://www.foxnews.com/tech/2013/09/12/training-simulation-mass-killers-often-share-obsession-with-violent-video-games/

149. Bushman, B. J. & Newman, K. (2013). "Youth violence: What we need to know." Report of the Subcommittee on Youth Violence of the Advisory Committee to the Social, Behavioral and Economics Science Directorate, National Science Foundation. Retrieved from www.law.berkeley.edu/files/csls/NSF_(2013)_-_Youth_Violence_Report.pdf

150. Michigan Department of Education (2003). "Checklist: Preventing and responding to school violence." Retrieved from www.michigan.gov/documents/Checklist_Final_4-2-03_61305_7.pdf

151. Cherry Creek School District (2011). "Potential Warning Signs of Troubled Children: A Handout for Parents of School-Aged Children." Retrieved from http://www.cherrycreekschools.org/SafeSchools/Documents/WarningSignsSchoolAge.pdf

152. BBC News (September, 1999). Education: "School check for classroom killers." BBC News. Retrieved from http://www.bbc.cco.uk/2/hi/uk_news/education/440803.stm

153. Troum, J. (October, 2013). "Hearing over autistic student's bomb drawing." WBTW News. Retrieved from http://www.wbtw.com/story/23694568/hilcrest-middle-hearing-wednesday-over-autistic-students-drawing

154. Langman, P. (2012). "School Shootings: The Warning Signs." Forensic Digest, Winter-Spring. Retrieved from www.schoolshooters.info/PL/Prevention_files/Warning%20Signs%201.2pdf

155. CNN (March, 1998). "Judge orders boys held in Arkansas shooting." CNN. Retrieved from www.cnn.com/US/9803/26/school.shooting/

156. Sedensky, S. J., III (2013). "Report of the State's Attorney for the Judicial District of Danbury on the Shootings at Sandy Hook Elementary School and36 Yogananda Street, Newton, Connecticut on December 14, 2012." Retrieved from http://cbsnewyork.files. wordpress.com/2013/11/sandy_hook_final_report.pdf

157. Virginia Tech Review Panel (2007). "Mass Shootings at VIrginia Tech, April 16, 2007." Retrieved from https://www.washingtonpost.com/wp-srv/metro/documents/vatechreport. pdf

158. Mikkelson, B. (January, 2005). "The Harris Levels." Snopes. Retrieved from www.snopes. com/horrors/madmen/doom.asp

159. Fein, R. A. & Vossekuil, B. (1999). "Assassination in the United States: an operational study of recent assassins, attackers, and near-lethal approachers." Journal of Forensic Sciences, 44, 321-333.

160. Vossekuil, B., Fein, R., Reddy, M., Bourm, R. & Modzeleski, W. (2002). "The final report and findings of the Safe School Initiative: Implications for the prevention of school attacks in the United States." Washington, DC: US Department of Education, Office of Elementary and Secondary Education, Safe, and Drug-Free Schools Program and U.S. Secret Service, National Threat Assessment Center.

161. Markey, P. M., Markey, C. N. & French, J. E. (2014). "Violent video games and real world violence: Rhetoric versus data." Psychology of Popular Media Culture.

162. Griffiths, M. D. & Hunt, N. (1995). "Computer game playing in adolescence: Prevalence and demographic indicators." Journal of Community & Applied Social Psychology, 5, 189-193.

163. Kutner, L. & Olson, C. (2008). Grand Theft Childhood: The Surprising Truth About Violent Video Games and What Parents Can Do. New York: Simon & Schuster.

164. Schedler, J. & Block, J. (1990). "Adolescent drug use and psychological health: A longitudinal inquiry." American Psychologist, 45, 612.

165. Tucker, J. S., Ellickson, P. L., Collins, R. L. & Klein, D. J. (2006). "Are drug experimenters better adjusted than abstainers and users? A longitudinal study of adolescent marijuana use." Journal of Adolescent Health, 39, 488-494.

166. LaFontana, K. M. & Cillessen, A. H. (2002). "Children's perception of popular and unpopular peers: a multimethod assessment." Developmental Psychology, 38, 635-647.

167. United States Congress, House Committee on the Judiciary (2000). "Youth culture and violence: hearing before the Committee on the Judiciary, House of Representatives, One Hundred Sixth Congress, first session, May 13, 1999. "Washington: US GPO.

168. Leary, M. R., Kowalski, R. M., Smith, L. & Phillips, S. (2003). "Teasing, rejection, and violence: Case studies of the school shootings." Aggressive Behavior, 29, 202-214.

169. Van Brunt, B. (2012). Ending Campus VIolence: New Approaches to Prevention. New York: Routledge.

170. La Greca, A. M. & Santogrossi, D. A. (1980). "Social skills training with elementary school students: A behavioral group approach." Journal of Consulting and Clinical Psychology, 48, 220-227.

171. Funder, D. C., Ed. (1999). Personality Judgement: A Realistic Approach to Person

Perception. Cambridge, MA: Academic Press.

172. Erikson, E. H. (1977). Toys and Reasons: Stages in the Ritualization of Experience. New York: Norton.

173. Vygotsky, L. (1978). Mind in Society: The Development of Higher Psychological Functions. Cambridge, MA: Harvard University Press.

174. Gottman, J. M. (1986). "The world of coordinated play: Same- and cross-sex friendship in young children." Cambridge, England: Cambridge University.

175. Connolly, J. A. & Doyle, A. B. (1984). "Relation of social fantasy play to social competence in preschoolers." Developmental Psychology, 20, 797-806.

176. Granic, I., Lobel, A. & Engels, R. C. (2014). "The benefits of playing video games." American Psychologist, 69, 66-78.

177. Przybylski, A. K. (2014). "Electronic gaming and psychosocial adjustment." Pediatrics, 134, e716-e722.

178. Roskos-Ewoldsen, D. R., Rhodes, N. & Eno, C. A. (2008, May). "Helping behavior in the corner of video game play." Presented at the Annual Meeting of the International Communication Association (ICA), Montreal, Quebec, Canada.

179. Ferguson, C. J. & Garza, A. (2011). "Call of (civic) duty: Action games and civic behavior in a large sample of youth." Computers in Human Behavior, 27, 770-775.

180. Velez, J. A., Mahood, C., Ewoldsen, D. R. & Moyer-Gusé, E. (2014). "Ingroup versus outgroup conflict in the context of violent video game play: The effect of cooperation on increased helping and decreased aggression." Communication Research, 41, 607-626.

181. Zammitto, V. L. (2010). "Gamers' Personality and Their Gaming Preferences." Doctoral dissertation, Communication, Art & Technology: School of Interactive Arts and Technology.

182. Schreier, J. (2013). "Minecraft in Now 'Mine-Crack' Says Local News Everywhere." Kotaku. Retrieved from https://kotaku.com/minecraft-is-now-mine-crack-says-local-news-everywhe-927656796

여섯번째 판

183. Mikelberg, A. (February, 2012). "Corpse of League of Legends player ignored at the Internet cafe for nine hours." New York Daily News. Retrieved from https://www.nydailynews.com/news/world/corpse-league-legends-player-internet-cafe-hours-article-1.1017013

184. American Psychiatric Association (2013). "Diagnostic and statistical manual of mental disorders-5." Washington, DC: American Psychiatric Association.

185. Associated Press. (2011). "New Mexico mom gets 25 years for starving daughter." Retrieved from http://news.yahoo.com/mexico-mom-gets-25-years-starving-daughter-145411042.html

186. The Sun (July 2014). "Playing games as addictive as heroin." The Sun. Retrieved from https://www.thesun.co.uk/archives/news/962643/playing-games-as-addictive-as-heroin/

187. Griffiths, M. (2014). "Press to Play: Is gaming really more addictive than heroin?" Gamasutra. Retrieved from https://www.gamasutra.com/blogs/ MarkGriffiths/20140715/221010/Press_to_play_Is_gaming_really_more_addictive_than_ heroin.php

188. Sloan, J. (2011). "Are Cupcakes as addicting as cocaine?" The Sun. Retrieved from https:// www.thesun.co.uk/archives/health/884925/are-cupcakes-as-addictive-as-cocaine/

189. Koepp, M. J., Gunn, R. N., Lawrence, A. D., Cunningham, V. J., Dagher, A., Jones, T., . . . & Grasby, P. M. (1998). "Evidence for striatal dopamine release during a video game." Nature, 393, 266-268.

190. UCLA Integrated Substance Abuse Programs (2015). "Meth: Inside Out: Public Service Multi-Media Kit." Retrieved from www.methinsideout.com/assets/MIO_Public_Service_ Multi-Media_Kit.pdf

191. Langlois, M. (2011). "Dopey About Dopamine: Video Games, Drugs & Addiction." Retrieved from http://gamertherapist.com/2011/11/08/dopey-about-dopamine-video-games-drugs-addiction/

192. Charlton, J. P. & Danforth, I. D. W. (2007). "Distinguishing addiction and high engagement in the context of online game playing." Computers in Human Behavior, 23(3), 1531-1548.

193. Haagsma, M. C., Pieterse, M. E. & Peters, O. (2012). "The prevalence of problematic video gamers in the Netherlands." Cyberpsychology, Behavior, and Social Networking, 15(3), 162-168.

194. Desai, R. A., Krishnan-Sarin, S., Cavallo, D. & Potenza, M. N. (2010). "Video-gaming among high school students: Health correlates, gender differences, and problematic gaming." Pediatrics, 126(6), e1414-e1424.

195. Ferguson, C. J., Coulson, M. & Barnett, J. (2011). "A Meta-analysis of pathological gaming prevalence and comorbidity with mental health, academic, and social problems." Journal of Psychiatric Research, 45(12), 1573-1578.

196. Pontes, H. M. & Griffith, M. D. (2015). "Measuring DSM-5 Internet Gaming Disorder: Developmental and validation of a short psychometric scale." Computers in Human Behavior, 45, 137-143.

197. King, D. L. & Delfabbro, P. H. (2013). "Video-gaming disorder and the DSM-5: Some further thoughts." Australian and New Zealand Journal of Psychiatry, 47(9), 875-876.

198. Skoric, M. M., Teo, L. L. & Neo, R. L. (2009). "Children and video games: addiction, engagement, and scholastic achievement." Cyberpsychol Behav, 12(5), 567-572.

199. Griffith, M. (2005). "A 'components' model of addiction within a biopsychosocial framework." Journal of Substance Use, 10(4), 191-197.

일곱번째 판

200. Smith, B. (2013). "Violent Video Games Kill Self Control and Increase Unethical Behavior." Red Orbit, Retrieved from www.redorbit.com/news/health/1113012581/violent-video-

games-self-control-unethical- behavior-112513

201. Stenhouse, A. (2013). "Violent video games make youngsters pig out on chocolate according to US study." Daily Mirror. Retrieved from https://www.mirror.co.uk/news/uk-news/violent-video-games-make-youngsters-2863154

202. Grabmeier, J. (2013). "Teens 'Eat More, Cheat More' After Playing Violent Video Games." Press release from The Ohio State University. Retrieved from http://research-news.osu.edu/archive/selfrestraint.htm

203. Milgram, S. (1975). Obedience to Authority: An Experimental View. London: Tavistock Publications.

204. Milgram, S. (1963). "Behavioral study of obedience." The Journal of Abnormal and Social Psychology, 67, 371-378.

205. Slater, M., Antley, A., Davison, A., Swapp, D., Guger, C., . . . & Sanchez-Vives, M. V. (2006). "A virtual reprise of the Stanley Milgram obedience experiments." Plos one, 1(1), e39.

206. Klimmt, C., Schmid, H., Nosper, A., Hartmann, T. & Vorderer,P. (2006). "How players manage moral concerns to make video game violence enjoyable." Communications, 31, 309-328.

207. Hern, A. (2013). "Grand Theft Auto 5 under fire for graphic torture scene." The Guardian. Retrieved from https://www.theguardian.com/technology/2013/sep/18/grand-theft-auto-5-under-fire-for-graphic-torture-scene

208. Ingham, T, (2009). "Religious leaders slam Modern Warfare 2." The Market for Computer and Video Games. Retrieved from https://www.mcvuk.com/news/read/religious-leaders-slam-modern-warfare-2

209. Totilo, S. (2013). "Two Thirds of You Played Mass Effect 3 As a Paragon. Mostly as Soldiers." Kotaku. Retrieved from https://www.kotaku.com/5992092/two-thirds-of-you-played-mass-effect-3-as-a-paragon-mostly-as-soldiers/

210. Boyan, A., Grizzard, M. & Bowman, N. (2015). "A massively moral game? Mass Effect as a case study to understand the influence of player's moral intuitions on adherence to hero or antihero play styles." Journal of Gaming & Virtual Worlds, 7, 41-57.

211. Busnman, B. (2011). "The effects of violent video games. Do they affect our behavior?" International Human Press. Retrieved from http://ithp.org/articles/violentvideogames.html

212. Grizzard, M., Tamborini, R., Lewis, R. J., Wang, L. & Prabhu, S. (2014). "Being bad in a video game can make us morally sensitive." Cyberpsychology. Behavior, and Social Networking, 17, 499-504.

213. Tangney, J. P., Stuewig, J. & Mashek, D J. (2007). "Moral emotions and moral behavior." Annual Review of Psychology, 58, 345-372.

214. Federman, J., Ed. (1995). "National television violence study: Executive summary." University of California, The Center of Communication and Social Policy. Retrieved from https://www.academia.edu/944389/National_Television_Violence_Study_Executive_Summary_Editor_University_of_California_Santa_Barbara_

215. Tookey, C. (2006). "Disgusting, degrading, dangerous." The Daily Mail. Retrieved from https://www.dailymail.co.uk/tvshowbiz/article-381294/Disgusting-degrading-dangerous.html

216. Bushman, B. J. & Huesmann, L. R. (2001). "Effects of televised violence on aggression." Handbook of Children and the Media, 223-254.

217. Rachman, S. (1967). "Systematic desensitization." Psychological Bulletin, 67, 93-103.

218. Fanti, K. A., Vanman, E., Henrich, C. C. & Avraamides, M. N, (2009). "Desensitization To media violence over a short period of time." Aggressive Behavior, 35, 179-187.

219. Cline, V. B., Croft, R. G. & Courier, S. (1973). "Desensitization of children to television violence." Journal of Personality and Social Psychology, 27(3), 360-365.

220. Ramos, R. A., Ferguson, C. J., Frailing, K. & Romeo-Ramirez, M. (2013). "Comfortably numb or just yet another movie? Media violence exposure does not reduce viewer empathy for victims of real violence among primarily Hispanic viewers." Psychology of Popular Media Culture, 2, 2-10.

221. Lake Research Partners. (2006). "Parents' Views on Fitness, Nutrition, and Overweight/ Obesity among Delaware's Children and Teens." Retrieved from https://www.nemours. org/content/dam/nemours/www/filebox/service/preventive/nhps/publication/research. pdf

222. Centers for Disease Control and Prevention (2015). "Overweight & Obesity: Adult Obesity Facts." CDC.gov. Retrieved from https://www.cdc.gov/obesity/data/adult.html

223. World Health Organization (2015). "Obesity: Situation and trends." Who.int. Retrieved from https://www.who.int/gho/ncd/risk_factors/obesity_text/en/

224. Pollack, A. (2013). "A.M.A. RecognizesObesity as a Disease." New York Times. Retrieved from https://www.nytimes.com/2013/06/19/business/ama-recognizes-obesity-as-a-disease. html

225. Centers for Disease Control and Prevention (2013). "One in five adults meet overall physical activity guidelines." CDC.gov. Retrieved from https://www.cdc.gov/media/ releases/2013/p0502-physical-activity.html

226. St-Onge, M. P., Keller, K. L. & Heymsfield, S. B. (2003). "Changes in childhood food consumption patterns: a cause for concern in light of increasing body weights." The American Journal of Clinical Nutrition, 78, 1068-1073.

227. Reedy, J. & Krebs-Smith, S. M. (2010). "Dietary sources of energy, solid fats, and added sugars among children and adolescents in the United States." Journal of the American Dietetic Association, 110, 1477-1484.

228. Marshall, S. J., Biddle, S. J., Gorely, T., Cameron, N. & Murdey, I. (2004). "Relationships between media use, body fatness and physical activity in children and youth: a meta-analysis." International Journal of Obesity, 28, 1238-1246.

229. Robinson, T. N. (1999). "Reducing children's television viewing to prevent obesity: a randomized controlled trial." The Journal of the American Medical Association, 282, 1561-1567.

230. Markey, C. N. (2014). Smart People Don't Diet: How the Latest Science Can Help You Lose Weight Permanently. Boston: Da Capo Lifelong Books.

231. Sallis, J. F., Prochaska, J. J. & Taylor, W. C. (2000). "A review of correlates of physical activity of children and adolescents." Medicine and Science in Sports and Exercise, 32, 963-975.

232. Pearce, M.S., Basterfield, L., Mann, K. D., Parkinson, K. N., Adamson, A. J., John J. Reilly on behalf of the Gateshead Millennium Study Core Team (2012). "Early Predictors of Objectivity Measured Physical Activity and Sedentary Behavior in 8-10 Year Old Children: The Gateshead Millennium Study." PLoS ONE 7(6): e37975.

233. Peng, W., Lin, J. H. & Crous, J. (2011). "Is playing exergames really exercising? A meta-analysis of energy expenditure in active video games." Cyberpsychology, Behavior, and Social Networking, 14, 681-688.

234. Staiano, A. E., Abraham, A. A. & Calvert, S. L. (2012). "Motivating effects of cooperative exergame play for overweight and obese adolescents." Journal of Diabetes Science and Technology, 6, 598-601.

235. Staiano, A. E., Abraham, A. A. & Calvert, S. L. (2013). "Adolescent exergame play for weight loss and psychosocial improvement: a controlled physical activity intervention." Obesity, 21, 598-601.

236. George Washington University School of Public Health and Health Service (2013). "E-Games Boost Physical Activity in Children; Might be A Weapon in the Battle Against Obesity." Retrieved from https://publichealth.gwu.edu/content/e-games-boost-physical-activity-children-might-be-weapon-battle-against-obesity

237. Wahi, G., Parkin, P. C., Beyene, J., Uleryk, E. M. * Birken, C. S. (2011). "Effectiveness of interventions aimed at reducing screen time in children: a systematic review and meta-analysis of randomized controlled trials." Pediatrics, 165, 979-986.

여덟번째 판

238. How Games Saved My Life (2015). "How Fallout 3 Saved My Life." Retrieved from https://gamessavedmylife.tumblr.com/post/21795704943/how-fallout-3-saved-my-life

239. Reinecke, L., Klatt, J. & Krämer, N. C. (2011). "Entertaining media use and the satisfaction of recovery needs: Recovery outcomes associated with the use of interactive and noninteractive entertaining media." Media Psychology, 14(2), 192-215.

240. Sherry, J. L., Lucas, K., Greenberg, B. S. & Lachlan, K. (2006). "Video Game Uses and Gratifications as Predicators of Use and Game Preference." In Vorderer, P. & Bryant, J. (Eds.), Playing Video Games: Motives, Responses, and Consequences (pp. 213-224). Abingdon-on-Thames, UK: Routledge.

241. Przybylski, A. K., Rigby, C. S. & Ryan, R. M. (2010). "A motivational model of video game engagement." Review of General Psychology, 14(2), 154-166.

242. Rieger D., Frischlich, L., Wulf, T., Bente, G. & Kneer, J. (2015). "Eating ghosts: The underlying mechanisms of mood repair via interactive and noninteractive media." Psychology Of Popular Media Culture. 4(2), 138-142.

243. Valadez, J. J. & Ferguson, C. J. (2012). "Just a game after all: Violent video game exposure and time spending playing effects on hostile feelings, depression, and visuospatial cognition." Computers in Human Behavior, 28, 608-616.

244. Ferguson, C. J. & Rueda, S. M. (2010). "The Hitman study: Violent video game exposure effects on aggressive behavior, hostile feelings, and depression." European Psychologist 15(2), 99-108.

245. Reinecke, L., Klatt, J. & Krämer, N. C. (2011). "Entertaining media use and the satisfaction of recovery needs: Recovery outcomes associated with the use of interactive and noninteractive entertaining media." Media Psychology, 14(2), 192-215.

246. Kowert, R., Festle, R. & Quandt, T. (2014). "Unpopular, overweight, and socially inept: Reconsidering the stereotype of online gamers." Cyberpsychology, Behavior, and Social Networking, 17(3), 141-146.

247. Lenhart, A., Kahne, J., Middaugh, E., MacGill, A., Evans, C. & Mitak, J. (2008). "Teens, videogames and civics: Teens gaming experiences are diverse and include significant social interaction and civic engagement." Pew Research Center. Retrieved from 7/2/12 from www.pewinternet.org/PPF/r/263/report_display.asp.

248. Rosenbloom, S. (2011). "It's Love at First Kill." New York Times. Retrieved from www.nytimes.com/2011/04/24/fashion/24avatar.html?_r=0

249. Kowert, R., Domahidi, E. & Quandt, T. (2014). "The relationship between online video game involvement and gaming-related friendship among emotionally sensitive students." Cyberpsychology, Behavior, and Social Networking, 17(7), 447-453.

250. Rice, L. & Markey, P. M. (2009). "The role of extraversion and neuroticism in influencing anxiety following computer-mediated interactions." Personality and Individual Differences, 46(1), 35-39.

251. Shepherd, R. M. & Edelmann, R. J. (2005). "Reasons for internet use and social anxiety." Personality and Individual Differences, 39(5), 949-958.

252. Durkin, K. (2010). "Videogames and young people with developmental disorders." Review of General Psychology, 14(2), 122-140.

253. Anguera, J., Boccanfuso, J., Rintoul, J., Al-Hashimi, O., Faraji, F., Janowich, J., Kong, E., Larraburo, Y., Rolle, C., Johnston, E. & Gazzaley, A. (2013). "Video game training enhances cognitive control in older adults." Nature, 501, 97-101.

254. Peretz, C., Korczyn, A. D., Shatil, E., Aharonson, V., Birnboim, S. & Giladi, N. (2011). "Computer-based, personalized cognitive training versus classical computer games: A randomized double-blind prospective trial of cognitive stimulation." Neuroepidemiology, 36(2), 91-99.

255. Landau, S. M., Marks, S. M., Mormino, E. C., Rabinovici, G. D., Oh, H., O'Neil, J.P., . . . & Jagust, W. J. (2012). "Association of lifetime cognitive engagement and low β-amyloid deposition." Archives of Neurology, 69(5), 623-629.

256. Basak, C., Boot, W. R., Voss, M. W. & Kramer, A. F. (2008). "Can training in a real-time strategy video game attenuate cognitive decline in older adults?" Psychology and Aging, 23(4), 756-777.

257. Stanford Center on Longevity. (2014). "A Consensus on the Brain Training Industry from the Scientific Community." Retrieved from https://longevity3.stanford.edu/blog/2014/10/15/the-consensus-on-the-brain-training-industry-from-the-scientific-community-2/

258. Ferguson, C. Garza, A., Jerabeck, J., Ramos, R. & Galindo, M. (2013). "Not worth the fuss after all? Cross-sectional and prospective data on violent video game influences on aggression, visuospatial cognition and mathematics ability in a sample of youth." Journal of Youth and Adolescence, 42(1), 109-122.

259. Zimmerman, F. J., Christakis, D. A., Meltzoff, A. N. (2007). "Associations between media viewing and language development in child under age two years." Journal of Pediatrics, 151(4), 364-368.

260. Lewin, T. (2010). "Baby Einstein's Founder Goes to Court." New York Times. Retrieved from https://www.nytimes.com/2010/01/13/education/13einstein.html

261. Ferguson, C. J. & Donnellan, M. B. (2014). "Is the association between children's baby video viewing and poor ;language development robust? A reanalysis of Zimmerman, Christakis, and Meltzoff (2007)." Developmental Psychology, 50(1), 129-137.

262. Schmidt, M. E., Rich, M., Rifas-Shiman, S. L., Oken, E. & Taveras, E. M. (2009). "Television viewing in infancy and child cognition at 3 years of age in a US cohort." Pediatrics, 123(3), e370-e375.

263. Bleakley, C. M., Charles, D., Porter-Armstrong, A., McNeil, M. J., McDonough, S. M. & McCormack, B. (2015). "Gaming for health: A systematic review of the physical and cognitive effects of interactive computer games in older adults." Journal of Applied Gerontology, 34(3), NP166-NP189.

264. Green, C. S. & Bavellier, D. (2003). "Action video game modifies visual selective attention." Nature, 423(6939), 534-537.

265. Li, R., Polat, U., Makous, W. & Bavelier, D. (2009). "Enhancing the contrast sensitivity function through action video game training." Nature Neuroscience, 12(5), 549-551.

266. Bejjanki, V. R., Zhang, R., Li, R., Pouget, A., Green, C. S., Lu, Z. & Bavellier, D. (2014). "Action video game play facilitates the development of better perceptual templates." PNAS Proceedings Of the National Academy of Sciences Of The United States Of America, 111(47), 16961-16966.

267. Feng, J., Spence, I. & Pratt, J. (2007). "Playing an action video game reduces gender differences in spatial cognition." Psychological Science, 18(10), 850-855.

268. Sims, V. & Mayer, R. "Domain specificity of spatial expertise: The case of video game players." Appl Cognit Psychol, 2002; 16: 95-115.

269. Hardy, M. S., Armstrong, F. D., Martin, B. L., & Strawn, K. N. (1996). "A firearm safety program for children: They just can't say no." Journal of Developmental and Behavioral Pediatrics, 17, 216-221.

270. Jalink. M. B., Goris, J., Heinman, E., Pierie, J. P. & ten Cate Hoedemaker H.O. (2014). "The effects of videogames on laparoscopic simulator skills." American Journal of Surgery, 208(1), 151-156.

271. Rosser, J. C. Jr, Gentile, D. A., Hanigan K. & Danner O.K. (2012). "The effect of video game 'warm-up' on performance of laparoscopic surgery tasks." JSLS: Journal o f the Society of Laparoendoscopic Surgeons/Society of Laparoendoscopic Surgeons. 16(1), 3-9.

272. Adams, B. J., Margaron F., & Kaplan B. J. (2012). "Comparing video games and laparoscopic simulators in the development of laparoscopic skills in surgical residents."

Journal of Surgical Education, 69(6), 714-717.

273. Ferguson, C. J., Garzam A., Jerabeck, J., Ramos, R. & Galindo, M. (2013). "Not worth the fuss after all? Cross-sectional and prospective data on violent video game influences on aggression, visuospatial cognition and mathematics ability in a sample of youth." Journal of Youth and Adolescence, 42(1), 109-122.

274. Boot, W., Blakely, D. & Simons, D. (2011). "Do action video games improve perception and cognition?" Frontiers in Psychology, 2, 226.

275. Millard H. A., Millard, R. P., Constable, P. D. & Freeman L. J. (2014). "Relationships among video gaming proficiency and spatial orientation, laparoscopic, and traditional surgical skills of third-year veterinary students." Journal of the American Veterinary Medical Association, 244(3), 357-362.

276. Fleming, R. (2013). "Surgeons that play video games have better results." Digital Trends. Retrieved from www.digitaltrends.com/gaming/surgeons-play-video-games-to-prepare-for-surgey/

277. Anderson, C. A. & Bushman, B. J. (2001). "Effects of violent video games on aggressive behavior, aggressive cognition, aggressive affect, physiological arousal, and prosocial behavior: A meta-analytic review of the scientific literature." Psychological Science, 12, 353-359.

278. Anderson, C. A., Sakamoto, A., Gentile, D. A., Ihori, N., Shibuya, A., Yukawa, S., . . . & Kobayashi, K. (2008). "Longitudinal effects of violent video games on aggression in Japan and the United States." Pediatrics, 122(5), e1067-e1072.

279. Grossman, D. (2013). "Videogames as 'murder simulatiors." Variety. Retrieved from https://variety.com/2013/voices/opinion/grossman-2640/

280. Gentile, D. A., Anderson, C. A. (2003). "Violent video games: The newest media violence hazard." In D. A. Gentile (Ed.), Media Violence and Children (pp. 131-152). Westport, CT: Praeger.

281. Cognitive Training Data. (2014). "An open letter to the Stanford Center on Longevity" Retrieved from www.cogonitivetrainingdata.org/

아홉번째 판

282. Haagsma, M. C., Pieterse, M. E. & Peters, O. (2012). "The prevalence of problematic video gamers in the Netherlands." Cyberpsychology, Behavior, and Social Networking, 15(3), 162-168.

283. Desai, R. A., Krishnan-Sarin, S., Cavallo, D. & Potenza, M. N. (2010). "Video-gaming among high school students: Health correlates, gender differences, and problematic gaming." Pediatrics, 126(6), e1414-e1424.

284. Ferguson, C. J., Cousin, M. & Barnett, J. (2011). "A meta-analysis of pathological gaming prevalence and comorbidity with mental health, academic and social problems." Journal of Psychiatric Research, 45(12), 1573-1578.

285. Przybylski, A. K., Rigby, C. & Ryan, R. M. (2010). "A motivational model of video game engagement." Review of General Psychology, 14(2), 154-166. doi: 10.1037/a0019440.

286. Ferguson. C J. & Ceranoglu, T. A. (2014). "Attention problems and pathological gaming: Resolving the 'chicken and egg' in a prospective analysis." Psychiatric Quarterly, 85, 103-110.

287. Sillars, A., Koerner, A. & Fitzpatrick, M. A. (2005). "Communication and understanding in parent-adolescent relationship." Human Communication Research, 31, 102-128.

288. Jason, L. A., Danielewicz, J. & Mesina, A. (2005). "Reducing media viewing: Implications for behaviorists." Journal of Early and Intensive Behavior Intervention, 2, 194-206.

289. Coyne, S. M., Padilla-Walker, L. M., Stockdale, L. & Day, R. D. (2011). "Game on . . . girls: Associations between co-playing video games and adolescent behavioral and family outcomes." Journal of Adolescent Health, 49, 160-165.

290. Jackson, L. A., Witt, E. A., Games, A. I., Fitzgerald, H. E., von Eye, A. & Zhao, Y. (2012). "Information technology use and creativity: Findings from the children and technology projects." Computers in Human Behavior, 28, 370-376.

291. Kato, P. M., Cole, S. W., Bradlyn, A. S. & Pollock, B. H. (2008). "A video game improves behavioral outcomes in adolescents and young adults with cancer: A randomized trial." Pediatrics, 122, 305-317.

292. Ryan, R. M., Rigby, S. C. & Przybylski, A. (2006). "The motivational pull of video games: A self-determination theory approach." Motivation and Emotions, 30, 347-363.

293. Segrin, C., Woszidlo, A., Givertz, M. & Montgomery, N. (2013). "Parent and child traits associated with overpainting." Journal of Social and Clinical Psychology, 32, 569-595.

294. Van Ingen, D. J., Freiheit, S. R., Steinfeldt, J. A., Moore, L. L., Wimer, D. J., Knutt, A. D., . . . & Robert, A. (2015). "Helicopter Parenting: The Effect of an Overbearing Caregiving Style on Peer Attachment and Self-Efficacy." Journal of College Counseling, 18, 7-20.

295. Ferguson, C. J. (2011). "Video games and youth violence: A Prospective analysis in adolescents." Journal of Youth and adolescence, 40, 377-391.

296. Federal Trade Commission (2011). "FTC Undercover Shopper Survey on Enforcement of Entertainment Ratings Finds Compliance Worst for Retailers of Music CDs and the Highest Among Video Game Sellers." Retrieved from https://www.ftc.gov/news-events/press-releases/2011/04/ftc-undercover-shopper-survey-enforcement-entertainment-ratings

297. Kaiser Family Foundation (2002). "Rating Sex and Violence in the Media: Media Ratings and Proposals for Reform." Retrieved from www.academia.edu/2010783/Rating_Sex_and_Violence_in_the_Media_Media_Ratings_and_Proposals_for_Reform_Henry_J._Kaiser_Family_Foundation_

298. Entertainment Software Rating Board (2015). ESRB Ratings Guide. Retrieved from www.esrb.org/ratings/ratings_guide.jsp

299. Parents Television Council. Retrieved from http://w2.parentstv.org/main/SupportUs?howtohelp.aspx

300. Markey, P. M., Markey, C. N., French, J. E. (2014). "Violent video games and real-world violence: Rhetoric versus data." Psychology of Popular Media Culture.

301. Bushman, B. (2013). "Do violent video games play a role in shootings?" CNN.com.

Retrieved from www.cnn.com/2013/09/18/opinion/bushman-video-games

302. Bushman, B. J., Gollwitzer, M. & Cruz, C. (2015). "There is broad consensus: Media researchers agree that violent media increase aggression in children, and pediatricians and parents concur." Psychology of Popular Media Culture, 4, 200-214.

303. Ivory, J. D., Markey, P. M., Elson, M., Colwell, J., Ferguson, C. J., Griffiths, M. D., Savage, J. & Williams, K. D. (2015). "Manufacturing consensus in a diverse field of scholarly opinions: A comment on Bushman, Gollowitzer, and Cruz (2015)." Psychology of Popular Media Culture, 4, 222-229.

304. Ferguson, C. J. (2015). "Clinicians' attitude toward video games vary as a function of age, gender and negative beliefs about youth: A sociology of media research approach." Computers in Human Behavior, 52, 379-386.

305. Quandt, T., Van Looy, J., Vogelgesang, J., Elson. M., Ivory, J. D., Consalvo, M. & Mäyrä, F. (2015). "Digital Games Research: A Survey Study on an Emerging Field and Its Prevalent Debates." Journal of Communication, 65, 975-996.

306. Murray, J. P. (1984). "Results of an informal poll of knowledgeable persons concerning the impact of television violence." Newsletter of the American Psychological Association Division of Child, Youth, and Family Services, 7, 2.

307. Ferguson, C. J., San Miguel, C. & Hartley, R. D. (2009). :A multivariate analysis of youth violence and aggression: the influence of family, peers, depression, and media violence." The Journal of Pediatrics, 155, 904-908.

308. Ferguson, C. J., Cruz, A. M., Martinez, D., Rueda, S. M., Ferguson ,D. E. & Negy, C. (2008). "Personality, parental, and media influences on aggressive personality and violent crime in young adults." Journal of Aggression, Maltreatment & Trauma, 17, 395-414.

309. Marche, S. (2012). "Is Facebook Making Us Lonely?" The Atlantic. Retrieved from https://www.theatlantic.com/magazine/archive/2012/05/is-facebook-making-us-lonely/308930/

310. Denison, J. (2015). "More On-Air Shootings to Be Expected." The Christian Post. Retrieved from https://www.christianpost.com/news/more-on-air-shootings-to-be-expected-144238/

INDEX

and games as catharsis,
와 카타르시스로서의 게임 114-120
imaginary connections and,
와 상상의 연관성 97-100
release dates of games and reduction in murders,
게임 출시일과 살인 범죄의 감소 110-113
and time available to commit crimes,
와 범죄를 저지를 수 있는 시간 120-123
graphic novels, 그래픽 노블 45
graphics, 그래픽 12, 20-26, 32, 179
Griffiths, Mark, 마크 그리피스 159
Grossman, Dave, 데이브 그로스먼 219
guilt, 죄책감 182-184, 241
Guinness World Records, 기네스북 32
Gun Fight, 건 파이트 12, 35
gun safety, teaching,
총기류 안전규칙에 대해 배운 215
gun violence, see also school shootings
총기 폭력 (학교 총기난사 사건도 참고할 것)
245

H

Halo, 헤일로 109, 213, 216
Halo 4, 헤일로4 212
Halo: Combat Evolved, 헤일로: 전쟁의 서막 27
hand-eye coordination, 눈-손 협응 212-216
Hannibal (movie), 한니발(영화) 114
Harris, Christopher, 크리스토퍼 해리스 94-96
Harris, Eric, 에릭 해리스 49, 75-77, 130
Harris, Jason, 제이슨 해리스 94-95
health, see also addiction to video games
건강 (비디오게임 중독도 참고할 것)
    and conformity, 과 관습에 대한 순응 139-142
    and deaths linked to overuse of video games,
    비디오게임 남용과 연관된 죽음 153-154
    forestalling cognitive decline,
    인지기능 저하를 방지하기 207-211
    moral, 도덕 173-186, 195-196
    nineteenth-century medicine,
    19세기 약물 199-201
    and obesity, 과 비만 187-189
    physical fitness, 신체적 피트니스 174, 187-195
    stress reduction,
    스트레스 감소 116, 120, 164-165, 202-205
heat effect, 열효과 100-102
Herc's Adventures, Herc's Adventures 70
Hinckley, John, Jr., 존 힝클리 주니어 134
history of violent video games,
폭력적 비디오게임의 역사 9-35
    Death Race movie spin-off,
    죽음의 경주 영화 스핀오프 14-16
    digital technologies of 1992 and 1993,
    1992년과 93년의 디지털테크놀로지 19-25
    first computer games, 3
    첫 컴퓨터 게임들 11-1
    Marshfield's ban on video games,
    마쉬필드의 비디오게임 금지 9-10

new games for "Mature" audiences,
"성숙한" 관객들을 위한 새로운 게임 30-35
    rating system for games, 게임 등급 26-30
    reasons for attractiveness of violence,
    폭력성이 매력적인 이유 33-35
    video arcades, 비디오 아케이드 17-19
Hoffman report, 호프만 보고서 82
home systems, 가정용 시스템 11-12, 21, 28
Hostel (movie), 호스텔(영화) 29
Huesmann, Rowell, 로웰 후스먼 65

I

id Software, 이드 소프트웨어 22-24
IGN, IGN 240
illusory correlations, 착각 상관관계 97-99
imaginary connections, 상상의 연관성 97-99
Immersive Virtual Environments Laboratory,
    University College London,
    유니버시티 칼리지 런던의 몰입적 가상환경
    연구실 177
information on video games, sources of,
비디오게임에 대한 정보 출처 235-241
    ESRB ratings and content descriptors,
    ESRB 등급체계와 내용정보표시 236-239
    filter through agendas,
    아젠다에 의해 걸러진 236
gaming websites, 게임 웹사이트 240
IntelCenter, 인텔센터 103
internet, anonymity of, 인터넷 익명성 206
Internet Gaming Disorder, 인터넷 게임장애 164-166
Iraq, 이라크 40, 102-103
Ivory, James, 제임스 아이보리 49

J

Japan, gamers in, 일본의 게이머들 102-103
Jaws (movie), 조스(영화) 14, 36
Johnson, Dwayne "The Rock," 드웨인 "더 락" 존슨 24
Johnson, Mitchell, 미첼 존슨 131
Johnson, Tim, 팀 존슨 39
Jonesboro, Arkansas, school shooting,
아칸소주 존즈보로 총기난사 사건 76, 131
Journey, 저니 179
Joyboard, 조이보드 192
Just Dance, 저스트 댄스 194-195
juvenoia, 쥬브노이아 42

K

Klebold, Dylan, 딜런 클리볼드 49-50, 75-77, 130
Koop, C. Everett, C.에버렛 쿠프 48

L

Laird, Dylan, 딜런 레어드 94
Lanett, Alabama, school shooting,
앨라배마 총기난사 사건 138
Langman, Peter, 피터 랭만 131, 136, 150
Lanza, Adam, 54, 125-126, 132
애덤 랜자

부록

한국의 게임 등급분류제도 (2021년 기준)

본서의 내용이 미국의 내용만을 소개하고 있어 이에 한국의 등급분류 제도를 소개한다. 게임을 구매할 때 이와 같은 내용을 확인하여 구매에 도움이 되었으면 한다.

	전체이용가 선정적 내용이나 폭력적 요소, 범죄 및 약물 내용, 저속어, 사행적 요소가 없는 게임물
	12세이용가 성적 욕구를 자극하지 않고 폭력을 주제로 하나 표현이 경미하고 범죄 및 약물 내용, 저속어 등의 표현과 사행적 요소가 경미한 경우
	15세이용가 신체가 묘사되나 선정적이지 않고, 폭력을 주제로 하나 선혈, 신체 훼손이 비사실적이고 범죄 및 약물 내용, 저속어 등의 표현과 사행적 요소가 경미한 경우
	청소년이용불가 노출이 직접적이고 구체적으로 묘사되고, 폭력을 주제로 선혈, 신체적 훼손이 사실적이고, 범죄 및 약물 등의 행동을 조장하거나 언어 표현이 청소년에게 유해하다고 인정되며 사행성이 높은 행위를 유발하는 경우
	시험용 게임물의 개발과정에 성능, 안전성, 이용자 만족도 등을 평가하기 위한 경우
	등급면제 영리를 목적으로 하지 않고 교육·학습·종교 또는 공익적 홍보 활동 등의 용도로 사용하기 위한 게임물 또는 개인·동호회 등이 단순 공개를 목적으로 창작한 게임물

▪ 등급분류심의기준

>등급분류의 기본원칙

콘텐츠 중심성 콘텐츠 이외의 부분에 대해서는 등급분류 대상에서 제외
맥락성 전체적인 게임물의 맥락, 상황을 보고 등급을 결정
보편성 사회적 통념에 부합하는 등급을 결정
국제적 통용성 범세계적인 일반성을 갖도록 등급을 결정
일관성 동일 게임물은 심의시기, 심의주체가 바뀌어도 동일한 등급결정

>등급구분

- PC/온라인/모바일/비디오 게임물

등급구분	이용등급	설명
전체이용가	전체이용가	누구나 이용할 수 있는 게임물
12세이용가	12세이용가	12세 미만은 이용할 수 없는 게임물
15세이용가	15세이용가	15세 미만은 이용할 수 없는 게임물
청소년이용불가	청소년이용불가	청소년은 이용할 수 없는 게임물
평가용	시험용	시험용 게임물
등급면제	등급면제	등급분류를 받지 아니하는 게임물

- 아케이드 게임물(일정한 장소에서 일정한 시설을 갖추고 게임물을 제공하는 경우/일반게임제공업·청소년게임제공업)

등급구분	이용등급	설명
전체이용가	전체이용가	누구나 이용할 수 있는 게임물
청소년이용불가	청소년이용불가	청소년은 이용할 수 없는 게임물

>등급분류기준
선정성, 폭력성, 범죄 및 약물, 부적절한 언어, 사행성의 5가지 요소 고려

▪ 등급분류세부기준

선정성, 폭력성, 범죄 및 약물, 부적절한 언어, 사행성의 5가지 요소를 종합적으로 고려하여 등급분류

구분	전체이용가	12세 이용가	15세 이용가	청소년 이용불가
선정성	선정적 내용없음	성적 욕구를 자극하지않음	가슴과 둔부가 묘사되나 선정적이지 않은 경우	선정적인 노출이 직접적이고 구체적 묘사
폭력성 및 공포	폭력, 혐오, 공포 등의 요소가 단순하게 표현	폭력, 혐오, 공포 등의 요소가 경미하게 표현	폭력, 혐오, 공포 등의 요소가 사실적으로 표현	폭력, 혐오, 공포 등의 요소가 과도하게 표현
범죄 및 약물	범죄 및 약물 내용없음	범죄 및 약물을 묘사한 부분이 경미	범죄 및 약물을 간접적으로 묘사한 경우	범죄 및 약물을 구체적,직접적으로 묘사
언어	저속어, 비속어 없음	저속어, 비속어가 있으나 표현이 경미	저속어, 비속어가 있으나 표현이 경미	언어표현이 청소년에게 유해하다고 인정되는 경우
사행성	사행행위 모사가 없거나 사행심 유발 정도가 청소년에게 문제가 없는 경우	사행심 유발 정도가 12세 미만의 사람에게 유해한 경우	사행심 유발 정도가 15세 미만의 사람에게 유해한 경우	사행심 유발 정도가 청소년에게 유해한 영향을 미칠 수 있는 경우

게임물 내용정보 등의 표시의무

▪ 내용정보 표시

- 게임위로부터 등급을 받은 모든 게임물은 서비스 또는 제작 배포를 할 경우에 게임물에 대한 내용정보를 표시하여야 합니다. 게임물의 내용에 대한 폭력성, 선정성, 사행성 등의 여부나 정도에 관한 정보의 표시는 관리위원회로부터 등급증명서를 받을 때 표시되어 있는 내용 그대로 아래와 같이 표시를 하여야 합니다.

| 선정성 | 폭력성 | 공포 | 언어의 부적절성 | 약물 | 범죄 | 사행성 |

- 표시방법

구분	방법
아케이드 게임	게임기 외관 전면에 표시를 부착하여야 합니다.
온라인 게임	게임 초기화면에서 3초 이상 표시하여야 하며, 게임시간 1시간 마다 3초 이상 표시하여야 합니다.
모바일 게임	게임 초기화면에서 3초 이상 표시하여야 합니다.
개인용 컴퓨터(PC)게임물 및 비디오 게임물	게임물 포장의 표면에 표시하여야 합니다.

▪ 게임물 내용정보 표시 관련 법률

국내에 유통시키거나 이용 제공을 목적으로 제작된 모든 게임물은 게임의 기본 정보를 별도로 표시하도록 하여 모든 게임 이용자들이 게임과 관련된 정보에 쉽게 접근할 수 있도록 하고 있으며, 반드시 연령 등급을 확인 가능토록 하여 연령 등급에 맞는 건전한 게임 이용을 유도하고 있다.또한 '게임물내용정보' 표시를 의무화하여 누구나 원하는 게임의 선정성, 폭력성, 공포, 언어의 부적절성, 약물, 범죄, 사행성 항목에 해당사항이 있는지 확인할 수 있도록 하여 청소년을 보호하고 있다. 사행성게임물을 모사한 성인용 게임에 대해서는 '운영정보표시장치'를 부착하도록 하여 성인용 게임에 대한 체계적인 관리가 가능하도록 법률적인 근거를 제공하고 있다.

「게임산업진흥에 관한 법」제33조(표시의무)에서는 상호, 연령등급 등 이러한 내용정보 표시 의무에 대한 내용을 담고 있으며, 표시 방법 등에 대한 세부 내용과 '운영정보표시장치'를 부착해야 하는 대상 게임물에 대해 대통령령에서 별도로 정하도록 하고 있다. 동법 시행령 제19조(게임물에 표시하는 상호 등의 표시방법)에서는 구체적인 게임물 내용정보 표시방법 등에 대해 별표3을 통해 구체적으로 설명하고 있으며, 동법 제2조 1의2에서 규정하고 있는 사행성 게임물을 모사한 게임에 대해서는 운영정보표시장치를 부착할 것을 명시하고 있다.

시행령 별표3에서는 상호, 등급, 게임물내용정보표시 및 운영정보표시장치의 표시방법을 구체적으로 설명하고 있다.아케이드 게임물, 온라인게임물 및 모바일게임물, 개인용컴퓨터(PC)게임물 및 비디오게임물이 표시할 내용, 표시방법, 규격, 색도, 경고문, 기타 조항들에 대한 구체적인 설명과 예시가 들어있으며, 게임물내용정보 항목표시, 표시방법에 대해 설명하고 있다. 마지막으로 운영정보표시장치의 표시 내용, 표시방법, 운영정보표시장치의 지정에 대해 상세한 설명을 담고 있다.(*상세한 내용은 시행령 별표3 전문 참고)

동법 시행규칙 제25조(게임물 운영정보표시장치의 인정 등)에서는 '운영정보표시장치'의 제작 및 공급업무, 관련 서류, 성능 인정심사 비용, 성능 등의 심사절차 등에 관한 내용들을 담고 있으며 위원회의 결정사항에 대해 설명하고 있다.

게임의 폭력성을 둘러싼 잘못된 전쟁
모럴 컴뱃

2021년 8월 15일 초판 1쇄 발행

저 자 ▎ 패트릭 M. 마키
　　　　크리스토퍼 J. 퍼거슨
번 역 ▎ 나보라
감 수 ▎ 한광희

협 력 ▎ 오영욱, 조기현, 정성학
디자인 ▎ 김경희
편 집 ▎ 백선, 권오범, 엄다인
발행인 ▎ 홍승범
발 행 ▎ 스타비즈(제375-2019-00002호)
　　　　주소 [16282] 경기도 수원시 장안구 조원로112번길 2
　　　　팩스 050-8094-4116
　　　　e메일 biz@starbeez.kr

ISBN ▎ 979-11-91355-91-8 03690

MORAL COMBAT